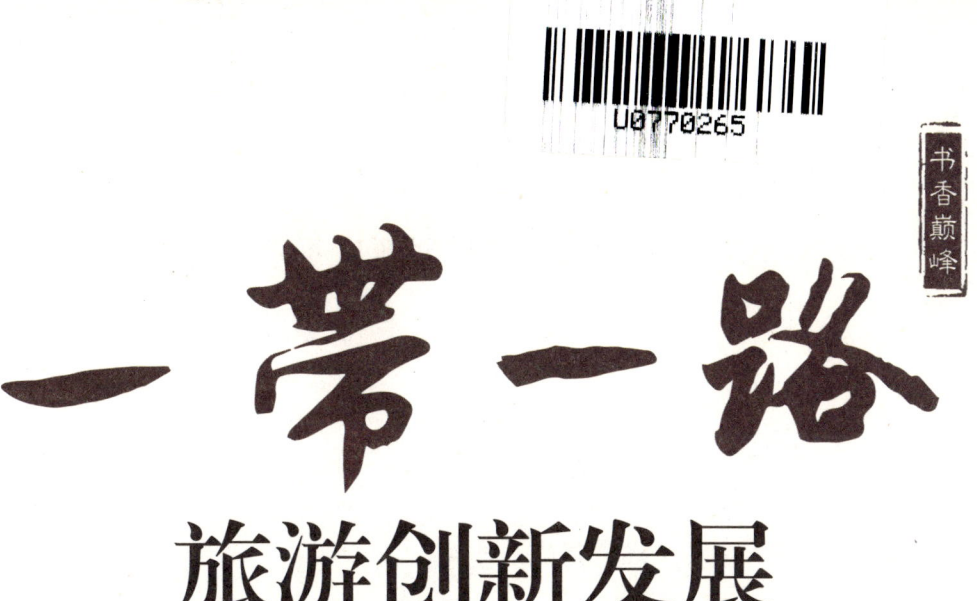

一带一路
旅游创新发展

Innovative Tourism Development against the Backdrop of "One Belt One Road"

北京巅峰智业旅游文化创意股份有限公司课题组 ◎著

课题负责人 ◎ 刘 锋　李明伟　杜 学

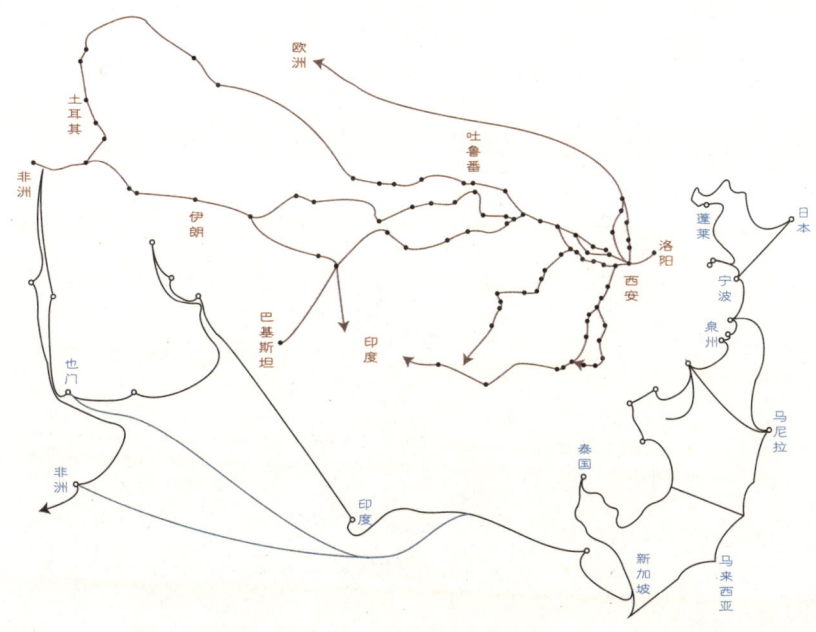

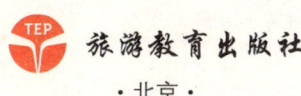

旅游教育出版社

·北京·

《"一带一路"旅游创新发展》编委

主　　　编：刘　锋　李明伟　杜　学
副　主　编：代晓松　高雪娇
特邀编委：陕西省旅游局局长　杨忠武
　　　　　甘肃省旅游局局长　何　伟
　　　　　新疆生产建设兵团旅游局党组书记、局长　王宇科
　　　　　四川省旅游局局长　郝康理
　　　　　贵州省旅游局原局长　傅迎春
　　　　　福建省旅游局局长　吴贤德
　　　　　桂林市旅游局局长　林业江
　　　　　中共景德镇市委宣传部副部长、市旅游发改委主任　余志华
专家委员会成员：束　盈　刘　惠　李树平　李晓东　王玉海　李　庚　曹　璐
　　　　　　　　易长柏　徐建忠　陈元夫　徐　青　陈一越　许立勇
课题核心组员：李　方　李　林　杜永磊　周　晶　耿亦松
课题参与成员：高俊辉　钱晓丽　叶军鹏　李晓峰　夏　宁　张亚楠　刘馥馨
　　　　　　　申杰玲　邱　霞　毛　萌　王小莉　刘长海　王　倩　石　慧
　　　　　　　李家杰　刘　超　张　波　孙和钦等

课题负责人简介

刘 锋，著名旅游规划专家，清华大学博士后，北京巅峰智业旅游文化创意股份有限公司首席顾问，北京外国语大学教授，兼任国际旅游投资协会轮值会长、国际休闲经济促进会副主席、中国徐霞客研究会学术委员、《旅游学刊》学术委员等职，担任全国30多个省市政府旅游发展高级顾问；是中国旅游业"十二五"发展规划专家组组长、《旅游法》特邀起草专家；主持过"丝绸之路"、海南、江西、贵州、福建、广东、天津、大连、杭州、桂林等百余项旅游规划。先后在《新华文摘》《改革》《旅游学刊》等期刊上发表各类论文200余篇，出版《刘锋讲旅游》《中国西部旅游发展战略研究》《旅游景区营销》等5部专著，编著10余部。多次获得国家奖项。

李明伟，教授。著名丝绸之路与敦煌吐鲁番学研究学者，旅游文化与规划专家。20世纪60年代毕业于北京大学，曾在多所大学任教，中国中外关系史学会理事，日本国日本大学客席研究员。现任北京巅峰智业旅游文化创意股份有限公司总规划师。长期从事丝绸之路与敦煌吐鲁番学研究、旅游学研究和旅游规划工作。主持国家社科基金项目、省部级重大研究项目6项，如《丝路之路与西北经济社会发展研究》等。主持或参与重大旅游规划项目《丝绸之路旅游总体规划》《丝绸之路经济带和21世纪海上丝绸之路旅游合作发展战略规划》《连云港市旅游发展规划》《图们江三角洲国际旅游合作区总体规划》等200余项。出版专著《丝绸之路贸易史》《丝绸之路贸易研究》《丝绸之路大辞典》《丝绸之路与西北经济社会研究》等16部。在国内外学术刊物发表学术论文150多篇。

杜 学，巅峰智业旅游目的地事业部总经理，历任北京第二外国语学院旅游管理系主任，旅游规划方向硕士生导师，英国阿特金斯顾问（深圳）有限公司旅游咨询技术董事。曾为澳大利亚福斯克里理工学院访问学者，美国休斯顿大学高级访问学者。主持或参与编制《辽宁省盘锦市旅游总体规划》《北京生态涵养区旅游集散特色镇概念性规划》《云南省昆明环滇池旅游圈总体规划》《三亚市旅游发展总体规划》《丝绸之路经济带和21世纪海上丝绸之路旅游合作发展战略规划》等上百个旅游规划项目。著有《旅游规划理论与实践创新研究》专著，主编《旅游交通概论》《酒店工程管理》《大型活动的组织与管理》等高等旅游院校教材，参编《中国旅游百科全书》《中国旅游大辞典》等国家级权威旅游辞书。

序 言

  丝绸之路曾是亚欧大陆文明交流的动脉,是人类文明发展的一个独特文化系统。季羡林先生曾经这样说过:"横亘欧亚大陆的丝绸之路,稍有历史知识的人没有不知道的。它实际上是在极其漫长的历史时期内东西文化交流的大动脉,对沿途各国、对我们中国,在政治、经济、文学、艺术、宗教、哲学等方面的影响既广且深。倘若没有这样一条路,这些国家今天发展情况究竟如何,我们简直无法想象。"

  今天,"一带一路"在以习近平同志为总书记的党中央的运筹下,又焕发青春,成为中国梦的壮丽华彩篇章。

  笔者从20世纪80年代初即开始投身丝绸之路与敦煌吐鲁番学的研究。先后主持或参与了国家社科基金项目"丝绸之路贸易研究",原商业部"七五"重点规划项目"丝绸之路贸易与西北经济社会研究",陕西省"八五"重点规划项目"丝绸之路大辞典"等。出版了《丝绸之路贸易研究》《丝绸之路贸易史》《丝绸之路与西北经济社会研究》《隋唐丝绸之路——中世纪的中国西北社会与文明》等10多部著作。后来又在北京巅峰智业全程参与或负责了《丝绸之路旅游区总体规划》《"一带一路"旅游合作战略规划》《江苏省连云港市旅游发展规划》《甘肃省自驾车旅游综合服务体系规划》等许多有关丝绸之路和丝路沿线各省区的旅游规划。但是那个时候我们的研究都局限在历史学、中西交通史的学术范畴内,旅游规划也局限在一省一市的区域范围内。从未设想到,到了21世纪,以习近平同志为总书记的党中央和中国政府以无比的气魄、深远的谋略和科学的规划,把共建"丝绸之路经济带和21世纪海上丝绸之路"战略构想推向了世界的舞台,并使"一带一路"成为各国认同、全球瞩目的经济引擎和大舞台!

从丝绸之路申遗成功,到"一带一路"国家战略构想提出;从"'一带一路'互联互通对话会"到"亚欧互联互通产业对话会"召开;从丝路基金设立到亚洲基础设施投资银行成立……"一带一路"焕发的光彩清晰地映照出"中国梦"的蓝图,也展示了中国新一代领导人承担中华民族伟大复兴使命的魄力。

北京巅峰智业旅游文化创意股份有限公司长期致力于推动"一带一路"各省区的旅游发展。在刘锋博士带领下,2008年承担了国家旅游局委托的《丝绸之路旅游区总体规划》(达沃斯巅峰旅游规划设计院),2015年又承担了国家旅游局委托的《丝绸之路经济带和21世纪海上丝绸之路旅游合作发展战略规划》。在此期间,巅峰智业在新疆、青海、甘肃、宁夏、陕西、四川、云南、贵州、河南、福建、山东、河北、江苏、浙江、广东、海南等几十个"一带一路"相关省区编制了200多个省区市县的城市规划、产业规划及各类旅游区的规划,并积极推进实施,取得不菲成绩。

"一带一路"国家战略的实施和互联互通的飞速前进,为中国旅游的创新发展带来了新机遇、新思维、新动力、新空间、新产业、新市场。

所谓"新机遇",是指"一带一路"构想提出后,已经有60多个沿线国家和国际组织对参与"一带一路"建设表达了积极态度,而亚洲基础设施投资银行几乎得到全世界经济体的支持。中国倡导的"迈向命运共同体,开创亚洲新未来"和"一带一路"建设秉持"共商、共建、共享"原则和"亲、诚、惠、容"的理念,展示了中国和平发展的决心;同时,各国都已经认识到作为世界第二大经济体和发展中国家最大的经济体,中国具有巨大的工业基础、科技创新、产能、资本和市场优势。"一带一路"使包括我国在内的沿线国家交通、经贸往来、政府、旅游,以及教育等方面的合作将面临巨大的机遇和改变。中国将继续给包括亚洲国家在内的世界各国提供更多市场、增长、投资、合作机遇。未来5年,中国进口商品将超过10万亿美元,对外投资将超过5000亿美元,出境旅游人数将超过5亿人次。这一切都意味着中国旅游已经可以通畅地进入世界发展快车道。而这个机遇是过去数十年都没有实现的。

"新思维"。过去旅游行政管理部门和旅游从业者的视野囿于旅游行业本身的发展,尚未认识"一带一路"经济发展对旅游发展的巨大促进潜力。实际上古丝绸之路的产生和发展首先源于亚欧大陆的经济交往。经济贸易和人文交流越来越紧密相融成为"一带一路"的最大特征。2014年11月8日习近平总书记在"加强互联互通伙伴关系"东道主伙伴对话会上指出："'一带一路'和互联互通是相融相近、相辅相成的。如果将'一带一路'比喻为亚洲腾飞的两只翅膀，那么互联互通就是两只翅膀的血脉经络。""亚洲旅游资源丰富，出国旅游的人越来越多，应该发展丝绸之路特色旅游，让旅游合作和互联互通建设相互促进。""互联互通，旅游先通"的新思维，正在全面推动我国旅游创新发展。我们很高兴地看到，"一带一路"沿线各个省区正在新思维指导下，把旅游业纳入互联互通经济合作中，重新谋划旅游发展的创新路径。"互联互通，旅游先通"将大大提升我国旅游业在国民经济中的地位，旅游业必然会成为"新常态"下我国创新驱动的战略性产业。

"新动力"。根据"一带一路愿景和行动"以构建亚洲命运共同体的战略高度，以"五通"为合作重点，我国将重新宏观规划旅游发展的框架布局。在国际合作方面，根据"一带一路"走向，重点建设陆上、海上两大国际通道，共同打造"新亚欧大陆桥""中蒙俄""中国－中亚－西亚""中国－中南半岛""中巴""孟中印缅"6大国际经济合作走廊和海上运输大通道，它们也是未来国际合作的旅游经济带。在国内布局方面，充分发挥各地区比较优势，实行更加积极主动的开放战略，加强东中西互动合作，全面提升开放型经济水平。在此基础上确定了西北和东北地区、西南地区、沿海和港澳台地区、内陆地区五大区域各自在"一带一路"国家战略中的发展定位、目标和对外合作重点建设方向。如，新疆定位为丝绸之路经济带核心区，主要是深化与中亚、南亚、西亚等国家的交流合作；云南是建设成面向南亚、东南亚的辐射中心；东北三省则是建设成向北开放的重要窗口。今后五大区域将以"一带一路"确定的目标为中心创新旅游发展。在"一带一路"框架下，旅游宏观布局为我国各地旅游创新发展注入新动力。例如，新疆在"十三五"期间要"打造西部自由边境贸易实验区"。黑龙江正在以沿边口岸城市为支点，加快边疆经济技术开发区和物流基地、旅游产业集聚区为一体的新产业群的建设。陕西省正在整合资源打造空中丝路、陆上丝路、网上丝路，以西安为中心构建丝路旅游的枢纽。吉林省筹划的"大图们江国际旅游合作实验区"已经拉开序幕。渝新欧专列、中欧专列等开通反映了内陆省区与"一带一路"地区国家经济文化交流的积极性，必将促进旅游大发展。

"一带一路"开辟了我国旅游创新发展的新空间。由此，18个省区旅游发展搭上了"一带一路"国家战略的快车。特别是"丝绸之路经济带"沿线欠发达的西部省区和老工业基地东北，被确定为建设"丝绸之路经济带核心区""内陆型改革开放新高地""内陆开放型经济试验区"后,形成面向中亚、南亚、西亚国家的通道、商贸物流枢纽、重要产业和人文交流基地和"北京—莫斯科"欧亚高速运输走廊,以及向北开放的重要窗口。作为"一带一路"的行动"路线图",规划重点建设15个沿海城市港口,强化上海、广州等国际枢纽机场功能。加快内陆节点城市建设,支持郑州、西安等内陆城市建设航空港、国际陆港,加强内陆口岸与沿海、沿边口岸通关合作,开展跨境贸易电子商务服务试点。这些举措都将加快化解长期制约我国打开国门、走向国际旅游市场的基础设施瓶颈,并大大提升我国旅游服务产业的规模和能效水平。

新产业。《推动共建丝绸之路经济带和21世纪海上丝绸之路的愿景与行动》明确提出了"政策沟通""设施联通""贸易畅通""资金融通""民心相通"的一带一路"五通"合作内容。在此基础上,加强旅游合作,扩大旅游规模,互办旅游推广周、宣传月等活动,联合打造具有丝绸之路特色的国际精品旅游线路和旅游产品,提高沿线各国游客签证便利化水平。随着"一带一路"和"互联互通"的实施,经济走廊、物流基地、海上丝路港口城市、丝路文化中心、边境贸易和经济技术合作区建设推进,催生了和旅游密切相关的大批新产业。如丝路文化创意产业、跨境电商、边境旅游服务商、旅游装备制造、旅游在线网络服务、自贸区旅游商品物流、旅游文博产业、国际演艺交流代理、游学服务、体育赛事经纪,以及"互联网+"的其他产业,等等。

新市场。习近平总书记在"加强互联互通伙伴关系"东道主伙伴对话会上指出:"新一轮产业革命和科技革命蓄势待发,区域性自由贸易安排层出不穷,结构调整和改革创新成为世界潮流。亚洲国家必须积极作为,在亚洲资源、亚洲制造、亚洲储蓄、亚洲工厂的基础上,致力发展亚洲价值、亚洲创造、亚洲投资、亚洲市场,联手培育新的经济增长点和竞争优势。"中国在帮助发展中国家重建工业化能力、产能转移和投资的同时,为国内旅游业向海外进军开辟了以"六大国际经济合作走廊和海上运输大通道"为主干的广阔市场;在"一带一路"战略指引下,国内旅游市场正在打破省区界限分割,整合为开放的、共赢的、一体化的"一带一路"大区域、次区域旅游市场。

实践证明,一个地区的旅游发展不但要顺应产业创新发展潮流,还要密切关注国家战略的调整。特别是欠发达地区,如果不能搭上国家发展战略的快车,很难快速发展。自从"一带一路"战略提出,互联互通快速推进,我国各地方政府和旅游从业者纷纷行动，重新谋划宏图，创新发展思路，取得很大成绩。同时也迫切需要深入学习、理解"一带一路"战略精髓，并广泛交流经验。这本《"一带一路"旅游创新发展》正是基于上述需要和著作者多年的研究、实践应运而成的。本书框架分为三个部分：国家战略下的旅游创新之路；全局视野下的区域创新亮点；实战需求下的科学创新规划。

国家战略下的旅游创新之路。这部分基于习总书记关于"一带一路"的讲话，国家发改委、外交部、商务部联合发布的《推动共建丝绸之路经济带和21世纪海上丝绸之路的愿景与行动》，文化部发布的《丝绸之路文化产业规划》，以及国家旅游局委托巅峰智业编制的《丝绸之路经济带和21世纪海上丝绸之路旅游合作发展战略规划》等的系统梳理解析，结合巅峰智业多年在该区域的规划实践，深入研究在"一带一路"战略指引下，中国旅游创新发展的理论和实践课题。

全局视野下的区域创新亮点。主要目的是提供各省区地方按照"一带一路"战略，创新旅游发展的思路和规划、工作部署，与广大读者交流各有特色的经验，便于读者了解"一带一路"战略实施的情况。这部分采取相关领导和专家书面访谈与政府重要文献资料解读的形式讲述。

实战需求下的科学创新规划。巅峰智业多年来致力于推动"一带一路"各省区的旅游发展，编制并推动实施的各类旅游规划600多个，同时受国家旅游局委托先后编制了两个国家规划，积累了丰富的经验和资源。本部分品读巅峰规划，从以往600多个规划中筛选出一些具有代表性和实践参考价值的予以评点剖析，提炼创新发展思路和实践经验以利大家借鉴。

本书得到了旅游教育出版社的大力支持，同时许多参与写作的各界人士也付出了辛勤的劳动，在此一并表示诚挚的感谢！

李明伟 2015.10

目 录

第一篇 国家战略下的旅游创新之路

第一章 国家战略的全局引领 ······ **003**
　"一带一路"战略构想 ······ 003
　"一带一路"沿线发展 ······ 009
　国际旅游合作发展案例借鉴 ······ 023
　国内区域旅游合作案例 ······ 032

第二章 "一带一路"旅游合作战略规划的目标 ······ **034**
　明晰战略方向 ······ 034
　遵循战略原则 ······ 035
　确立战略目标 ······ 036

第三章 创新发展的全局落实 ······ **039**
　推进合作创新 ······ 039
　强化合作载体 ······ 048
　构建合作体系 ······ 053
　落实合作行动 ······ 058

第二篇 全局视野下的区域创新亮点

第四章 丝绸之路经济带区域创新亮点 ··············· 067

　　西北地区·陕西省：共建共享陕西丝绸之路旅游的美好未来 ········· 067

　　西北地区·甘肃省：新思路，兴丝路——甘肃丝绸之路崛起之道 ······ 073

　　西北地区·新疆维吾尔自治区：神奇兵团添彩丝路旅游大蓝图 ······· 080

　　西南地区·四川省：新丝路，新机遇——四川丝路旅游蓄势腾飞 ····· 084

　　西南地区·贵州省：抢抓"一带一路"建设新机遇，谱写贵州旅游
　　　　　　　　　　发展新篇章 ································· 091

第五章 21世纪海上丝绸之路创新亮点 ··············· 097

　　福建：融入"海丝"战略大局，助推产业转型升级，打造21世纪
　　　　　海上丝绸之路旅游核心区 ····························· 097

　　广西：桂林旅游创新发展：融入"一带一路"战略 ················ 104

　　江西：景德镇融入"一带一路"，建设国际旅游名城 ·············· 107

第六章 "一带一路"专家视野创新亮点 ··············· 112

　　新丝路·新文化·新产品——草原丝绸之路文化旅游产品创新 ······ 112

　　"一带一路"旅游创新发展新机遇 ······························ 117

　　融入"一带一路"战略，谱写图们江旅游新篇章 ·················· 121

　　新丝路·新文化·新产品——丝绸之路文化旅游产品创新 ·········· 126

第三篇 实战需求下的科学创新规划

第七章 跨区域规划案例 ··· 134

　　案例：勾勒炫彩时空长卷，定制丝路旅游"新标尺"
　　　　——《丝绸之路旅游区总体规划》 ························ 134

第八章 省级规划案例 ··· 143

　　案例一：深化改革，创新提升，铸造"清新福建"世界级旅游品牌
　　　　　——《福建省旅游产业创新提升规划》 ················· 143

案例二：创新研究，全力推进四川省世界旅游目的地建设
——《四川省建设世界旅游目的地专题研究》……154

案例三：文化复兴助中原历史文化旅游区战略崛起
——《中原历史文化旅游区总体规划》……163

第九章 市级规划案例……168

案例一："国门港、世界城"，天津旅游业"十三五"扬帆起航
——《天津市旅游业发展"十三五"规划》……168

案例二：21世纪海上丝路再起航，提振宁德旅游创新升级
——《宁德市旅游发展总体规划》……179

案例三：都市休闲引领时尚，海上强港聚焦发展
——《宁波旅游业发展规划》……185

案例四：建设东方神话之都，实现旅游转型升级
——《连云港市旅游发展总体规划》……191

案例五：重塑"亚太之心"，再造"世界之城"
——《广州市旅游发展总体规划（2013—2030年）》……198

案例六：以游客为市民，打造全新消费空间载体，铸造一体化机场城市
——《西咸新区空港新城城市中心区发展策略研究及修建性城市设计》……207

案例七：中国阳光康养产业试验区，城市产业转型升级典范
——《中国阳光康养产业试验区旅游发展规划》……213

案例八：丝路文旅长廊，神秘瓜城哈密
——《新疆哈密地区旅游业发展规划》……221

案例九：创新资源观，打造未来文化遗产
——《世界石油文化博览城克拉玛依石油工业旅游发展战略研究》……225

第十章 景区规划案例（以文化为主线串联）……230

案例一："高起点、高科技、高体验、高人气"打造世界佛禅文化圣地
——《南京牛首山文化旅游区总体开发策划及总体规划》……230

案例二：秦时明月城：六百年秦源文化的全线研究，中国寻秦之旅的必游胜地——《陕西宝鸡陇县文化产业园总体策划及概念性规划》……233

案例三：铸就云南旅游桥头堡，打造昆明城市新名片
　　　　——《滇池西岸国家级文化产业园概念性规划》……………… 237

案例四：寻梦巴比伦，徜徉东方伊甸园
　　　　——《寻甸凤龙湾国际旅游生态城酒店及展示中心建筑设计》… 244

案例五：依"阴"做"阳"，皇气浸润，重塑中国汉唐文化宣扬的特色承载地——《陕西省汉唐帝陵旅游专项开发建设规划》……………… 247

案例六：创新"8"硬"4"软举措，构筑世界雅丹奇观综合旅游"境"区
　　　　——《克拉玛依魔鬼城创5A和景观设计》…………………… 249

案例七：白马驮经成就释源祖庭，创新规划打造佛教圣地
　　　　——《洛阳白马寺佛教文化区总体规划》……………………… 252

案例八：以国际化视野打造金三角区域的口岸型旅游休闲服务基地
　　　　——《西双版纳磨憨旅游发展总体策划》……………………… 255

案例九：变废为宝，构筑酒文化创意旅游综合体
　　　　——《山东景芝齐鲁酒地文化产业园详细规划》……………… 256

案例十：开创后现代森林游憩方式，实现人与自然和谐共存
　　　　——《三亚海棠湾片区森林文化博览园概念性规划》………… 265

案例十一：蜀绣大观，创意田园
　　　　——《成都安靖镇蜀绣文化产业园规划》……………………… 268

案例十二：复兴传奇旱码头，打造鲁商文化旅游第一城
　　　　——《周村古城景区概念性规划投标方案》…………………… 276

附　件

附件1　"一带一路"旅游合作发展评价指标体系………………………………… 279

附件2　"一带一路"65个国家合作发展指标基础数据…………………………… 280

附件3　2013年全国各省、自治区、直辖市旅游人数及收入一览表…………… 286

附件4　"一带一路"相关省份已有旅游相关活动………………………………… 287

第一篇
国家战略下的旅游创新之路

无论从公元前 5 世纪草原部落和塞种人开辟了丝绸之路算起，还是从公元前 2 世纪张骞通西域算起，丝绸之路已经在亚欧大陆间繁荣活跃了 2000 多年。即使是从公元 4 世纪开始，到我国宋代、明代达到高潮的海上丝绸之路，距今也已有 1700 多年的辉煌历史。丝绸之路在东西方文明交流中，一直起着"文化运河"的伟大作用。通过它，东西方实现了物质文明的交流。在精神文化方面，丝绸之路的影响更为深远。丝绸之路之所以历时久远且影响弥深，被誉为亚欧大陆的桥梁、人类伟大的文化系统，是因为它"和平、友好、互利、互通"的精神一直都是人类追求的梦想。

今天，一条传承古代丝绸之路精神的"丝绸之路经济带"和"21 世纪海上丝绸之路"（"一带一路"）成为国家战略，并且正在紧锣密鼓地落实。新丝路、新梦想、新启程，新时代下要充分发挥旅游业外交舞台、经济引擎、文化平台、合作联动的战略性作用。以旅游先通促进"一带一路"互联互通，践行国家战略下的旅游创新之路，已经成为中国旅游发展的共识。

第一章　国家战略的全局引领

"一带一路"战略构想

一、"一带一路",由来已久

"一带一路"横贯世界东西、绵延海陆,时间跨越2000余年,不仅仅是一条繁荣的商贸之路,多种文明的交流之路,也是沿线各国经济发展的合作之路,是世界互联互通的先行者。"和平、友好、互利、互通"是丝路的核心价值和精神。

多元通达之路。自古以来,丝绸之路就是一张联系世界各地的宏伟交通网。陆上丝绸之路绵延亚欧大陆7000多公里,在我国境内有1700多公里,形成四条比较重要的贸易路分支,有西汉张骞通西域的传统"绿洲之路"(大丝道);有北向蒙古高原,再西行天山北麓进入中亚的"草原之路";有穿越青海、西藏到印度的唐蕃古道(青海路);有长安到云南再到中南半岛、印度的"南方丝绸之路"(西南夷道)。海上丝绸之路包括东洋航线,由中国沿海港至朝鲜、日本;南洋航线,由中国沿海港至东南亚诸国;西洋航线,由中国沿海港至南亚、阿拉伯和东非沿海诸岛。

图 1-1　敦煌莫高窟

图 1-2　敦煌壁画·张骞出使西域

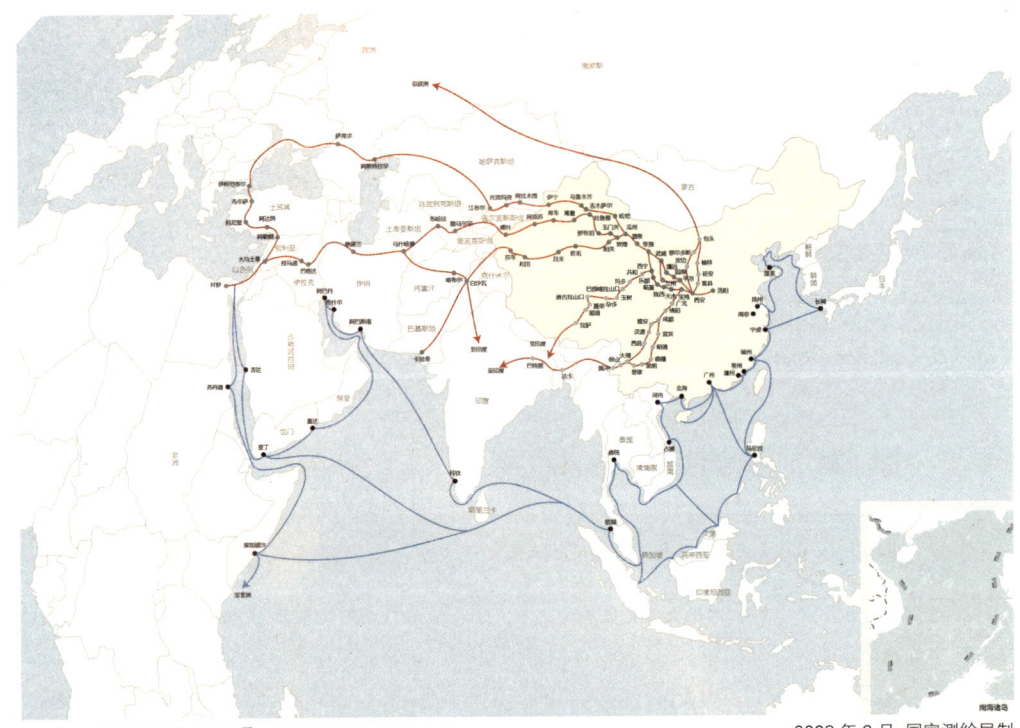

审图号：GS（2008）1424号　　　　　　　　　　　　　2008年6月 国家测绘局制

图1-3　"一带一路"路线示意

贸易繁荣之路。古代草原丝绸之路、绿洲丝绸之路和西南丝绸之路因跨越亚欧大陆和我国广大区域的贸易和文化交流而形成，是联结欧洲、亚洲和非洲的伟大商路和文化运河。丝绸、茶叶、瓷器、金银器、皮毛、玉石、珠宝、香料、美酒等成为当时主要的贸易物品，尤其丝绸更是成为当时东亚强盛文明的一个象征，被中亚、西亚和欧洲各国追捧，而异国的奇珍异宝也不断输入中国，因此古代陆上丝绸之路也被称为是骆驼踩出来的繁荣之路。海上丝绸之路比陆上丝绸之路的历史更为悠久。秦朝统一六国之战引发了东航路开辟，西汉武帝时期我国开拓了南海航路，历经宋元，到15世纪郑和下西洋，海上丝绸之路的经济文化交流达到高峰，我国与东北亚、东南亚甚至非洲东海岸的国家建立了频繁的贸易往来。海上丝绸之路往外输出的商品主要有丝绸、瓷器、茶叶和铜铁器四大宗，往国内运的主要是香料、花草及一些供宫廷赏玩的奇珍异宝，于是海上丝绸之路又有海上陶瓷之路、海上香药之路之称。[①]

---

① 历史上的海上丝绸之路 [N/OL]. 南京日报，2014-11-20. http://njrb.njdaily.cn/njrb/html/2014-11-20/content_135995.htm.

图1-4 郑和下西洋
（黄健生 蔡拥华 吴军 陈伟明）

图1-5 临摹敦煌壁画：繁荣的丝路贸易
（史苇湘）

文化互通之路。两千多年来古代丝绸之路联通了古代欧亚非三大洲的文明，促进了哲学、宗教、艺术等多元文明的传播和交流，是多民族相互理解的融合之路。它见证了亚欧非大陆社会经济、政治文化、宗教思想的发展与交融，为人类文明的进步和世界历史的发展做出了重要贡献，可以称之为亚欧大陆的历史脉搏和文化运河，是人类重要的文明系统之一。

"互利互信贸易，多元文明融合"，是古丝绸之路给予我们的重要启示和宝贵遗产。

二、"一带一路"，时代需求

"一带一路"不仅仅是中国的"一带一路"，更是世界的"一带一路"，是在当前的政治局势、经济发展需求下的时代产物，是与时俱进的战略需求，对中国、对世界都有很重要的影响。

"一带一路"是中国发展的内部需求。中国正处在经济增速放缓，增长方式转变，产业结构调整，亟须扩大内需和产能合作的发展新常态。经济快速发展造成巨大产能过剩，产业调整正在促进实体经济转型。中国迫切需要新的发展路径解决产能过剩，促进对外出口，拉动内需消费，改善发展环境。

"一带一路"是中国开放的外部需求。首先，是提升国际贸易话语权的需求。美国主导的跨太平洋伙伴关系协定（TPP）和跨大西洋贸易与投资伙伴关系协定（TTIP）力图重新制定全球新的贸易规则；俄罗斯主导推进欧亚经济联盟，强化对独联体国家的贸易控制……这些国际性组织对于国际贸易规则的重构无疑将会影响我国在全球贸易体系中的地位，制约我国经济的成长。因此，我们需要在全球贸易体系的构建中发声，制定有利于我国的贸易规则。其次，维护和平崛起发展环境的需求。美国实施"亚太再平衡"战略，强化与日本、菲律宾等盟国的战略关系，与印度、越南等加强安全合作，提出"新丝绸之路计划"强化在中亚地区的既得利益；

暴力恐怖主义、民族分裂主义与宗教极端主义"三股势力"威胁越来越大，使我国边疆甚至全国稳定面临严峻挑战……中国迫切需要与亚、欧、非等国加强合作，平衡世界和平格局，也需要在世界和平发展中以互利合作、和平共进的方式担当起大国应有的责任。再次是扩大开放合作需求。作为世界新兴经济体，中国成为世界经济增长的重要力量，是世界第二大经济体、第一大货物贸易国、第一大外汇储备国和第三大对外投资国。中国已成为当今世界经济增长的重要发动机、国际经济体系的积极参与者和建设者，迫切需要更具深度和广度的对外开放合作，需要更加有效利用国际市场和资源，积极拓展发展空间。

"一带一路"适应了世界经济复苏的需求。"一带一路"范围涉及65个国家，约44亿人口，经济总量约21万亿美元，占全球总人口的63%、全球经济总量的29%[①]。涉及国家多是发展中国家，经济发展缓慢，产能不足，面临着资金瓶颈、技术瓶颈，基础设施建设投资需求旺盛而资金缺口巨大。中国的海外资产总额达6.29万亿美元，储备资产达3.95万亿美元[②]。中国的投资能力和基建工程技术在国际上已经具有很强的竞争力，可以帮助亚洲和"一带一路"沿线发展中国家重建工业化能力，满足它们基础设施投资建设的需求。

"一带一路"战略是我国确定的国内全面深化改革和全方位对外开放的国家战略，是我国在世界格局发生复杂变化的形势下，主动创造合作、和平、和谐的对外合作环境的有力手段，为我国经济的持续稳定发展提供战略支持，同时也会促进沿线国家的经济社会发展，使亚欧非各国经济联系更加紧密、相互合作更加深入、发展空间更加广阔，是一项造福世界各国人民的伟大事业。"一带一路"战略构想清晰地勾画出"中国梦"的蓝图，也展示了中国新一代领导人毅然肩负中华民族伟大复兴使命的魄力。

三、"一带一路"，国家战略

2013年9月7日上午，国家主席习近平在哈萨克斯坦纳扎尔巴耶夫大学作重要演讲，提出共同建设"丝绸之路经济带"："为了使欧亚各国经济联系更加紧密、相

---

① "一带一路"战略[N/OL]. 百度百科. http://baike.baidu.com/link?url=Atas2ZPZRZNdW8TeEkgr2Ds-EMACFB7HhhjMk3BTwOR-iF9VqxWZzTZToX0GGSoPU4eA4PAKpGqGfScXJuNQafa.
② 钱从何来："一带一路"战略资金来源分析[N/OL]. 东方财富网，2015-01-14. http://guba.eastmoney.com/news,601299,141568610.html.

互合作更加深入、发展空间更加广阔，可以用创新的合作模式，共同建设丝绸之路经济带，这是一项造福沿途各国人民的大事业。"

2013年10月2日至8日，中国国家主席习近平访问印度尼西亚和马来西亚，出席亚太经济合作组织第二十一次领导人非正式会议，在印尼国会发表重要演讲时再次提出，共同建设21世纪"海上丝绸之路"："中国与东盟历经'黄金十年'之后，正努力创造'钻石十年'，建设中国－东盟命运共同体、共同建设21世纪'海上丝绸之路'正当其时，顺应时势，必将有着更加美好的未来。"

2014年3月5日，李克强总理在十二届全国人大二次会议政府工作报告中指出：抓紧规划建设丝绸之路经济带、21世纪海上丝绸之路，推进孟中印缅、中巴经济走廊建设，推出一批重大支撑项目，加快基础设施互联互通，拓展国际经济基础合作新空间。

2014年11月8日，中国国家主席习近平在亚太经济合作组织（APEC）峰会期间，在"加强互联互通伙伴关系"东道主伙伴对话会上提出："一带一路"是亚洲腾飞的两只翅膀，互联互通是两只翅膀的血脉经络；发展丝绸之路特色旅游，让旅游合作和互联互通建设相互促进。这是中国旅游业再次腾飞的强大预示。

在此期间国家发改委、外交部、商务部联合发布了《推动共建丝绸之路经济带和21世纪海上丝绸之路的愿景与行动》，文化部发布了《丝绸之路文化产业规划》，国家旅游局委托巅峰智业编制了《丝绸之路经济带和21世纪海上丝绸之路旅游合作发展战略规划》。"一带一路"已经成为国家重要战略，并积极强化部署，全面推进。

"一带一路"作为一条经济共荣之路、文化共享之路、地区共建之路、民族和谐之路和国际合作之路，成为沿线国家和地区互联互通的经络、经济发展的新引擎、多元共融的软纽带，承载着中国梦和让世界互联互通的愿景，成为连接中国梦和世界梦的良好纽带和载体，致力于让古丝绸之路焕发新的生机活力，以新的形式使亚欧非各国联系更加紧密，互利合作迈向新的历史高度。

四、"一带一路"，旅游贡献

旅游业成为世界经济体系中增长最快的产业之一。联合国世界旅游组织《2015全球旅游报告》统计数据表明：2014年，旅游业对全球GDP的贡献率为9%，旅游业出口额占世界服务出口总额的30%。根据世界旅游组织长期预测报告《旅游走向2030年》（Tourism Towards, 2030），全球范围内国际游客到访量从2010年到2030

年，将以年均 3.3% 的速度持续增长，到 2030 年将达到 18 亿人次，比 2014 年的 11 亿人次增长 58%。据统计，2014 年国际旅游出口额达到 1.5 万亿美元，是国际贸易中增长非常明显的部分，国际旅游（旅游和游客运输）提供了世界 30% 的服务出口，占商品和服务总出口额的 6%。

统计数据显示，在全球经济复苏疲软，国内经济下行压力加剧的大背景下，中国的旅游业仍然蓬勃发展，已经成为世界旅游的重要增长点。国家旅游局官方统计数据显示，2014 年中国国内旅游市场规模达 36.11 亿人次，出境游规模达 1.09 亿人次，出境游花费 1648 亿美元，已成为世界上最大的国内旅游和国际旅游客源地国家，贡献了全球旅游收入的 13%。[①] 据世界经济论坛 2015 年 5 月 6 日发布的《旅行与旅游业竞争力报告 2015》，在全世界 141 个被调查国家中，中国由 2013 年的第 45 位一跃成为第 17 位（亚太地区第 6 位）。2014 年在全世界旅游收入前 10 位中，中国的旅游收入已经上升到第 3 位。在旅游支出方面，中国已经成为全世界最大的旅游支出国，2014 年旅游支出达到 1650 亿美元，增长了 28%。同时根据全国旅游投资项目库数据显示，2014 年全国旅游业实际完成投资 7053 亿元，同比增长 32%，比第三产业投资增速高 15 个百分点，较全国房地产投资增速高 21 个百分点，2015 年预计全年旅游直接投资将达到 1 万亿元，未来三年我国旅游投资将达到 3 万亿元。[②] 这一系列的数据标志着中国旅游业发展实力不断升级，已打破全球旅游以欧美为中心的传统格局，促使世界旅游经济中心东移。

旅游业成为促进"一带一路"合作的最关键产业之一。中国国家主席习近平就我国旅游业发展发表了一系列重要讲话，指出"旅游业是综合性产业，是拉动经济发展的重要动力""旅游是传播文明、交流文化、增进友谊的桥梁""旅游是人民生活水平提高的一个重要指标""旅游是增强人们亲近感的最好方式"，等等。中国国务院副总理汪洋在中美旅游合作论坛开幕式上的致辞中指出，"旅游合作是双方共识最多、矛盾最少、投入最低、效果最好的领域"。在国家发展中，经济是硬实力，文化是软实力，旅游是巧实力。旅游合作发展必将在"一带一路"建设中发挥重要作用：①旅游超越社会制度，有利于形成合作切入点；②旅游促进民间交往，有利于增强人民互信；③旅游增进文化交流，有利于发挥潜移默化影响；④旅游联动相

---

① 国家旅游局. 2015 全国旅游工作会议工作报告 [N/OL]. 2015-10-16. http://travel.china.com/vane/chinanews/11120563/20150116/19218052.html.

② 国家旅游局. 2014 年全国旅游业投资报告 [N/OL]. 2015-05-15. http://travel.ifeng.com/news/china/detail_2015_05/15/41047646_0.shtml.

关产业,有利于创造综合效益;⑤旅游提升国家形象,有利于创立品牌;⑥旅游巧妙传达国家意志,有利于维护国家利益。

旅游合作成为"一带一路"战略合作的最好切入点。"一带一路"旅游合作发展具有历史悠久、综合带动、互信互利等先天优势基因。"一带一路"跨越了东西方四大文明,跨越了世界四大宗教发源地,跨越了世界上不同的三大类经济体(发达国家、发展中国家、欠发达国家),同时也跨越了世界两大主要旅游客源地和旅游目的地,该区域国际旅游经济总量占全球旅游经济总量的70%以上。①

"一带一路"旅游合作有利于促进沿线国家旅游业快速发展进而带动相关产业和区域经济的振兴,形成经济新动力。未来5年,中国进口商品将超过10万亿美元,对外投资将超过5000亿美元,出境旅游人数将超过5亿人次。② 同时据国家旅游局预计,"十三五"时期,中国将为"一带一路"沿线国家输送1.5亿人次中国游客、2000亿美元中国游客旅游消费;同时还将吸引沿线国家8500万人次游客来华旅游,拉动旅游消费约1100亿美元,将有力地促进"一带一路"沿线区域经济社会的发展。

发展丝绸之路旅游有利于沿线国家广泛深入开展民间交往,形成外交新舞台;有利于促进沿线国家的文化传承、创新、互信、交流,形成文化融合新纽带;有利于优化世界旅游发展大格局,以旅游共同体联动世界文化经济发展,最终实现让世界互联互通的中国梦,实现中华民族伟大复兴的中国梦,实现亚洲人民幸福梦想的亚太梦,实现世界持久和平、共同繁荣的世界梦。

"一带一路"沿线发展

一、"一带一路"区域范围

"一带一路"国际区域。"一带一路"涉及65个国家(中国、俄罗斯、蒙古、中亚5国、东盟10国、南亚、西亚、中东、中东欧、非洲部分国家),总人口44亿人,影响广泛而深远。随着古丝绸之路和海上丝路历史传统的恢复和文化交流的加强,

---

① 柴野. 让世界领略中国和丝路之美[N]. 光明日报,2015,3(7).
② 习近平主席在博鳌亚洲论坛2015年年会上的主旨演讲[N/OL]. 新华网,2015-03-29. http://news.xinhuanet.com/politics/2015-03/29/c_127632707.htm.

以及国家"一带一路"战略的不断推进,国际旅游合作必然提上日程。本书根据《推动共建丝绸之路经济带和21世纪海上丝绸之路的愿景与行动》和《丝绸之路经济带和21世界海上丝绸之路旅游合作发展战略规划》,通过制定"一带一路"旅游合作发展评价体系,针对区域合作基础、区位交通条件、国家政治因素、经济发展水平、旅游发展情况等指标的判定确定了"一带一路"旅游合作发展计划推进国家(见附件1)。

核心国家和地区:中国、越南、老挝、泰国、缅甸、柬埔寨、马来西亚、新加坡、菲律宾、印度尼西亚、蒙古、俄罗斯、哈萨克斯坦、吉尔吉斯斯坦、乌兹别克斯坦、马尔代夫、尼泊尔、印度、斯里兰卡、巴基斯坦、土耳其、埃及,共22个国家。

重点国家和地区:塔吉克斯坦、土库曼斯坦、以色列、黎巴嫩、文莱、伊朗、叙利亚、乌克兰、捷克、克罗地亚、波兰、科威特、罗马尼亚、沙特阿拉伯、斯洛伐克、斯洛文尼亚、约旦、亚美尼亚、保加利亚、立陶宛、爱沙尼亚、阿塞拜疆、不丹、波黑、阿尔巴尼亚、也门、塞浦路斯、白俄罗斯、肯尼亚、格鲁吉亚,共30个国家。

参与国家和地区:孟加拉国、匈牙利、塞尔维亚、阿富汗、马其顿、拉脱维亚、摩尔多瓦、巴林、伊拉克、阿曼、卡塔尔、阿拉伯联合酋长国、索马里,共13个国家。

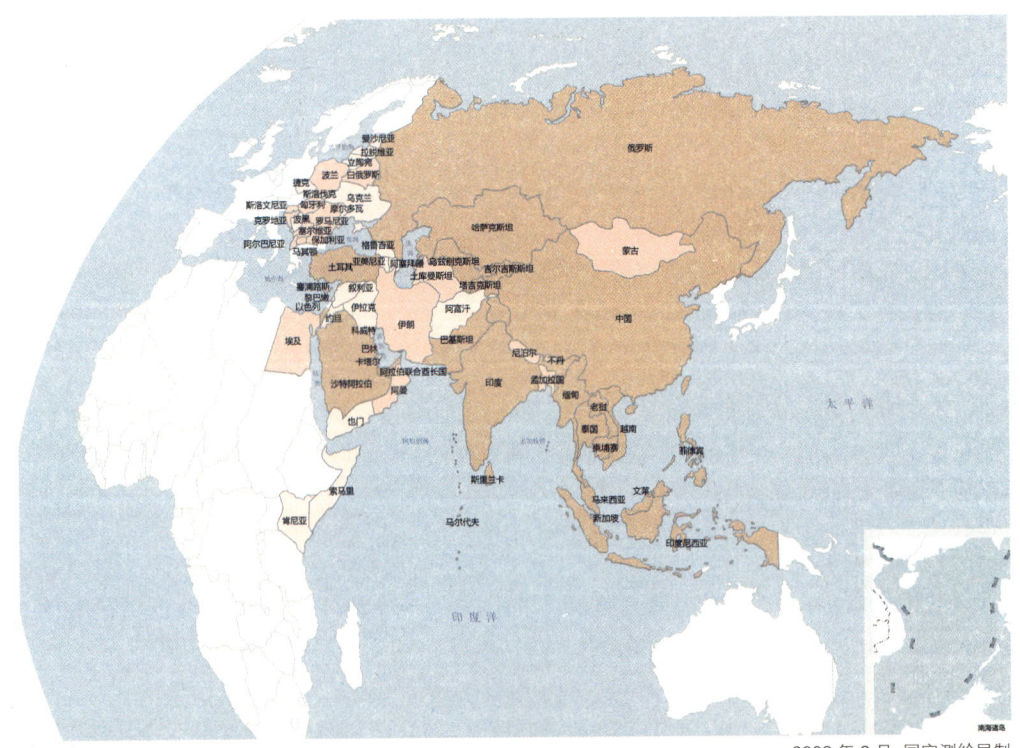

审图号:GS(2008)1424号　　　　　　　　　　　2008年6月 国家测绘局制

图1-6　"一带一路"战略旅游合作发展计划推进国家

"一带一路"国内范围。根据国家发改委《推动共建丝绸之路经济带和21世纪海上丝绸之路的愿景与行动》精神,本书确定了"一带一路"的国内核心省区、重点省区和参与省区。

核心省区:以"丝绸之路:长安-天山廊道路网"世界文化遗产的涉及区域,《南海丝绸之路文化遗产保护共同宣言》涉及区域为核心省区,包括河南、陕西、宁夏、甘肃、青海、新疆、山东、江苏、浙江、福建、广东、广西、海南13个省、自治区为核心层。

重点省区:以除港澳台外国内其他省区为重点发展省区,包括北京、上海、重庆、四川、云南、山西、安徽、江西、湖北、湖南、贵州、西藏、内蒙古、河北、天津、辽宁、吉林、黑龙江18个省、自治区、直辖市。

参与省区:以中国香港、中国澳门、中国台湾3个地区为参与层,发挥独特优势作用,鼓励和支持"一带一路"旅游建设。

审图号:GS(2008)1394号 2008年6月 国家测绘局制

图1-7 "一带一路"战略旅游合作发展国内推进地区

二、"一带一路"沿线旅游发展现状

"一带一路"国际旅游发展概况。"一带一路"沿线国家区域合作基础不同、旅游发展情况各异、经济水平发展不一，推进"一带一路"旅游发展将面临国际国内打破分割、互联互通的艰难挑战。

从经济上看合作。①合作基础较好。"一带一路"沿线国家生产总值约21万亿美元，占全球的29%。2013年，我国与沿线国家贸易额1.04万亿美元，占我国对外贸易总额的25%。[①] 其中，**新加坡、西亚、中东、中东欧等人均国民收入较高，经济发展水平处于沿线国家前列，是中国出入境旅游的广阔市场**（见附件2）。②**合作推进务实。**在"一带一路"沿线已建立上海合作组织、亚太经济合作组织、中亚区域经济合作、大湄公河次区域经济合作及中蒙俄、中巴、孟中印缅经济走廊；中国-东盟、中国-巴基斯坦已签订自贸区协议，《亚太贸易协定》业已稳定发展，区域全面经济合作伙伴关系协定（RCEP）、中国-东盟自贸区升级版、中国-海合会自贸区、中国-斯里兰卡处于谈判阶段，中国-印度自贸区处于研究阶段。

从旅游上看合作。①**合作基础雄厚。**根据世界旅游组织统计数据（《Yearbook of Tourism Statistics》(2014)）：2012年中国到"一带一路"沿线国家旅游人次达到1223万，占中国出境旅游人口的4.18%；"一带一路"沿线国家到中国旅游人次达到1173万，占其出境旅游人次的8.86%。同时已建立起中国-东盟、中国-欧盟、中俄等一系列多双边旅游合作机制，近期中国还与中东欧国家建立了旅游促进机构与旅游企业联合会协调中心、"一带一路"沿线国家旅游部长联盟。②**市场潜力巨大。**2012年，我国接待64个国家入境游客达1174万人次，占中国入境旅游人数的8.87%；中国公民赴上述国家人数达到1229万人次，占中国出境旅游人数的14.77%。[②] 其中，中国公民赴东盟10国、俄罗斯、蒙古、马尔代夫、印度、哈萨克斯坦、捷克、土耳其、尼泊尔等国的旅游人数已占65个国家入境旅游总人次的96%，西亚、南亚、中东欧等国对中国出境旅游市场仍具有巨大的潜力；"一带一路"沿线有40个国家和地区是中国公民出境旅游目的地，占我国公民出境旅游目的地总数的27%；"一带一路"沿线，已有21个国家和地区单方面给予中国公民落地签证待遇，包括中亚的土库曼斯坦，东南亚的越南、老挝、柬埔寨、泰国、缅甸、文莱、马来西亚、印度尼西亚，南亚的孟加拉国、尼泊尔、斯里兰卡、马尔代夫，西亚的伊朗、约旦、黎巴嫩、格鲁吉亚、巴林、阿拉伯联合酋长国，非洲的埃及、肯尼亚；"一带一路"沿线已有6个国家和地区给予中国公民团队旅游互免签证待遇，包括俄罗斯、土库曼斯坦、

---

① 程军. 构建"一带一路"经贸往来金融大动脉[N]. 中国金融，2015（5）.
② 国家旅游局. 2012年中国旅游业统计公报[N/OL]. http://govinfo.nlc.gov.cn/gtfz/xxgk/gwyzsjg/gjlyj/201310/t20131015_4015299.html?classid=355.

格鲁吉亚、阿塞拜疆、白俄罗斯、摩尔多瓦。③**合作有待升级**。值得注意的是，与中国邻近的中亚五国除乌兹别克斯坦外，其他还都不是我国公民的出境旅游目的地，应当把它们作为未来旅游合作的吸引力量。①

图 1-8　2015 中国-东盟博览会旅游展开馆仪式②　图 1-9　2012 中国"俄罗斯旅游年"开幕③

综上所述，中国与亚洲、中欧、北非等地区在经济合作和旅游合作方面具有很强的基础，尤其与东盟、俄罗斯、中东欧等国，存在巨大的合作增长空间。未来通过"一带一路"，中国将继续为世界各国提供更多市场、投资、合作等机遇，使包括我国在内的沿线国家，在交通、商贸、旅游、文化，以及教育等方面的合作获得巨大的发展。

"一带一路"国内旅游发展概况。当前中国虽然区域经济发展不够平衡，但是总体经济形势向好，旅游经济实力强大，各种跨区域合作也具有了一定的基础，旅游合作前景良好。

从经济发展看合作（见附件3）。①**经济基础良好**。中国已经成为世界经济增长的重要力量，是世界第二大经济体、第一大货物贸易国、第一大外汇储备国和第三大对外投资国，整体经济发展水平在世界前列；同时大众创业、万众创新成为战略引领，改革突破、创新升级成为发展要求，中国经济正行进在质效同步增长的快车道上。旅游规模持续壮大。中国已经形成了世界上最大的国内旅游市场，世界最大的出境游市场，并且正在朝着世界最大的旅游目的地国家成长。2014年，中国人均

---

① 37个国家和地区单方面给予中国公民落地签证待遇 [J/OL]. 中研网，2014-11-24. http://www.chinairn.com/news/20141124/085430522.shtml.

② 2015首届中国-东盟博览会旅游展圆满落幕成果喜 [J/OL]. 中国日报网，2015-06-03. http://www.gxlyjq.com/portal.php?mod=view&aid=2485.

③ 中国"俄罗斯旅游年"开幕 [J/OL]. 国家大剧院，2012-03-27 http://www.chncpa.org/NewsSearchAct/zxxqAct.jspx?id=337742.

出游率已接近3次，未来五年内将达到4.5次，① 市场空间和潜力巨大。②**经济发展不够均衡**。从全国各省域旅游业发展水平来看，差距明显，总体呈东高、中柔、西弱的发展格局。丝绸之路经济带沿线旅游发展水平不高，需借势"一带一路"战略实现振兴发展。沿线河南、陕西、宁夏、甘肃、青海、新疆六省区的旅游业发展处于全国中下游水平，国内旅游收入水平较低，仅占全国的13.59%；入境旅游市场相对薄弱，市场外向度低；入境旅游收入仅占全国的4.47%，国际旅游品牌效应弱。其中河南、陕西接待游客远高于其他省区，合计占总接待人次的八成，以丝绸之路旅游产品为吸引主体的甘肃和新疆旅游市场规模远远小于河南和陕西。说明丝绸之路旅游在吸引游客、提升目的地市场竞争力、增加市场规模上还有相当大的差距，由此丝绸之路经济带旅游合作开发更加具有现实意义。各省区可通过深度融入"丝绸之路"建设，通过客源互送、市场共享、交通互达、产品互补实现区内均衡化发展。规划中的21世纪海上丝绸之路旅游发展水平较高，可借势"一带一路"实现国际品牌提升。山东、江苏、浙江、福建、广东、广西、海南7省的旅游业总体发展状况处于中上游水平，旅游总人数和旅游总收入均占全国的三分之一，是全国旅游发展较为快速的地区；同时，入境旅游市场相对较广，入境旅游人数和入境旅游收入已占全国的三分之二，国际旅游发展势头强劲。

从区域协同看合作。①**经济合作有利推进**。目前我国正全面推进西部开发、东北振兴、中部崛起、东部率先的区域发展总体战略，并强调重点实施"一带一路"、京津冀协同发展、长江经济带三大战略，重点鲜明，总体联动，区域战略布局与发展的均衡性有利于"一带一路"的全国推进。我国从重点培育国家新型城镇化政策作用区的角度出发，确定打造20个城市群，丝绸之路重点线路城市群密集，有利于合作推进。②**旅游合作持续不断**。旅游合作早期有1988年两省一市合力兴办的"江浙沪旅游年"等。近年来，区域旅游合作热在全国迅速蔓延，从"各据一方"到"连线成片"，区域旅游合作方兴未艾：环渤海主要旅游部门共同签署了合作宣言，北方省市"9+10"旅游整合作用凸显；南方"9+2"泛珠江三角洲区域合作快速推进，环北部湾区域旅游合作形成框架；西北五省共同签署《旅游市场开发战略合作协议》，建立旅游市场开发的深度合作机制；西部云南、四川、西藏联合开发的香格里拉旅游圈深入人心；东部长三角旅游合作深入发展，泛长三角旅游合作不断扩大；闽浙赣皖毗邻九市"区域抱团"探寻突围路、苏皖赣三省的19个城市共

---

① 2015全国旅游工作会议工作报告[N/OL]. 中华网. http://travel.china.com/vane/chinanews/11120563/20150116/19218052.html.

同签订区域《旅游合约》、江浙沪+安徽"3+1"正在进展中、浙西五县市的浙西旅游合作峰会每年举办,区域旅游合作为"一带一路"旅游合作奠定了基础。但目前西北、西南、草原等线路的旅游合作并不紧密,大部分流于形式,不温不火,需要借势"一带一路"提升合作效益。

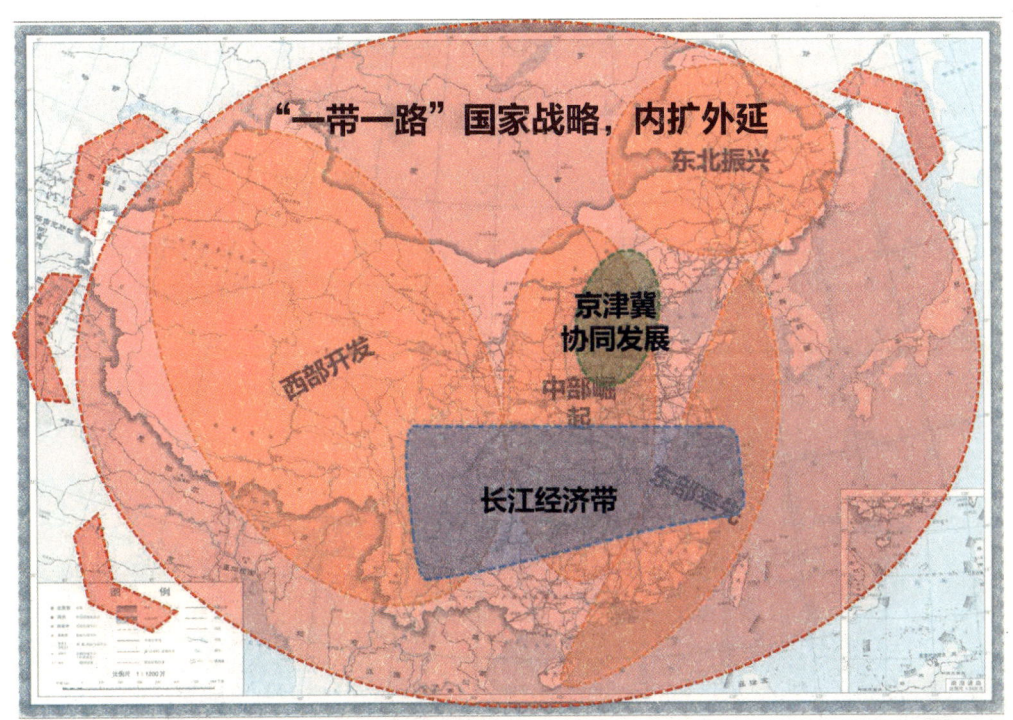

审图号:GS(2008)1394号　　　　　　　　　　　　2008年6月 国家测绘局制

图1-10 国家区域经济战略格局图

三、"一带一路"旅游发展动向

中国"一带一路"战略构想提出后,国际社会积极响应,国内各省积极对接,战略推进成果显著。

"一带一路"国际旅游动向。中国"一带一路"战略构想提出后,已经有60多个沿线国家和国际组织对参与"一带一路"建设表达了积极态度,基础合作纷纷展开,旅游合作机遇大好。

合作文件签署。中国已经与塔吉克斯坦、哈萨克斯坦、卡塔尔等国签署了共建"一带一路"合作备忘录,与科威特签署了共同推进"丝绸之路经济带"与"丝绸城"有关合作的备忘录,与俄罗斯签署了地区合作和边境合作的备忘录,研究提出了中（国）、哈（萨克斯坦）、吉（尔吉斯斯坦）比邻地区合作纲要，正开展中蒙俄经济走廊合作纲要编制的前期课题研究，与印尼、泰国、马来西亚、斯里兰卡、马尔代夫、瓦努阿图等签署了海洋方面的合作文件。[①]

金融合作支持。亚洲基础设施投资银行得到了诸多经济体的支持。亚投行意向创始成员国共有57个，既有中国家门口的邻居，也有千里之外的朋友；既有发展中国家，又有发达国家，其中域内国家37个、域外国家20个，涵盖亚洲、大洋洲、欧洲、拉美、非洲五大洲。同时人民币跨境结算、规划区域金融中心、金融分支机构、丝路基金等也都得到了各国支持。

国际城市联合。中国与许多沿线国家互办文化年、艺术节、图书展、电影节、旅游节等交流活动，在斯里兰卡、老挝、巴基斯坦、尼泊尔等国设立了中国文化中心，同时举办的城市旅游联合活动也得到了各国的支持，纷纷签署协议联合推进。

图1-11 中巴公路上的巴基斯坦贸易大篷车

联合申遗活动。中国与吉尔吉斯斯坦、哈萨克斯坦联合申报的丝绸之路项目通过第三十八届世界遗产大会审议，列入《世界遗产名录》。这是世界上第一个以联合申报的形式成功列入《世界遗产名录》的项目。

生态环保合作。印度、俄罗斯、柬埔寨、老挝、土库曼斯坦、波兰、伊朗、罗

[①] 车玉明，刘东凯. 近60个国家明确表示支持和积极参与"一带一路"建设[N/OL]. 新华网，2015-02-03. http://news.xinhuanet.com/world/2015-02/03/c_1114241622.htm.

马尼亚、新加坡等国先后与中国签署了涉及跨境河流、防洪、水资源及森林、湿地和野生动物保护等方面的合作协议、备忘录，生态环保合作，为旅游合作奠定了基础。

其他如中国—俄罗斯、中国—巴基斯坦、中国—泰国等铁路、航空、航运基础设施建设也已开启推进，中缅、中国—中亚天然气管道投入运营，与俄罗斯、印度、马来西亚、印度尼西亚、白俄罗斯等国的工业园区合作项目也开启推进。

"一带一路"国内旅游动向。国内积极对接"一带一路"战略，从最开始重点省份对接参与，到现在全国各省份都主动融入、主动谋划，不仅在思路上主动拓展，在行动上也积极落实。

图1-12 中国-哈萨克斯坦边境口岸阿拉山口

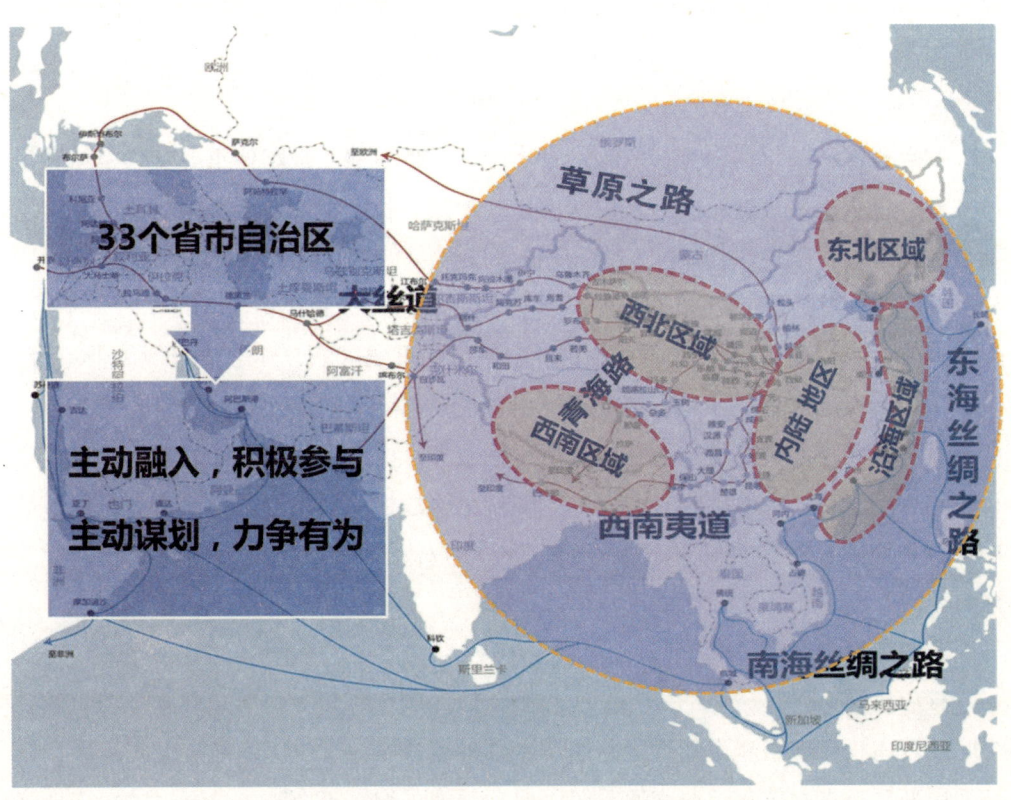

图1-13 各地区在"一带一路"中积极对接

高起点定位对接。

核心省区：新疆提出打造丝绸之路经济带核心区，建设丝绸之路经济带旅游集散中心、旅游核心区、交通枢纽、商贸物流和文化科技中心；青海提出建设丝绸之路经济带的战略通道、重要支点和人文交流中心，使丝绸之路经济带成为青海向西开放的主阵地，推动全省经济发展的新增长；甘肃提出打造丝绸之路经济带黄金段，构建我国向西开放的重要门户和次区域合作战略基地；陕西着力建设丝绸之路经济带重要支点，形成我国向西开放的重要枢纽；宁夏提出进一步打造丝绸之路经济带战略支点；山东提出建设"一带一路"海上战略支点，成为新亚欧大陆桥经济走廊的重要地区；江苏提出创建"一带一路"交会节点新格局；浙江提出建设"一带一路"战略的经贸合作先行区、"网上丝绸之路"试验区、贸易物流枢纽区，构筑陆海统筹、东西互济、南北贯通的开放新格局；福建提出打造"一带一路"互联互通建设的重要枢纽，海上丝绸之路经贸合作的前沿平台，海上丝绸之路人文交流的重要纽带；广东提出建设21世纪海上丝绸之路的桥头堡；海南提出打造海上丝绸之路的门户战略支点，围绕南海资源开发服务保障基地和海上救援基地；广西提出建设"一带一路"有机衔接的重要门户，成为西南、中南开放发展的新的战略支点；河南提出建设亚欧大宗商品商贸物流中心、丝绸之路文化交流中心、能源储运交易中心。

重点省区：四川提出打造成为国家实施"一带一路"战略的重要交通枢纽和经济腹地；重庆提出打造长江经济带西部中心枢纽，长江上游综合交通枢纽，打造内陆开放高地；云南提出建设"一带一路"的战略支点，沟通南亚、东南亚国家的通道枢纽；贵州提出建设连接"一带一路"的战略通道；湖北提出建设"一带一路"的战略支点；辽宁提出构建欧亚大陆桥出海口的重要区域，使之成为"一带一路"中蒙俄经济走廊的重要一环；黑龙江提出打造东部陆海丝绸之路经济带，为东部沿海及日、韩乃至北美提供陆海联运跨境运输服务；内蒙古为建设向北开放桥头堡建设迈出重要步伐；天津提出打造亚欧大陆桥运输的桥头堡；上海提出建设国际贸易中心；湖南提出打造内陆开放型经济高地；吉林、北京提出建设向北开放的重要窗口。

高效率举措对接。

核心省区：

陕西省积极申报建设丝绸之路经济带自由贸易区，建设国家航空城实验区，支持西咸新区建设立体化综合交通系统。启动并推进编制了全省《丝绸之路经济带旅游行动纲要》和《陕西丝绸之路起点旅游发展规划》。成功举办丝绸之路旅游国际大会,"丝绸之路旅游年"与"秦岭与黄河对话"主题活动,率先举办了以丝绸之路为主题的国际性旅游博览会。积极宣传"山水人文·大美陕西"旅游品牌,积极推进落地签证、过境免签等政策。开通"丝路使者号·新东方快车"。

甘肃省正式印发了《"丝绸之路经济带"甘肃段建设总体方案》,构建兰州新区、敦煌国际文化旅游名城和"中国丝绸之路博览会"三大战略平台。将开通兰州至俄罗斯、哈萨克斯坦等国家的国际航班,推动建立"丝绸之路旅游国际合作联盟"。推出与周边省区环线旅游线路产品,创新开展丝绸之路铁路驿站和公路驿站旅游,建设"丝绸之路经济带"互联网的黄金通道。

青海省加快"一带一路"立体化交通网络,推进沿海、沿江、沿线通关建设,开放西宁国际航空港,开放国际航线,建设国际产业园。办好"青海文化旅游节""丝绸之路"青海道采风踩线活动、黄河沿线旅游市场推广联盟大会、旅游高端论坛等活动。积极发展高铁旅游,打造西宁"一带一路"支点城市。

宁夏以中阿博览会为重要平台,以世界旅行商大会为抓手,以丝绸之路沿线国家和阿拉伯国家为重点,以港澳台市场为突破口,探索建立与沿线省区及欧亚国家交流合作新机制,加快建设陆上、网上、空中丝绸之路。积极争取申办2015世界穆斯林旅行商大会和"中阿旅游经济文化发展论坛"。举办"携手中阿——重走丝绸路·重温丝路情"国际自驾车旅游宣传活动。开通银川至迪拜、多哈、开罗、吉隆坡、曼谷等地的国际客运航班。

新疆加快推进与中亚、西亚等周边国家的旅游合作。新疆旅游业打造"丝绸之路空中走廊"至首尔、法兰克福。筹办"丝绸之路"旅游发展规划国际论坛。进一步建立完善旅游规划体系,搭建旅游投融资平台,推进旅游重大项目建设,加快旅游精品建设等。

山东省推动8条铁路及15条公路等重大基础设施与周边省市区互联互通。深化东亚海洋合作平台与中韩地方经济合作建设,争取青岛获准开展自贸区试点。加强"一带一路"沿线山东文化和旅游的推广力度。

江苏省海陆双向,举全省之力打造"一带一路"出海口,形成陆海双向开放新格局。以港口为龙头构建国际大通道。对接丝路,"畅游江苏·连云港号"旅游宣传专列已正式启动,推出"重走丝绸路,山水含清晖""遍寻历史情,醉美丝绸路""承文化韵律,赏丝路风情""品运河风韵,看海上丝绸""漫漫丝如雪,人间织太平"五条丝绸之路旅游产品。

浙江省推进宁波—舟山港一体化,推进全省沿海港口、义乌国际陆港的整合与建设,谋划和推进港口经济圈建设,申报舟山自贸区。加强江海联运、海陆联运体系和远洋船队建设，稳步推进"义新欧"中欧班列运行常态化。重点打造丝绸之路、古都古镇等一批国际精品旅游线；重点打造滨海之旅、邮轮之旅等一批特色旅游线。大力发展入境旅游，推进杭、宁、温等国际航空港建设。

福建省出台并落实《福建省融入丝绸之路经济带和21世纪海上丝绸之路发展战略实施意见》。借第十届海峡旅游博览会举办契机，举办海丝旅游发展论坛。赴斯里兰卡、印尼举办"中国福建周"活动。依托厦门邮轮母港，开通福建至台湾地区、香港地区、东南亚，以及欧美等目标市场的国家和地区的海上丝绸之路邮轮旅游线路；以海上丝绸之路文化为主题，整合福建与周边城市海丝文化与旅游资源，设计打造若干海上丝绸之路旅游线路，并争取列入国家精品旅游线路。

广东省把"推进江海联运，支持广州港与21个友好关系港口建立海上港口联盟"等建议纳入海上丝绸之路建设规划；以广州、深圳、珠海、汕头、湛江五大港口为枢纽，加快推进海上通道互联互通。积极参与东盟国家港口等重大基础设施建设。与海上丝绸之路沿线国家签订59项旅游项目协议，金额逾137亿元。在海上丝绸之路旅游资源开发、项目建设、线路打造、宣传促销、客源输送、地接服务、邮轮游艇新业态等方面进一步加强与相关国家和地区的互利合作。

海南省筹建"一带一路"工作领导班子，加快建设"岛上海南"，重点提升海口、三亚作为战略支点的支撑作用。加快建设"海上海南"，全力推进三沙重大基础设施和公共服务设施建设，发展油气资源开发服务保障、远洋捕捞、海上旅游等特色海洋经济；打造中国旅游特区，建成"世人青睐的休闲天堂、人居天堂、购物天堂、美食天堂、医疗天堂、养生天堂、娱乐天堂、特色文化天堂"。

广西加快申请设立北部湾自由贸易试验区，着力抓好基础设施、产业升级、港口物流等重大项目。与泛北部湾地区的越南、泰国、马来西亚、新加坡、印度尼西亚、文莱等国家和地区合作，打造"21世纪海上丝绸之路"国际精品旅游线路，成为以海上跨国邮轮度假旅游为主体，融游览观光、商务会展、康体养生、文化体验、修学科考、休闲地产等功能为一体的复合型国际旅游精品。

河南省研究制订国家"一带一路"规划实施方案，加快自贸区申建工作。

重要省份：

云南省加快联结周边国家的综合交通、电力、信息和仓储物流等基础设施建设。推进省内的三个"口岸游"：一个是河口口岸，面向越南方向；一个是瑞丽口岸，向印度方向进行延伸；一个是磨憨口岸，向老挝方向进行辐射。以"意大利米兰世博会"、中印旅游年、中韩旅游年等活动为契机，加强云南旅游的国际宣传力度。利用"2015亚洲航线发展大会"及"2015中国国际旅游交易会"在昆明举办的机遇，营销云南旅游，并结合昆明—温哥华等国际航线的开通进行专题营销活动，做到"开通一条航线，搞好一片活动"。

四川省在"一带一路"沿线中，筛选20个四川省具有较大产业和贸易比较优势的国家，实施重点开拓、深度开拓；在20个重点国家中，优选50个双向投资重大项目，实施重点跟踪、强力促进。在全省现有近1万家外经贸企业

图1-14　"行南丝绸之路·游大熊猫"家乡系列活动①

中，精选100家与"一带一路"沿线有较好贸易投资基础的重点企业，实施重点引导、形成示范。创新建设国际营销平台，开展以"行南丝绸之路·游大熊猫家乡——欧洲熊猫粉丝四川探亲之旅"为主线的欧亚重点客源市场的营销，以"川菜名馆暨世界美食之都全球营销活动""境外直航城市自主营销系列活动"为主线的境外重点客源市场营销。加大对俄罗斯、印度、北欧等新兴客源市场的营销力度，组建中国台湾、日本等旅游营销中心。

重庆市加强与"一带一路"沿线国家、国际友好城市和港、澳、台的经贸往来，促进与长江经济带沿线省市协作，务实推进成渝经济区一体化。积极组织周边地区货物搭载"渝新欧"班列，推动国际邮政专列正式运行，增加"渝新欧"开行班次和集装箱运量，同时探索开通渝新欧客运旅游专列，力争年内试运行，使其成为"一带一路"框架体系下特色旅游的一大通道。

贵州省开通黔深欧国际海铁联运班列、中欧班列，打通与"一带一路"国家的便捷物流大通道。建设贵安新区、贵阳综合保税区、双龙临空经济区及各类开发区。

内蒙古自治区编制推进丝绸之路经济带建设实施方案，争取将内蒙古向北开放重大事项和项目纳入国家顶层设计。加快满洲里、二连浩特国家重点开发开放实验区和呼伦贝尔中俄蒙合作先导区规划建设；办好中蒙博览会，加大口岸建设力度。打造中俄蒙旅游联盟与蒙粤经济联盟。

黑龙江省加大铁路、公路、口岸等的互联互通及电子口岸建设力度；推动跨境

---

① "行南丝绸之路·游大熊猫家乡"——欧洲熊猫粉丝四川探亲之旅启动 [N/OL]. 四川省旅游信息中心，2014-11-18. http://www.scta.gov.cn/sclyj/xccx/hwcx/system/2014/11/18/000568215.html.

通关、港口和运输便利化，借助俄远东港口，开展陆海联运；推进跨境旅游合作区建设。

河北省推进交通基础设施建设，加强与沿线区域的能源资源合作，鼓励企业借势"走出去、引进来"，为培育打造京津冀新经济增长极提供重要支撑。

辽宁省积极打造3条至欧洲的运输通道，鼓励企业开展境外投资，承揽国际工程，带动产品出口，促进产能合作；打造丝路国际旅游港。

湖南省打造内陆开放型经济高地。

湖北省推进"武汉—东盟""武汉—日韩"航运通道建设，提升汉新欧班列国际运输功能。支持武汉外国领馆区建设。推动鄂东港口资源整合。推进中法武汉生态示范城项目建设。

山西省与中亚地区在煤炭采掘、洗选、运输等方面展开合作，与"丝绸之路经济带"国内沿线省市口岸、海关、检验检疫等部门合作。依托大西高铁，将山西省旅游产品推向西北市场。

江西省积极将自身打造成为"丝绸之路经济带"和"21世纪海上丝绸之路"的战略连接点和内陆开放型经济战略高地。瓷都景德镇作为江西省的重要名片，是古代陆上丝绸之路和海上丝绸之路的重要起点之一，景德镇提出了"复兴千年古镇、重塑世界瓷都、保护生态家园、建设旅游名城，打造一座与世界对话的城市"的全新发展定位与思路。未来，景德镇将依托"一带一路"在产业上主动对接、融入全球，让世界感受千年瓷都的艺术创作和文化魅力，着力建立国际化的网上"一带一路"陶瓷电子商务平台，力争成为一个更具国际范的城市。

吉林省实施长吉一体化，设立长吉产业创新发展示范区，融入"一带一路"。

上海市推动商协会构筑沿线贸易网络；建设与沿线国家和地区特别是沿线亚太地区之间的"投资贸易标准"，使双边贸易更便利化；集聚一批"一带一路"的投资贸易机构，与"一带一路"国家和地区之间建立城市间的经贸战略关系。

天津市发展大陆桥运输，以三条过境通道和海铁联运为载体，推出"津新欧"物流大通道品牌。增加外贸干线、增密航班、优化航线结构，发展环渤海内支线。拓展国际中转业务，推进"东北亚—天津港—大陆桥—中西亚和欧洲"的双向多式联运，打造连接东北亚、中西亚及欧洲的集装箱枢纽港等。

国际旅游合作发展案例借鉴

一、国际区域旅游合作案例

● 欧盟区域旅游一体化

基础雄厚的旅游经济。随着欧盟一体化的深入，欧盟旅游业的国际合作不断加强，成为当今世界区域旅游合作的典范。旅游业已经成为欧盟地区就业人口最多的关键行业。旅游业占欧盟地区国民生产总值的5%以上，提供了970万个就业岗位，约占欧盟就业人口总量的5.2%。旅游业的间接经济效益占欧盟国民生产总值的10%以上，总共提供约12%的就业机会。

统筹管理的旅游机构。欧洲旅游局联盟现有39个成员，该组织的主要任务是在对市场进行调查研究的基础上，组织成员国联合开发目标市场，提高旅游接待水平，交流信息，开展旅游政策和理论的研究，开展旅游从业人员的继续培训，设有共同运营网络门户 www.visiteurope.com。同时重视国家、地区和地方公共机构之间的密切合作，以及与旅游协会和其他公共/私人旅游利益相关者的合作，发挥欧洲旅游运营商协会（ETOA）、欧洲旅行代理商和旅游运营商协会（ECTAA）等行业组织的作用，并推进旅游业和航空公司的合作。2004年欧盟成立了"旅游可持续发展组织"（TSC），由政府、国际旅游组织、行业协会和社会团体的代表组成，确定"欧洲旅游可持续发展的基本方向"和发展建议书。从2000年起，每年开设欧盟年度旅游论坛，为政界、业界和学界代表提供交流平台，研讨欧洲和世界旅游的热点、难点和亮点，探索旅游新技术、新趋势。

开放便利的通行政策。①通行货币政策：2002年7月，欧元成为拥有3亿多居民的18个成员国的法定流通货币，使欧洲内外部的旅游者免去了在欧洲旅游频繁兑换货币的麻烦。②商品免检政策：根据《罗马协议》的规定，凡属旅行者个人自用或作为礼品在另一成员国购买的各种商品，无论其价值如何，都无须因增值税问题在边界停留、申报，从而大大简化了过境手续，缩短了过境时间。③自由申根政策：边境检查的《申根协定》首先在7个国家生效，首开相关国家自由旅行的先例，经过多次扩展，目前申根区已扩大到25个国家，涵盖欧洲大部分国家。

丰富多元的旅游营销。①启动欧洲旅游年。1990年首次举办"欧洲旅游年"，提出"旅游，使欧洲人相互更紧密"的主题口号，欧盟开始统一对外宣传，增强统一认同感。②统一旅游形象。2011年5月欧盟旅委会确定"欧洲，全球首屈一指的旅游胜地（EDEN）"为统一的欧洲旅游形象。欧盟旅委会与各国旅游机构密切合作，从参与国家中遴选可以授予EDEN称号的国家。③推出文化旅游产品。欧盟推出"欧洲文化之路"旅游产品，设计了跨越几个地区或国家的旅游产品。欧盟委员会每年公布一个创意，促进跨国文化旅游产品，并提升其知名度。④注重网络营销。2006年开通欧盟旅游官方网站，建立"欧洲旅游目的地通道"网站，成立"欧洲城市营销组织"，130多个城市联合营销，2011年设立欧洲旅游网。⑤注重中国市场营销，开通了欧洲旅游网中国官网；围绕"欧洲，终极之旅"的主题开展一系列市场活动，推出了专为中国游客量身打造的泛欧洲旅游产品；中欧签署《关于可持续旅游领域合作的联合声明》，建立中欧定期旅游对话和信息交流机制，开展共同项目，统一并简化签证手续。

科学有效的标准规划。①规划引领。2000—2006年欧盟向旅游业投入20亿欧元，并制定了《欧洲共同体旅游发展规划》，把旅游业放在国民经济优先发展的地位上，并对欧洲旅游业的发展目标、对外关系、地区政策、企业政策、合作政策和旅游开发基金等作了统一的规定。②统一标准。编制《衡量旅游城市高质量管理实用手册》，建立旅游服务质量的指标体系；实行《欧共体包价旅游规则》，该规则规定了旅游服务的统一标准及旅行社、饭店和航空公司的操作规范；制定的《欧洲旅游可持续发展指标建设报告》（DPSIR指标），成为欧盟各国评估旅游业发展的共同标准。

强有力的资金扶持。①旅游项目投资。欧盟机构基金2000年到2006年在纯旅游项目中的投资超过70亿欧元，同时欧洲地区开发基金（ERDF）对可持续旅游项目提供资金支持。②基础设施建设。欧盟主要通过一体化基金这项基金，对环境和交通基础设施提供资金支持。③援助中小企业。欧洲社会基金（ESF）解决旅游就业，特别是小企业的就业问题；欧洲农业基金（EAFRD）通过鼓励开展旅游活动从而使农业经济的目标多样化。①

- **东盟区域旅游一体化**

逐层深入合作的发展历程。①起步期（1976—1994年）。东盟旅游合作始于20世纪70年代，1976年东盟贸易与旅游委员会下设旅游小组委员会，负责东盟区域旅游产品开发、市场宣传和人力资源建设，在早期的区域旅游一体化中起着主要的推动作用。1981年开始举办每年一度的东盟旅游论坛；1988年成立东盟旅游信息中心；1992年发起了东盟旅游年活动。②发展期（1995—2002年）。1995年，东盟

---

① 王兴斌.欧盟区域旅游一体化的启示[N].中国旅游报，2014，1（3）.

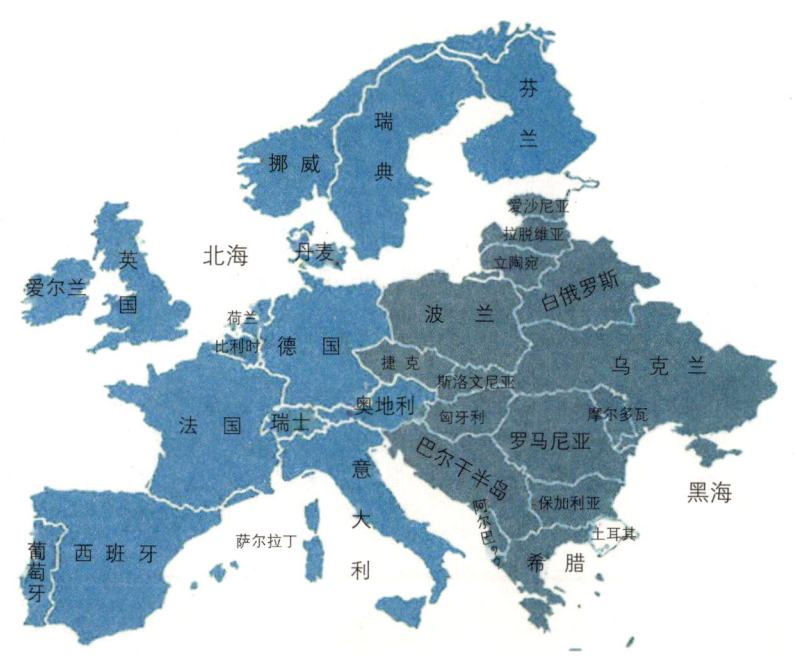

图 1-15 欧盟区域旅游一体化示意图

第五次首脑会议通过了《东盟服务贸易框架协定》,其中旅游被定义为优先自由化的部门。1998 年,东盟旅游论坛开启了第一次正式的东盟旅游部长会议。2002 年,东盟首脑会议审批通过了《东盟旅游协定》作为指导东盟旅游合作的纲领性文件。
③深入期(2003 年至今)。2003 年,东盟成员国达成《东盟协调一致宣言Ⅱ》,提出了 2010 年率先实现一体化的 11 个经济部门,旅游业作为一项有代表性的服务行业与其他部门一同被包括在内。2004 年,在老挝万象的东盟首脑会议上成员国正式签署《东盟优先部门一体化框架协定》,出台了《东盟旅游部门一体化草案》,详细列出了旅游业所涉及的服务部门类别及实施措施、步骤和时间表。

搭建旅游合作平台。东盟 1976 年成立旅游小组委员会,1981 年开始举办东盟旅游论坛,包括东盟旅游部长级会议和东盟国家旅游组织会议及区域旅游行业会议,作为东盟旅游一体化的主要平台。东盟旅游部长级会议作为其中最高层次的会议,审批并确定成员国提交上来的各种旅游合作政策和实施计划,敦促计划的实施,评价实施情况,是东盟共商旅游合作大计的最高平台,每年举行一次;东盟国家旅游组织是负责制定和贯彻实施区域旅游政策措施的官方机构,要求每年召开两次会议;在东盟旅游论坛中还开展一些旅游行业组织会议,如东盟饭店与餐馆协会会议、东盟旅游代理商联合会会议、东盟航空会议和东盟旅游一体化工作组特别会议,形成了从区域到国家、行业、部门再到企业的立体合作会议机制;而非营利性行业服务机构——东盟旅游协会专门负责监督协调工作，在政府、企业和市场之间搭建沟通的桥梁，全力支持和协助东盟旅游一体化。

制订旅游合作计划。1998年第一次东盟旅游部长会议，通过了《东盟旅游合作行动计划》，对区域旅游业合作的目标、领域和具体的策略、行动计划首次做出了完备的说明。①合作目标。东盟区域旅游合作的目标是以统一、联合的旅游目的地开发和推广东盟世界级旅游吸引物、设施和服务标准；加强成员国之间的旅游合作，特别是公共部门与私人部门的广泛参与，以实现东盟区内旅游贸易与投资的便利化；建成一个商讨区域旅游发展问题，协调监督旅游项目和计划实施的共同机制。②合作领域。东盟区域旅游合作涉及的领域包括旅游投资、旅游产品开发、人力资源开发、旅游环境和文化的保护等，具体内容是旅游信息和经验的交流、旅游政策和计划的协调、市场的开发调研、旅游人才的培养、出入境手续的简化、旅游配套基础设施的建设、私人部门的参与及关乎区域共同利益的国际和地区问题上的联合行动等。③合作行动计划。东盟区域旅游合作的行动计划包括成员国国家旅游组织负责以上政策的协调和措施的实施，如对外以单一的旅游目的地宣传促销东盟，制订旅游投资计划和优先投资项目以加快区域内旅游配套设施的发展和旅游产品的开发，建立共同的旅游人才库以便于人力资源的共享与开发，制定环境管理与保护政策，对自然环境与生态系统进行评估与监控，开展生态旅游等。

实施旅游联合营销。①启动东盟旅游年。1992年，发起东盟旅游年活动，收到显著的成效，东盟统一对外联合营销出现萌芽。②统一旅游形象。1998年，东盟旅游部长会议提出以统一、联合的旅游目的地形象进行开发和促销东盟旅游，统一营销受到最高层次会议的重视。③借助展会联合营销。2005年"旅游东盟行动"，共同宣传促销，重树东盟旅游形象。2006年，旅游部长会议提出了一系列"旅游东盟行动"措施，东盟旅游作为统一体多次出现在国际旅游宣传展会上。2009年，召开首届中国东盟旅游论坛。2010年，中国–东盟自由贸易区正式全面启动。

加强旅游人才管理。①设置旅游机构。2002年《东盟旅游协定》提出制定东盟旅游从业人员资格的标准和认证，并最终实现东盟成员国之间旅游从业人员技能与资格的互认。2006年旅游部长会议决定将以前各成员国设置的技术辅助小组转为正式的技术委员会，来负责"东盟旅游从业人员统一资格标准"的制定工作。东盟旅游人力资源特别工作组还为2007年初东盟"旅游从业人员互认安排协定"的签署做过准备。目前，东盟各国已就33种旅游职业从业人员的资格标准达成一致。②加强旅游人才培训。由东盟各个国家旅游组织牵头，设置东盟旅游培训课程，加强人力资源开发。2012年中国国家旅游局在广西、云南成立了中国–东盟旅游人才教育培训基地，进一步促进中国与东盟全面开展旅游合作，主要进行语言培训、旅游研究和学术交流。③构建网络培训平台。由东盟研发论坛与泰国研究基金负责，创立东盟旅游合作网和数据银行，建立旅游人力资源的管理与开发网络。

统一旅游服务标准。①制定从业人员标准。2002年《东盟旅游协定》提出制定东盟旅游从业人员资格的标准和认证，目前东盟各国已就33种旅游职业从业人员的资格标准达成一致。②成立技术委员会。2006年旅游部长会议决定将以前各成员国设置的技术辅助小组转为正式的技术委会员，来负责"东盟旅游从业人员统一资格标准"的制定工作。③完善各旅游要素标准。东盟成员国对旅游相关行业，如旅馆、饭店及其他旅游服务行业要求执行共同的行业质量标准体系，以提高这些部门的服务质量和水平。

畅通区域旅游投资。①建立投资清单。由东盟国家旅游组织与投资协调委员会负责，开展调查，制定投资清单，确认具有投资吸引力的旅游区，重点侧重生态旅游项目。②搭建投资平台。2006年东盟旅游工作会议提出设立"东盟旅游投资基金"，减少旅游投资审批时间和程序。2010年成立中国－东盟投资合作基金，促进中国－东盟旅游投资。③鼓励私人投资。由东盟各个国家旅游组织牵头，提供旅游基础设施建设的资金奖励，并鼓励私人投资。①

图 1-16 东盟区域旅游一体化示意图

---

① 邹春萌. 东盟区域旅游一体化策略与效应分析 [J]. 亚太经济，2007（2）.

二、申根区免签政策

申根区概况。《申根协定》（Schengen Agreement），是一项1985年6月24日欧洲国家间签订的条约协定，因在卢森堡边境小镇申根签订而得名。其签约目的是取消相互之间的边境检查点，并协调对申根区之外的边境控制。根据该协定，旅游者如果持有其中一国的旅游签证即可合法地到所有其他申根国家。《申根协定》的成员国亦称"申根国家"或者"申根协议国"，成员国的整体又称"申根区"。截至2012年1月1日，拥有26个成员国，分别是奥地利、比利时、丹麦、芬兰、法国、德国、冰岛、意大利、希腊、卢森堡、荷兰、挪威、葡萄牙、西班牙、瑞典、匈牙利、捷克、斯洛伐克、斯洛文尼亚、波兰、爱沙尼亚、拉脱维亚、立陶宛、马耳他、瑞士、列支敦士登。

申根区发展历程。①第一阶段：协定的孕育产生阶段。从"二战"结束以后至1985年《申根协定》在五国之间的签署这一段时间，由于成员国之间意见不一，在欧共体内部实现人员自由流动的主张一直未见成效。因此，在欧共体机制外，逐步形成了两个旨在实现人员自由流动的小范围机制：1960年生效的比利时-荷兰-卢森堡共同签证区，以及1984年法国和德国之间的双边共同签证区计划。这两个倡议的合并促成了1985年6月14日签订的第一个《申根协定》。②第二阶段：协定的落实生效阶段。《申根协定》签订后，作为一种新型的"政治发明"，它在实际应用过程中遭遇了较多的阻碍。直到1995年，在它的签署整整时隔10年之后，《申根协定》才正式生效。该阶段的《申根协定》仍然仅仅是一份停留在欧共体框架之外仅有部分成员国参与的政府间合作协议。③第三阶段：协定的欧盟化阶段。1997年欧盟成员国订立《阿姆斯特丹条约》，决定将《申根协定》纳入欧盟机制，自此《申根协定》实现欧盟化进程。欧盟机制下的申根区在深化和扩大两方面都取得了快速发展，形成了相当成熟的一套准入、执行、应用体系，申根信息系统发挥其核心的作用。截至2013年，申根区成员国有26个，构成了面积达360万平方公里的申根区，4亿欧洲人可以在此区域内自由旅行。

申根区优缺点分析。①申根区的优点。去除妨碍旅游发展的内部边界，消除边界带来的分割市场、阻碍资金流动等负面影响。简化旅游边境检查，实现欧盟的内部人员、货物、资本、服务自由流动，这一改变实质上是适应和服务于欧盟统一市场的建设与发展，促进欧盟旅游一体化发展进程。随着《申根协定》的细化，成员国在旅游、教育、卫生、社会服务等多方面开展了合作，使协定成员国公民在众多领域受益于一体化成果。②申根区的缺点。新成员国短期签证申请条件变得更为严苛。以匈牙利入境短期为例，原先7个工作日的签证办理所需时间延长到20个工作日，工作流程导致了中国公民在获得匈牙利签证时需要花去几乎是原来三倍的时间。申根协定目前在管理主体上，仍由成员国的边境管理人员负责管理，在管理依据上各国也有不同的法律规定，一体化边境管理还需要经历漫长的过渡期。

图1-17　申根区国家示意图

三、国际跨区域旅游线路组织

东方快车（Orient Express）。①起源。东方快车在欧洲属于长途列车，主要行驶于巴黎至伊斯坦布尔，横贯欧洲大陆。1876年，乔治·纳吉麦克（George Nagelmackers）创立Compagnie Internationale des Wagons-Lits（国际卧铺车公司），开始实现从巴黎贯通到伊斯坦布尔的豪华列车服务的梦想，以效法乔治·普曼（George

Mortimer Pullman）在美国创立的豪华卧铺列车。历史上东方快车曾有不同的路线，但大致没有偏离最初东西贯向的起讫点。虽然东方快车最初是指欧洲通往东方（东欧、土耳其）的国际列车，但后来在各种通俗文学中均用以指代激情的异国旅行或豪华旅程，如著名影片《东方快车谋杀案》。②巅峰。在第二次世界大战爆发前的20多年时间里，东方快车的发展进入巅峰时期。随着意大利和瑞士边境的阿尔卑斯山铁路隧道正式竣工，欧洲第二条豪华列车线路——东方快车南线通车。这一线路的最西端不再把巴黎作为始发站，而是选择了英吉利海峡法国一侧的港口城市加莱，从此，英国伦敦的新贵们便可在横渡海峡后直接登车，在巴黎北站和巴黎里昂站会合在法国的富豪朋友，接着南下抵达风光旖旎的瑞士湖畔城市洛桑，再穿越阿尔卑斯山来到意大利米兰及水城威尼斯，然后列车又经南斯拉夫首都贝尔格莱德和保加利亚首都索非亚，进入希腊境内，至于终点站，旅客们可以选择欧洲文明的发源地雅典，或者继续东行，抵达伊斯坦布尔。19世纪30年代有东方快车、辛普伦－东方快车及亚尔堡－东方快车同时运行，是为全盛时期。在此期间，东方快车提供寝卡、餐卡，以舒适及豪华的服务享有盛名，各国皇室、贵族、外交家、商人无不纷至沓来。③没落。第二次世界大战给予东方快车致命一击，以至于战后的几十年间，东方快车都没有恢复到战前的辉煌，反而逐渐被更为快捷的铁路运输和更加高端的列车设施所淘汰。④复兴。1977年，詹姆斯·舍伍德（James B Sherwood）重新创办"东方快车"集团（Orient-Express）。1982年，威尼斯辛普伦－东方快车恢复昔日光彩，由伦敦的维多利亚火车站开出，前往威尼斯南部。时至今日，由詹姆斯·舍伍德创办的"东方快车"集团已持有及管理49项产业，集团拥有六列以东方快车命名的观光火车，当中包括经典的欧洲威尼斯－辛普伦东方快车、行走于东南亚的亚洲东方快车（Eastern & Oriental Express）以及皇家苏格兰东方快车（The Royal Scotsman）。⑤借鉴的意义。一是火车主题风光游，沿途游览各国风光；二是影视文化融入其中，追求不同体验；三是配套高端化的旅游服务，创新改造火车内部空间；四是多条不同区域的旅游线路组织。①

---

① 李晓旭. 东方快车——一段难忘的怀旧旅行 [J/OL]. 搜狐旅游，2013-08-23. http://travel.sohu.com/20130831/n385453270.shtml.

图 1-18 东方快车（Orient Express）及沿线风光

阿尔卑斯山跨区域旅游线路。①自驾德奥瑞 3 城 18 镇。苏黎世租车，自驾车线路：苏黎世—菲森—因斯布鲁克—萨尔茨堡—萨尔茨卡梅古特湖区—瓦豪河谷—维也纳—林茨—雷根斯堡—慕尼黑—密尔斯堡—苏黎世，行程 2200 公里。②沿线景观。施华洛世奇水晶城—贝希特斯加登—国王湖—萨尔茨卡梅谷湖区—美泉宫—美景宫—史蒂芬教堂—霍夫堡皇宫广场—慕尼黑观光。③便利措施。支付简便：信用卡网上预订，提车时信用卡预授权，还车时信用卡结算；提车简便：只需出示驾照（新版，有英文）和租车预订单；还车简便：车辆驶入还车点，无须离开车辆，有流动人员上车服务。确认油量足额，手持读卡机结账，卸下行李即可离开。

图 1-19 苏黎世城市风光

国内区域旅游合作案例

一、长三角"15+1"无障碍旅游合作

长三角是中国较为成功的区域旅游合作区域,目前两省一市(江苏省、浙江省、上海市)在区域旅游上"互为客源地,互为目的地"的格局渐趋明显,整体知名度较高。长三角空间合作模式呈梯级网络结构,形成了以上海为旅游中心城市,南京、杭州、苏州、无锡、宁波为次级旅游中心,常州、南通等其余城市为重要节点的梯级网状区域旅游网络。长三角地区的合作是以旅游城市作为合作单位,政府为主导,带动企业,推动打破行政区的樊篱,形成无障碍旅游合作,其中政府的作用更为突出。[1]

二、珠三角区域旅游合作

大珠三角是由粤、港、澳三地构成的区域,区域旅游合作已经有20年之久,从最初的多极化、多层次、圈层式的区域旅游合作模式到主体多元化、行业综合性、区域联动式旅游合作模式,再到多种机制综合协调、政府力量积极主导的旅游合作模式,大珠三角的旅游合作已经形成了"政府主导、企业主角、民间推动、游客参与"的多级行政区合作格局,各级政府、民间组织、市场多种机制对该地区的旅游业合作起到了综合的协调作用。[2]

三、新天仙配旅游线路合作

"新天仙配"是由浙江省新昌县、天台县、仙居县、临海市对四地优势旅游资源进行整合,借助"天仙配"传说而取各县(市)第一个字推出的"新天仙配"旅

---

[1] 张补宏,徐施.长三角区域旅游合作问题及对策探讨[J].地理与地理信息科学.2009,11(6).
[2] 秦学.论区域旅游合作模式的变化及其创新发展——以泛珠三角和大珠三角为例[J].云南民族大学学报.2006,1(23).

游区域合作线路。通过 8 年的运作推广,该线路已成为旅游界知名的品牌线路、浙江省精品旅游区域合作线路,被誉为中国黄金旅游线,是区域旅游合作的新范例。"新天仙配"旅游线是 4 个县市的旅游部门把旅游作为一种主导战略的体现,在营销上的大投入使得门票收入大幅提升,整体形象获得全面提高。四地联合成立了一个执行机构,经费预算实行 AA 制,共同对外宣传、炒作、营销;同时采取轮值制,每年由一个地区当联络员,定期轮流举办联席会议,互通信息,统一广告标识,共同制作风光画册、导游图、招贴画等。四地建立了四县市新闻互换制度,各县在本县市报纸资源共享,互相报道对方新闻。客源互送也取得了丰硕成果。

四、五湖牵手五岳景区旅游合作

五湖牵手五岳,是一种新型旅游区域合作模式——"旅游同盟",是通过各景区的联合,力求在任何一个景点上都能快捷地实现由点及面的"深度游"。近年来五湖、五岳景区的旅游都有长足发展,但如何把各自优势资源整合起来,强强联合打造"深度游",以新创意提高市场竞争力,则还有很大的提升空间。五湖五岳旅游区域合作以旅游景区为合作主体的区域旅游合作新模式,为打造中华山水"最美画卷",塑造中国旅游整体形象,实现资源共享、利益共赢谱写了新篇章。①

---

① 五湖牵手五岳,我国旅游区域合作推出新模式 [N/OL]. 新华网,2010-3-23. http://travel.news.cn/2010-03/23/content_13230412.htm.

第二章 "一带一路"旅游合作战略规划的目标

明晰战略方向

一、四个坚持战略要求

"一带一路"是实施全方位对外开放的总抓手和新引擎,将形成横贯东中西、联结南北方的对外经济走廊,同时也为旅游的创新发展带来新机遇、新思维、新动力、新空间、新产业、新市场,将促进亚欧非各国经济联系更加紧密、相互合作更加深入、发展空间更加广阔。

旅游业正在成为经济发展新常态下的新增长点。在这种新形势下,"一带一路"旅游合作创新发展的总体要求如下:

第一,坚持"和平合作、开放包容、互学互鉴、互利共赢"的丝路精神,落实政策沟通、道路联通、贸易畅通、货币流通、民心相通"互联互通"五通战略,创新旅游合作发展模式,积极推进旅游产业合作发展。

第二,坚持旅游先行示范、融通促进的独特功能,通过旅游政策创造旅游环境,通过旅游活动带动商贸、投资综合发展,通过文化交流、经济互惠建立坚实互信基础,通过政策引导、客流跟进、商贸联动、资金促进、互信夯实,实现更大空间、更多领域、更深层次的可持续发展,大力推进旅游融通。

第三,坚持遵循先内后外、先近后远、先易后难的发展理念。陆上依托国际大通道,海上依托重点枢纽港口,以沿线旅游枢纽城市、主要旅游景区、世界文化遗产为重要节点,改善交通条件,逐步构建"一带一路"旅游合作发展网络。

第四,坚持全面深化改革和对外开放,构建面向全球的旅游营销平台、旅游投资平台、旅游信息平台,联合打造具有丝绸之路特色的国际精品旅游线路和旅游产品,塑造全球知名旅游大品牌,全面推进旅游合作机制建立。

二、一个定位战略方向

依托"一带一路"沿线各国独特丰富的资源,通过旅游政策、旅游客流、跨境旅游、旅游投资、旅游交流方面的合作,以打造"一带一路"互联互通旅游试验区为战略起点,最终将"一带一路"全面建设成为合作共赢的新型国际旅游合作示范带,使旅游合作成为"一带一路"中互联互通的先行者、经济发展的新引擎、多元融合的软纽带。

遵循战略原则

丝绸之路是沿线各国共有的宝贵财富,也是旅游发展的重要资源。中国是"一带一路"战略的创始者,"一带一路"是推进中国与亚洲、欧洲乃至非洲跨区域合作的新举措。中国已经在政策沟通、贸易往来、资金流动、文化交流等方面展开新作为。为此,我们也必须遵守以下原则以便下一步工作的深入展开。

一、开放包容的原则

"一带一路"建设秉持的是"共商、共建、共享原则",不是封闭的,而是开放包容的;不是中国一家的"独奏",而是沿线国家的"合唱"。中国必须坚持深化改革,扩大开放,也欢迎各国和国际、地区组织参与。同时根据具体情况,"一带一路"旅游重点建设项目向更多国家和地区开放;大力支持国内相关省、直辖市、自治区和港澳台地区的广泛参与。

二、合作共赢的原则

"一带一路"合作倡议契合中国、沿线国家和本地区发展需要,符合有关各方共同利益,顺应地区和全球合作潮流。通过对话协商,兼顾各方利益,扩大利益交会点。在旅游资源和市场开发中,注重沟通、协调、合作,稳定国家与区域的发展大局,实现客源输送,利益共享。

三、市场主导的原则

"一带一路"的发展必须遵守"政府主导,市场引导"的原则,坚持深化改革,通过旅游财税、签证等方面的政策,积极引导市场发展,充分发挥市场配置资源的决定性作用,促进国内外旅游发展。

四、兴业惠民的原则

"一带一路"战略的提出和互联互通的快速推进,为沿线国家和我国省市的旅游业发展提供了政策支持。以旅游合作发展关联带动其他产业发展,扩大沿线国家和地区就业,实施惠民旅游措施,充分保障沿线人民共享发展成果,实现旅游业的兴业惠民。

五、互信互利的原则

"一带一路"是世界文明交流融合之路。以旅游合作发展进一步促进沿线地区民间文化交流,通过文化交流,促进区域国家和地区间人民相互了解、认识,增进人民之间的相互信任,提升区域认同感,实现区域民心相通。

确立战略目标

随着"一带一路"战略的逐步推进,"一带一路"旅游合作发展的战略目标也逐渐清晰。率先试验以旅游政策沟通、旅游客流畅通、跨境旅游先通、旅游投资融通、旅游交流互通为特征的互联互通旅游融通模式,最终实现区域旅游无障碍、区域交通无缝隙、区域投资无歧视、区域市场无壁垒、区域交流无盲点为特征的"一带一路"国际旅游合作模式。逐步推进旅游客流便利化、深化旅游投资合作、形成新型国际旅游合作示范带的"一带一路"旅游合作发展三部曲。

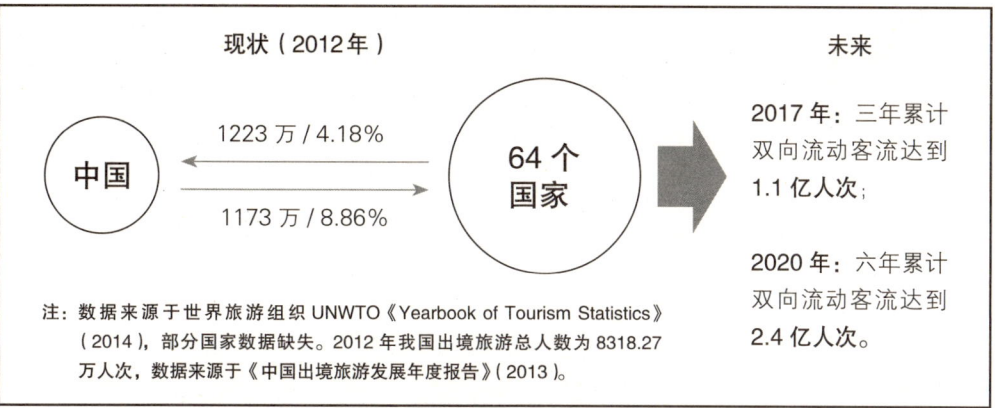

图 2-1 "一带一路"国际旅游合作战略目标示意

一、近期目标

2015—2017 年,基本形成对旅游先通的共识,达成与重点国的旅游合作机制与实施方案,以申根协议区为范式,推进中国与东盟国家在旅游签证方面的免签政策,推进与中亚五国、俄罗斯、白俄罗斯等地区和国家在落地免签方面的政策,共建"一带一路"互联互通旅游先通试验区,建立"一带一路"国际旅游合作示范带成员国机制。推动建立丝绸之路经济带旅游联盟和 21 世纪海上丝绸之路旅游联盟,与条件相对成熟的东盟、南亚、哈萨克斯坦、俄罗斯、白俄罗斯、尼泊尔等区域和国家开展旅游无障碍合作,建设一批跨境旅游合作区和丝路国际旅游港。到 2017 年,中国与"一带一路"沿线国家三年累计双向交流游客量达到 1.1 亿人次,其中输出游客 5500 万人次,双向旅游服务贸易总额达到 1000 亿美元。

二、中期目标

2018—2020 年,进一步完善合作机制,推进旅游合作行动计划,逐步取消与东盟、部分中亚国家、俄罗斯、白俄罗斯等周边国家人员过境控制、共同边界联检等,与南亚、部分中亚、西亚国家共同协商制定在旅游政策等方面的便利措施,基本建成"一带一路"互联互通旅游先通试验区,完善"一带一路"国际旅游合作示范带成员国机制和观察员国机制。从 2015 年到 2020 年,中国与"一带一路"沿线国家六年累计双向交流游客量将达到 2.4 亿人次,其中输出游客 1.2 亿人次,双向旅游服务贸易总额达到 2500 亿美元。

三、远期目标

2021—2030年,推广旅游先通试验区经验,扩大合作区域范围,深化合作领域,推进"一带一路"国际旅游合作示范带成员国和观察员国在旅游签证、边防边检、旅游贸易等方面的优惠便利政策,制定新成员国机制,实现我国与条件成熟的"一带一路"沿线国家和地区全方位的旅游合作,基本建成"一带一路"新型国际旅游合作示范带。建立以我国为主要牵头国家的区域旅游一体化格局,促进沿线不同国家、不同民族、不同文明之间的相互了解和认同,促进民心相通,向沿线国家输送的游客和旅游消费将有更大增长。

四、远景展望

到21世纪中叶,将"一带一路"互联互通旅游先通试验区的成功经验进一步推广,与美国、韩国、日本、法国、德国等国家,建立联系国成员机制,与沿线国家形成成熟的旅游合作机制,全面建成"一带一路"新型国际旅游合作示范带。

第三章 创新发展的全局落实

推进合作创新

一、创新合作理念

新时代背景下,聚焦三大合作层面,以"五通十共"为基础,以"五化"为突破,通过"一带一路"沿线区域旅游合作,促进旅游产业的跨境跨越发展与国际合作的有效推进,实现不同文明、不同民族、不同国家之间的文化交流,实现中国国际政治空间的纵深拓展与区域经济社会的稳定繁荣。

1. 三大合作层面

聚焦社会合作。改变以往依赖国家直接投资拉动的模式,依托丝路基金、亚洲基础设施投资银行、上合组织基金和社会资本等四大金融杠杆,鼓励地方和企业投资基础设施和重大旅游建设项目,全社会关注,多民族、各社会阶层参与。重点培育丝路商务旅游、丝路历史文化名城和丝路文化中心建设、休闲农业和乡村旅游产业、丝路民族文化创新、丝路文化演艺产业等,构建社会合作与产业要素合理的创新合作机制。

图 3-1 上海合作组织计划筹建发展基金

聚焦国际合作。从世界遗产、旅游品牌、旅游线路等多维角度出发,构建互联互通的国际化旅游发展方式,推动"一带一路"成为世界级旅游合作发展示范带。

聚焦区域合作。打破地方分割,强化跨区域合作,在旅游产品、旅游公共服务体系等方面形成无障碍旅游带、多元融合经济带。

2. 五大互通领域

促进政策沟通，实现理念共识、决策共商；促进道路联通，实现设施共建、资源共享；促进贸易畅通，实现关税共同、规则共议；促进货币流通，实现汇率共浮、信息共享；促进民心相通，实现文化共存、价值共惠。

3. 五大思路突破

要有"战略化"的高度，以国家发展战略高度统筹沿线整体开发；要有国际化的视野，全方位体现"跨国界旅游区"规划思路；要有产业化的带动，凸显旅游业对沿线地区的经济带动作用；要有市场化的手段，以市场化手段有效配置资源及建立机制；要有融合化的目标，促进区域合作、文化交流及人民和睦。

二、创新合作模式

以"先中心后外援，先构建总体骨架、后补充完善"的合作发展理念为指导，坚持迈小步、不停步。以"落点、串线、构网"的合作路径，实现区域旅游经络一体合作发展：以沿线重点旅游城市、文化遗产城市为基点，基点之间由现代化立体交通串联成旅游主线；同时，基点辐射周边次重点旅游城市和区域，形成旅游辅线；主线、辅线之间相互联通，构成整个区域旅游空间网络。在区域旅游空间网络中，主线为经，辅线为络，经络一体，实现旅游空间的互联互通。

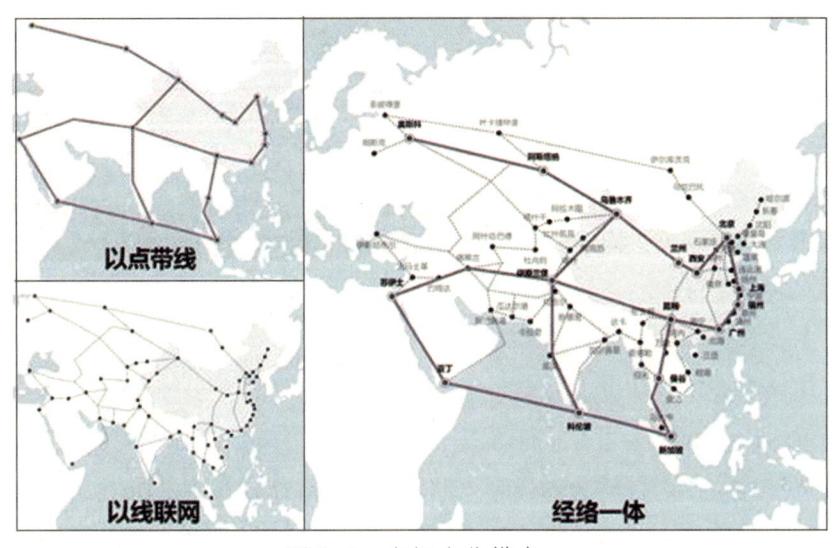

图 3-2 空间合作模式

三、创新合作领域

围绕政策沟通、道路联通、贸易畅通、货币流通、民心相通"互联互通"五通战略,根据各国家和地区的区位交通、旅游资源禀赋及发展条件,充分发挥旅游合作发展的先行、先通的独特产业功能和优势,实施"旅游先通",即旅游政策沟通、旅游客流畅通、旅游边贸先通、旅游投资融通、旅游互信相通。

通过旅游政策创造旅游环境,通过旅游活动带动商贸、投资综合发展,通过文化交流、经济互惠建立坚实互信基础,从而实现旅游先通,并与互联互通相互促进,推进"一带一路"在更大空间、更多领域、更深层次的可持续发展。

今后"一带一路"旅游合作的主要内容有以下五大方面:

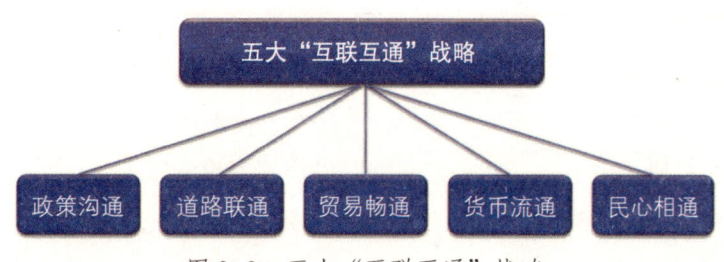

图 3-3 五大"互联互通"战略

第一,旅游政策。实现"一带一路"旅游合作发展,首先是实现沿线国家政策沟通。沿线各国可加强政府间合作,就旅游经济发展战略和对策进行充分交流对接,协商制定推进区域合作的规划和措施,为旅游合作发展打开政策"绿灯"。加强区域协调机制、旅游签证、关税、边防边检、质检、口岸建设、旅游线路共建、旅游投资、旅游救援等方面的政策沟通,推进与沿线国家在旅游饭店星级标准、景区质量等级标准和旅游基础设施标准等标准化技术方面的交流与合作。根据现状条件,逐步形成丝绸之路经济带旅游合作发展机制,在有条件的国家和地区实施旅游免签政策;进一步深化 21 世纪海上丝绸之路已有的旅游合作机制,完善旅游签证政策,共同搭建区域旅游投资平台、信息平台。

第二,旅游客流。以旅游政策沟通为基础,通过区域旅游签证的便利化,结合道路基础设施联通推进中国至亚洲各次区域及欧洲的铁路、公路、航运、航空等交通基础设施建设,实现区域旅游客源共享和相互间客源输送。支持"一带一路"沿线国家和地区增加直航城市和航班,便利游客出行,实现区域旅游客源共享和相互间客源输送。分别建设丝绸之路经济带和 21 世纪海上丝绸之路三级旅游集散服务体系；分别发行丝绸之路经济带景区通票、旅游互联互通卡、铁路通票和21世纪海上丝绸之路景区通票、旅游互联互通卡、邮轮通票；开通旅游包机与旅游专列等，为各国游客提供全面旅游服务、实现区域客流畅通。

第三，旅游边贸。"一带一路"区域范围广泛，各个区域、国家、地区发展水平和开放条件存在较大差异。在旅游边贸畅通实施上，沿线国家宜加强信息互换、监管互认、执法互助的海关合作，以及认证认可、标准计量、统计信息、电子商务、旅游金融等方面的双多边合作，落实世界贸易组织《贸易便利化协定》。"一带一路"沿线相关国家及国内其他部委、相关省份、直辖市、自治区之间充分协商合作，改善旅游口岸和港口通关设施条件，加快旅游口岸"单一窗口"建设，推行旅游贸易、货币等方面政策，以开放条件较为成熟的边境口岸城市和港口城市为先行突破口，重点建设丝绸之路经济带跨境旅游合作区和21世纪海上丝绸之路国际旅游港，实现旅游边贸畅通。

第四，旅游投资。在"一带一路"旅游投资融通方面，放宽"一带一路"沿线国家旅行社到中国投资股比限制，鼓励国外房车、游艇等旅游装备制造企业到中国投资，同时也鼓励中方企业到"一带一路"沿线国家投资酒店、景区等旅游基础设施，支持中国旅游企业到国外上市。积极对接亚洲基础设施投资银行、金砖国家开发银行、中国－东盟银行联合体、上海合作组织银行联合体、丝绸之路基金等金融组织，搭建"一带一路"国际旅游投资平台，设立定向可控的丝绸之路专项旅游基金，基金主要用于丝绸之路经济带旅游联盟成立与推广、行业规划发展研究、旅游人才培训与交流、旅游基础设施建设；并与沿线国家协商采取积极的旅游投资方面的措施，充分发挥各国主权基金在建设"一带一路"旅游方面的作用；以丝绸之路旅游基金和沿线国家主权基金为主，积极引导商业性股权投资基金和社会资金共同参与"一带一路"建设，实现区域旅游投资融通。

第五，旅游互信。旅游互信相通，对于增进"一带一路"沿线国家和地区文化包容和传统友谊，促进民心相通具有重要的现实意义。在"一带一路"民心相通过程中，通过联合开展旅游文化活动、旅游体育赛事活动、旅游节庆宣传活动、旅游人才交流合作、学术往来、民间文化旅游组织交流合作、友好城市交流等一系列重大活动，促进区域内不同文明、不同民族、不同国家之间的相互了解、认知和认同；通过实施一系列便利优惠的旅游产业政策，促进各区域、地区和国家经济繁荣和人民富裕。鼓励"一带一路"沿线国家企业到中国推介旅游产品，使中国人更加了解国外的人文风情，支持各国企业开展旅游市场和旅游产品的联合开发。鼓励"一带一路"沿线国家缔结更多的旅游伙伴关系。"一带一路"沿线国家可以探讨建立旅游日常工作联系机制，及时通报信息，解决旅游纠纷、安全、保险、救援等问题，保障旅游合作持续健康发展。鼓励"一带一路"沿线国家共享旅游业（旅游规划、项目创意、市场开发、智慧旅游、旅游管理、文物和生态环境保护等）发展经验。鼓励扩大青少年的旅游交往，让青少年更多地了解丝绸之路的历史、文化，增进彼此的认同感。

四、创新合作格局

充分依托国际国内现有合作基础，以更大的决心、勇气和魄力开拓合作空间，扩大旅游市场，在更深层次、更广范围内加强国际间、国内间的旅游合作，创建互惠共赢的国际、国内旅游合作新格局。

1. 国际合作格局

开创与中亚旅游合作的新格局。依托上海合作组织、亚太经济合作组织，推进与哈萨克斯坦、乌兹别克斯坦、吉尔吉斯斯坦的旅游合作，包括中国公民出境旅游目的地国家和地区的开放、旅游互免签证和落地签证协议的签订、旅游合作机制的确立。其中旅游合作机制中首先推进客源输送，加强旅游基础设施建设，推广国际旅游宣传活动，如推出旅游包机、旅游专列，共建旅游集散中心、文化旅游中心，互办旅游推广周、宣传月、旅游人才培训等。近期建立丝绸之路经济带国际旅游合作示范带成员国机制。中远期实现中亚五国的全面旅游合作。

开创东北亚旅游合作的新格局。依托中蒙俄经济走廊和中俄旅游合作机制，逐步取消来自于俄罗斯、蒙古国际旅游者过境控制、边防边检等，逐步建立与俄罗斯旅游签证落地签和互免签政策，促进交通基础设施建设，加强旅游宣传推广活动，确立俄罗斯的丝绸之路经济带国际旅游合作示范带成员国地位。依托长吉图开发先行先导区和图们江论坛，推进大图们江流域中俄朝韩国际旅游合作，创新图们江三角洲中俄朝旅游合作示范区。

开创与西亚、非洲旅游合作的新格局。近期依托中国－海合会战略对话、中阿合作论坛，进一步完善合作机制，推进旅游合作行动计划，与土耳其、伊朗、卡塔尔、科威特、阿联酋、埃及等国家共同协商制定有关旅游签证政策、旅游推广周宣传月、旅游包机、旅游专列等方面的便利措施，共建旅游集散中心，完善丝绸之路经济带国际旅游合作示范带成员国机制，并建立半成员国机制。远期依托中国－海合会战略对话，加强中非旅游，制定与沙特阿拉伯、阿曼、肯尼亚在旅游签证方面的便利政策，延伸海上丝路邮轮旅游线路，加强国际旅游宣传推广力度，积极组织旅游人才培训，建立21世纪海上丝绸之路国际旅游合作示范带新成员国机制。

开创与中东欧旅游合作的新格局。依托中国-中东欧旅游促进机构与旅游企业联合会协调中心，根据现有《中国-中东欧国家合作布加勒斯特纲要》相关措施执行情况，跨越式推进中国与捷克、匈牙利、斯洛文尼亚、波兰、白俄罗斯、立陶宛、拉脱维亚、保加利亚、罗马尼亚、塞尔维亚等中东欧国家在旅游签证政策、旅游包机、旅游专列、旅游节事活动宣传等方面的积极政策，确立新成员国机制。

开创与东南亚旅游合作的新格局。近期依托中国-东盟自由贸易区、APEC等国际组织，以及中国与沿线国家在旅游方面的合作基础，推进中国与新加坡、菲律宾的落地签政策，推进中国与东盟十国的旅游签证免签政策，将东盟十国全部列入外国人72小时免签过境广州、上海、厦门、福州、平潭等口岸名单。推出旅行社旅游包机、旅游邮轮，共建旅游集散中心和文化旅游中心，积极组织国际文化旅游宣传巡展月活动，加强海上丝路邮轮旅游建设，建立以中国+东盟为主导的21世纪海上丝绸之路国际旅游合作示范带成员国机制。

图3-4 云南边境城市瑞丽畹町的节日

开创与南亚旅游合作的新格局。依托国内云南面向西南开放的桥头堡地位，中巴、孟中印缅经济走廊及多双边旅游合作机制，逐步加强与巴基斯坦、尼泊尔、印度、斯里兰卡、马尔代夫等国家人员在边防边检、旅游签证等方面的便利措施，共建旅游集散中心，加强旅行社旅游邮轮服务，积极推广海上丝绸之路旅游节事活动，建立21世纪海上丝绸之路国际旅游合作示范带半成员国机制。

2. 国内合作格局

充分发挥国内各省市比较优势，共同合作打造国内开放型的旅游合作地区，加强东西南北中互动合作，全面提升开放型旅游合作水平。

西北、东北地区。发挥新疆独特的区位优势和向西开放的重要窗口作用,深化与中亚、南亚、西亚等国家的交流合作,打造丝绸之路经济带旅游核心区。发挥陕西、甘肃的综合经济文化和宁夏、青海的民族人文优势,打造西安内陆型旅游开放新高地,加快甘肃丝路旅游黄金段建设,推进宁夏内陆开放型丝路旅游经济试验区建设,形成面向中亚、西亚、欧洲国家的旅游通道、集散枢纽、旅游产业和文化交流基地。发挥内蒙古连通俄蒙的区位优势,加强中蒙俄旅游合作。完善黑龙江对俄旅游铁路通道,开展黑龙江、吉林、辽宁与俄远东地区跨境旅游合作,推进构建北京－莫斯科欧亚高速旅游走廊,建设向北开放的重要窗口。

西南地区。发挥广西与东盟国家陆海相邻的独特优势,构建中国－东盟旅游合作发展通道,促进丝绸之路经济带与21世纪海上丝绸之路有效衔接,打造西南、中南旅游开放发展新的战略支点。发挥云南独特区位优势,推进中国与越南、缅甸等国家的旅游合作,打造大湄公河次区域旅游经济合作新高地,建设"一带一路"西南旅游开放桥头堡。推进西藏与尼泊尔等邻邦国家的旅游边贸和旅游文化合作。

沿海和港澳台地区。利用长三角、珠三角、海峡西岸、环渤海等经济区旅游基础设施好、开放程度高、辐射带动作用大等优势,打造21世纪海上丝绸之路精品旅游线。利用福建作为海上丝绸之路的起点优势,支持建设福建21世纪海上丝绸之路旅游合作核心区。加大海南国际旅游岛开发开放力度。加强上海、天津、宁波－舟山、广州、深圳、湛江、汕头、青岛、烟台、大连、福州、厦门、泉州、海口、三亚等重要节点旅游城市建设,使之成为"一带一路"特别是21世纪海上丝绸之路旅游

图 3-5 泉州开元寺

合作发展的排头兵和主力军。发挥香港、澳门特别行政区的独特优势，积极参与和助力"一带一路"旅游合作建设。为台湾地区参与"一带一路"旅游合作作出妥善安排。

内陆地区。利用内陆纵深广阔、旅游资源丰富等优势，依托京津冀城市群、长江中游城市群、成渝城市群、中原城市群等重点区域，推动区域旅游合作和旅游产业集聚发展，打造京津冀旅游一体化东部桥头堡，重庆西部旅游开发开放重要战略支撑地和成都、郑州、武汉、长沙、南昌、合肥等内陆型旅游经济高地。支持郑州、西安等内陆旅游城市建设国际航空港、国际陆港，加强内陆口岸与沿海、沿边口岸的旅游通关合作。

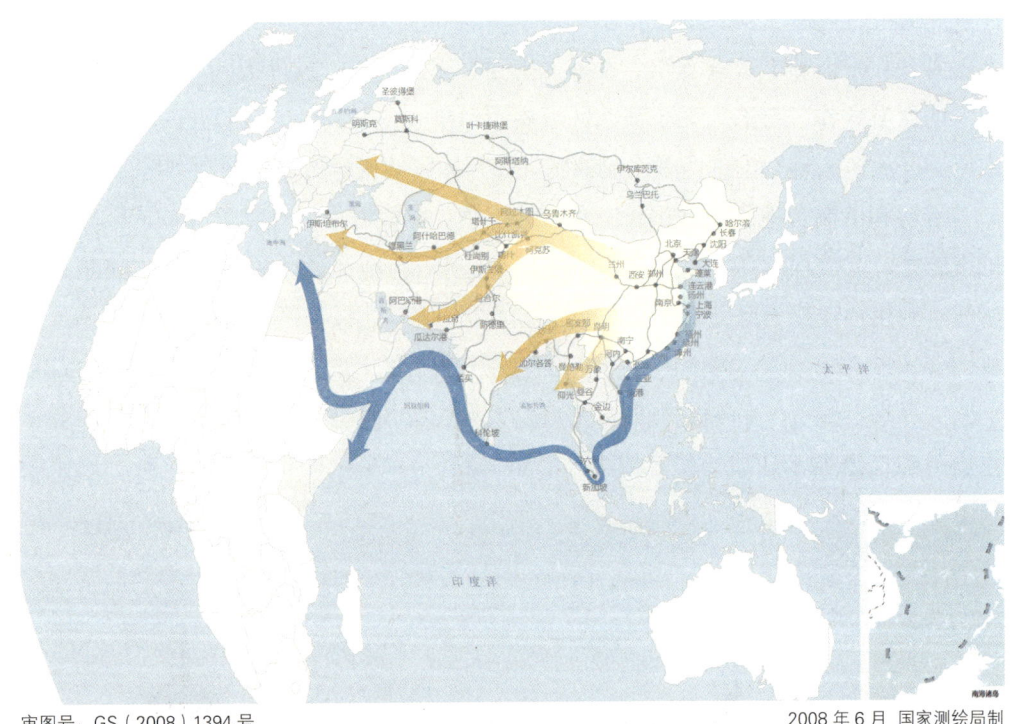

审图号：GS（2008）1394号　　　　　　　　　　　　　　2008年6月 国家测绘局制

图3-6 "一带一路"空间格局

五、创新合作机制

1.高层沟通机制

在国际国家层面，积极推动国家决策机构和领导人关注、支持"一带一路"旅游合作发展建设，建立良好的最高层沟通机制，为旅游合作发展打下良好的合作基础。

2. 合作机制建设

依托上合组织、大湄公河次区域合作组织、东盟"10+3"对话机制和六大国际大通道与经济走廊，组建"一带一路"国际旅游联盟，举办"一带一路"国际旅游部长联席会议，并将其作为区域旅游最高层次会议，负责讨论共同利益发展问题、制定旅游合作的总体政策方向等纲领性文件；在"一带一路"联盟基础上成立旅游城市联盟、旅游推广联盟、旅游投资联盟，共同有序推进"一带一路"旅游合作发展。

3. 日常组织建设

"一带一路"国际旅游联盟，下设秘书处、专家组、工作小组等机构，负责"一带一路"旅游发展中具体行动的开展。

4. 制度规范制定

在"一带一路"国际旅游部长联席会议上发布旅游发展的纲领性文件，并出台一系列合作协议，形成切实可行的合作协调机制和行为准则。

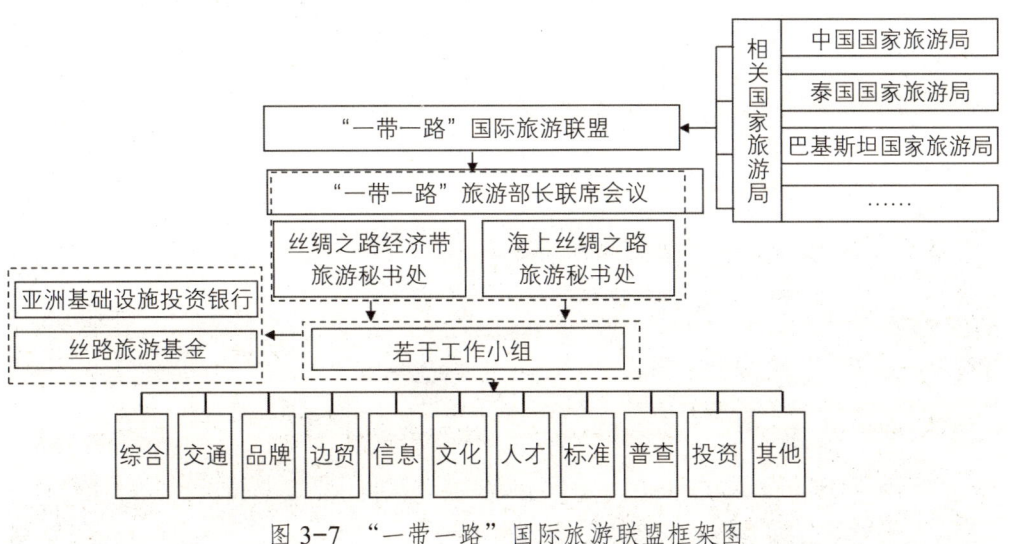

图 3-7 "一带一路"国际旅游联盟框架图

强化合作载体

一、国际空间合作载体

基于创新合作理念和创新合作模式,陆上依托国际大通道,海上依托重点枢纽港口,以沿线旅游枢纽城市、主要旅游景区、世界文化遗产为重要节点,打造国际旅游合作走廊,形成"一带一路"国际旅游的空间合作载体。

1. 新亚欧大陆桥旅游合作走廊

依托新亚欧大陆桥,自我国江苏和山东沿海,经陕西、甘肃、新疆,通过哈萨克斯坦、俄罗斯、白俄罗斯,抵达波罗的海沿岸。节点旅游城市包括连云港、徐州、郑州、洛阳、西安、兰州、乌鲁木齐,以及阿斯塔纳、莫斯科、明斯克等。

图 3-8 第二亚欧大陆桥的桥头堡——连云港市

2. 中蒙俄旅游合作走廊

依托中蒙俄经济走廊,自我国天津、大连,经二连浩特、满洲里、黑河、绥芬河、通过蒙古、俄罗斯，抵达波罗的海沿岸。节点旅游城市包括北京、天津、大连、沈阳、长春、哈尔滨，以及乌兰巴托、伊尔库兹克、叶卡捷琳堡、莫斯科、圣彼得堡等。

3. 中国－中亚－西亚旅游合作走廊

自我国新疆乌鲁木齐，经哈萨克斯坦、吉尔吉斯斯坦、塔吉克斯坦、乌兹别克斯坦、土库曼斯坦、伊朗、土耳其，抵达波斯湾、地中海沿岸和阿拉伯半岛。节点旅游城市包括乌鲁木齐、喀什、兰州、银川、西宁，以及阿拉木图、比什凯克、奥什、杜尚别、塔什干、德黑兰、伊斯坦布尔等。

图 3-9　土耳其伊斯坦布尔的圣索菲亚大教堂

4. 中国－中南半岛旅游合作走廊

依托大湄公河次区域，自我国云南昆明，沿澜沧江、湄公河，经缅甸、老挝、泰国、柬埔寨、越南，抵达南海。节点旅游城市包括昆明、瑞丽，以及仰光、万象、曼谷、金边、胡志明市等。

5. 中巴旅游合作走廊

依托中巴经济走廊，自我国新疆喀什，纵贯巴基斯坦，抵达瓜达尔港，连通印度洋，与海上丝绸之路连通。节点旅游城市包括喀什、阿克苏，以及伊斯兰堡、拉合尔、卡特奇等。

6. 孟中印缅旅游合作走廊

自我国云南昆明，经缅甸、孟加拉国、印度，抵达孟加拉湾沿岸，连通印度洋，与海上丝绸之路连通。节点旅游城市包括昆明、密支那、曼德勒、达卡、加尔各答等。

二、国内空间合作载体

打造一批丝路旅游走廊、丝路名港、丝路名园、丝路名街、丝路快车、丝路驿站，以及跨境旅游合作区，使其成为"一带一路"国内旅游合作的重要前沿载体。

图 3-10 "一带一路"旅游国内空间合作载体

1. 丝路旅游走廊

根据世界文化遗产"丝绸之路：起始段与天山廊道的路网"和海上丝绸之路历史文化遗址，打造两条丝绸之路特有的丝绸之路文化遗产长廊。丝绸之路经济带文化遗产长廊包括郑州、西安、银川、兰州、西宁、张掖、敦煌、吐鲁番、乌鲁木齐、库车；21世纪海上丝绸之路文化遗产长廊包括青岛、烟台、扬州、南京、宁波、福州、泉州、莆田、漳州、广州、湛江、北海。

图 3-11　丝绸之路世界文化遗产示意图①

2. 丝路名城

在国内"一带一路"沿线特色城市，选择建设一批丝路名城，使之成为丝绸之路旅游品牌中持续传承的标签，以此加强丝绸之路历史文化的多重保护。陆上丝绸之路名城包括洛阳、西安、宝鸡、天水、兰州、武威、张掖、酒泉、嘉峪关、敦煌、哈密、乌鲁木齐、吐鲁番、阿克苏、伊犁、库车、喀什、和田、库尔勒等。海上丝路名城包括烟台、蓬莱、连云港、宁波、杭州、镇江、福州、泉州、莆田、宁德、漳州、舟山、广州、珠海、景德镇、武夷山等。

3. 丝路名港

在国内"一带一路"沿线旅游枢纽城市和港口城市，建设一批丝路名港，分为丝路海港和丝路陆港。丝路海港包括厦门、上海、深圳、青岛、广州、天津、大连、三亚、宁波、烟台、泉州、福州、舟山、湛江、汕头、海口等沿海重点港口，丝路陆港包括西安、乌鲁木齐、敦煌、南宁、昆明、郑州、兰州、银川、西宁等。

4. 丝路名园

以乌鲁木齐、西安、兰州三市为重点，以丝绸之路文化为主题，引入休闲娱乐、精品酒店、工艺创意、影视拍摄、动漫设计等业态，建设旅游创意产品研发生产基地、影视拍摄基地、动漫制作基地等，打造丝绸之路旅游创意产业园；立足福建，拟建成面向 21 世纪海上丝绸之路的集文化、旅游、经贸等于一身的国际海上丝路文化

---

① 丝绸之路成功申遗，系首例跨国合作成功申遗项目 [J\OL]. 中国新闻网，2014-6-22. http://news.ifeng.com/a/20140622/40842101_0.shtml.

商旅综合产业园区，建设内容包括海上丝绸之路沿线国家展馆、世博文化主题轴、两岸文化主题轴、海洋文化主题轴及国际艺术品展示交流中心、国际时尚演艺中心、国际海洋文化体验中心、国际健康度假服务中心。

5. 丝路名街

选择丝路沿线国家级历史文化名城、历史文化名镇，浓缩展示丝绸之路沿线区域的特色建筑、特色商品、特色餐饮与民族歌舞等文化，提供丰富多元的文化体验、休闲娱乐设施。建设地点包括陕西（西安、延安、榆林、韩城、咸阳、宝鸡、汉中）；甘肃（兰州、天水、武威、张掖、酒泉、嘉峪关、敦煌）；宁夏（银川）；河南（郑州、洛阳、开封、安阳）；青海（西宁、同仁、互助）；新疆（乌鲁木齐、吐鲁番、哈密、库车、伊宁、喀什、库尔勒、和田）；江苏（苏州、无锡）；浙江（宁波、温州、舟山、合州）；福建（泉州、晋江、德化、莆田、安溪）；广东（佛山、潮州、台山、湛江徐闻）；海南（海口）；江西（景德镇）。

6. 丝路快车

根据古丝绸之路的走线，结合现代立体化交通路网，联合实施"丝路快车大通关"的旅游政策，推出"一主线＋两副线＋多支线"的丝路快车游。一主线：洛阳－西安－兰州－敦煌－乌鲁木齐－博乐－阿拉木图－伊斯坦布尔（联结欧洲东方快车）。副线一：敦煌－且末－和田－喀什－白沙瓦（联结南亚）。副线二：敦煌－玉门关－吐鲁番－阿克苏－喀什－塔什干－阿什哈巴德（联结中亚）。多支线：从主线和副线上通往周边主要旅游城市的短途铁路线。

7. 丝路驿站

以国家旅游局为主导，著名酒店集团为主体，成立丝路酒店联盟，搭建丝路驿站连锁主题酒店框架，制定联盟加盟、营销、经营等相关管理政策，因地制宜，建设不同地域文化特色的丝路驿站。

8. 跨境旅游合作区

加快与周边国家旅游合作，协商建设我国与东亚、中亚、南亚、西亚、东南亚的邻国合作开发的跨境旅游合作区。包括满洲里、二连浩特、黑河、绥芬河、同江、珲春、集安、丹东、霍尔果斯、博乐、吉木乃、喀什、友谊关、河口、东兴、打洛、瑞丽、畹町、磨憨、策克、腾冲、樟木等。

图 3-12 跨境旅游合作区示意图

构建合作体系

一、旅游产品体系

1. 开发建设一系列特色旅游产品

"一带一路"沿线国家和地区,在旅游产品开发上,需要结合市场需求的发展变化,改变目前以观光产品为主的发展模式,开发精品体验、文化休闲导向的旅游产品,形成"小文化→大文化→泛文化"的圈层系列旅游产品。

丝绸之路核心旅游产品,特指依托丝绸之路现有世界文化遗产、22个丝绸之路跨国联合申遗资源点、丝绸之路相关文化遗产等开发的旅游产品(景区、景点、主题公园等),也就是狭义上的丝绸之路文化旅游产品即"小文化旅游产品"。

丝绸之路配套旅游产品,主要是指依托丝绸之路非物质文化遗产和现代人文资源开发的旅游产品,也就是广义上的丝绸之路文化旅游产品,即"大文化旅游产品"。

图 3-13 特色旅游产品框架图

包括风味美食旅游产品、特色购物旅游产品、民族风情旅游产品、文化演出旅游产品、宗教文化旅游产品、节事活动旅游产品等。

丝绸之路特色旅游产品,是指在丝绸之路旅游区内的各种特色旅游产品,也就是泛义上的丝绸之路文化旅游产品,即"泛文化旅游产品",包括遗产观光旅游产品、自然观光旅游产品、休闲度假旅游产品、温泉旅游产品、冰雪旅游产品、自驾车旅游产品、屯垦戍边旅游产品、火车专列旅游产品、登山旅游产品、狩猎旅游产品、探险旅游产品等。

2. 推出一批跨国合作的经典旅游线路

推出"丝路文化之旅"旅游产品,设计一批主题鲜明的跨越国家与地区的旅游线路。

张骞西行追踪体验游:西安—固原—中卫—武威—张掖—酒泉—嘉峪关—敦煌—哈密(十三师)—吐鲁番—库尔勒—库车—阿克苏—喀什—莎车—和田(十四师)—且末—若羌—德令哈—西宁—兰州—西安。

玄奘取经追踪体验游:洛阳—西安—敦煌—吐鲁番—库车—喀什—白沙瓦—伊斯兰堡—拉合尔—德里—阿格拉—瓦拉纳西—巴特那—格雅。

中巴丝绸之路西域深度文化游：乌鲁木齐—喀什—红其拉莆—白沙瓦—伊斯兰堡—拉合尔—卡拉奇。

中尼丝绸之路秘境寻踪体验游：西安—西宁—那曲—拉萨—日喀则—樟木—加德满都—奇旺—博卡拉。

推出21世纪海上丝绸之路主题国际旅游线路：

21世纪海上丝绸之路历史记忆游："东方丝绸之路"：青岛—辽东半岛—朝鲜半岛—日本；"南海丝路"：广东—广西—越南—印度—斯里兰卡—马六甲海峡—新加坡—越南。

重走郑和下西洋海上丝绸之路：中国（北京、天津、秦皇岛、青岛、连云港、上海、成都、重庆、福州、昆明等）—新加坡—吉隆坡—兰卡威—普吉岛—斯里兰卡—印度—马尔代夫—塞舌尔—毛里求斯。

海上丝绸之路畅"邮"东南亚：天津/上海—海口/三亚—吉隆坡—槟城—普吉岛—新加坡。

畅"邮"新马泰：天津/上海/青岛/海口/三亚/香港—新加坡—吉隆坡—槟城—普吉岛。

3. 有序建设一批丝绸之路文化旅游中心

以丝路文化、海洋文化为主题，在"一带一路"沿线国家分期有序选址，建设一系列的丝路旅游文化中心，演绎不同国家和地区的发展历程及文明特色，共同宣传和推广丝路旅游。先期在乌鲁木齐、敦煌、西安、明斯克、比什凯克试点建设丝路文化旅游中心；在泉州、漳州、莆田、三沙、扬州、烟台、广州、北海、海口、三亚、宁波、南京、湛江、青岛试点建设海上丝绸之路文化旅游中心。

4. 推出一批重大体育、文化节事活动

展示丝路文化，弘扬丝路精神，打造一批具有强大号召力的体育节事活动。丝绸之路经济带方面：户外运动节，包括低空极限运动、马拉松运动、自行车运动、孟中印缅汽车拉力赛等活动；以张骞西行路线、玄奘修行路线等为主，策划万人"重走丝绸之路"旅游活动；丝绸之路文化旅游节，包括举办舞台秀、电影节、音乐节、美食节等活动。21世纪海上丝绸之路方面：以丝路的海洋文化为核心，打造具有强大号召力的节事活动，如21世纪海上丝绸之路帆船运动节、邮轮旅游节、海洋避暑消夏旅游节等。

图 3-14　2013 首届孟中印缅汽车集结赛①

二、品牌营销体系

1. 确立组织

成立丝绸之路经济带旅游推广联盟和 21 世纪海上丝绸之路旅游推广联盟,整合营销策略,实现区域合作营销,共同宣传推广各个国家旅游品牌和产品。

2. 统一品牌

以"丝绸之路:旅游让世界互联互通"为总体旅游品牌,以"丝绸之路,圆梦之旅"为总体宣传口号,以"穿越千年,只为传奇"为丝绸之路经济带旅游宣传口号,以"万里海岸,幻美画卷"为 21 世纪海上丝绸之路旅游宣传口号,整合营销策略,实现区域合作营销,共同宣传推广丝绸之路经济带旅游品牌和产品。

在丝绸之路总体旅游品牌统筹下,全力塑造十大专项旅游品牌,即丝路走廊、丝路名港、丝路名城、丝路名景、丝路名园、丝路名街、丝路名线、丝路名节、丝路驿站、丝路快车。

---

① 12 天跨四国,首届孟中印缅汽车集结赛落幕 [J\OL]. 中国新闻网,2013-03-05. http://www.chinanews.com/ty/2013/03-05/4617997.shtml.

3. 统一策略

在"一带一路"国际旅游推广联盟的统一领导下采取联合办会办展、网上旅游营销平台统一搭建、旅游信息跨境互推等措施,联合沿线国家统一营销,以单一、联合的旅游目的地形象统一对外宣传,增强统一认同感。

4. 统一宣传

建立旅游统一宣传机制,与沿线国家和地区共办推广周、宣传月、嘉年华等活动,在主要旅游市场推出联合旅行计划,在各种展览、媒体和出版物中采用"一带一路"旅游行动徽标,通过电视和网络传播"一带一路"旅游形象等。

三、智慧丝路体系

1. 网络丝路平台

建设"一带一路"国际旅游信息系统,为游客提供多种信息载体的全媒介旅游信息服务和来自不同渠道的全方位旅游咨询服务,如推荐旅游活动、旅游城市等。建设国际旅游电子商务系统,提供综合旅游产品在线预订,推进国际景区票务合作、铁路邮轮票务合作等。开发旅游指南型的丝路旅游 APP。开通计算机(PC)版和移动版 APP 丝路国际官方网站。建设旅游安全救援系统,建立应急救援机制,同时丰富智慧安全救援设施,如设立"沙漠救援桩",有方向标识、地图、紧急呼叫器等装置。

2. 旅游卫星账户

积极与世界旅游组织、沿线国家合作,共同研发"一带一路"旅游卫星账户统计体系,编制《旅游卫星账户使用手册》,制订"2015—2020 年旅游卫星账户实施计划",逐步推动"一带一路"沿线国家旅游业统计信息的智慧化管理。

四、跨境旅游体系

以关税减免、投资无阻、支付便利等为突破点,打造国际跨境旅游合作区和国际旅游港,即加快边境国家旅游合作,协商建设我国与东亚、中亚、南亚、西亚、东南亚、欧洲等边境国家合作开发的跨境旅游合作区,以及在国内"一带一路"沿线重点旅游港口和航空枢纽城市建设一批丝路国际旅游港。

推行四大政策：一是自由旅游贸易政策，在国际自由旅游区内部实行贸易进出口零关税政策；二是自由旅游投资政策，对国际自由旅游区内部他国的旅游投资企业实行税收优惠政策；三是自由旅游支付政策，联合中国银联等金融机构，开展中国游客的境外旅游消费支付及境外消费者在我国境内电子商务消费中的跨境电子支付服务；四是购物免税政策。

落实合作行动

表 3-1　重要合作行动计划

重大行动	重点计划
区域协调行动	建立国际国内旅游联盟、制定制度规范
旅游便捷行动	旅游签证互免、边防边检、旅游互联互通卡
旅游标准行动	旅游卫星账户、旅游服务标准体系、旅游安全危机管理系统
客流畅通行动	旅游集散中心、客源输送
跨境旅游行动	建立跨境旅游合作区与丝路国际旅游港
旅游投资行动	搭建旅游投资平台、设立丝路旅游基金
旅游互信行动	联合申遗、人才培训、社会惠民旅游、旅游资金扶持

一、区域协调行动

"一带一路"覆盖区域广，涉及国家多，旅游合作发展关联部门广，应有效做好国际间、省市间旅游合作发展的协调对接工作。

1. 国际层面

在丝绸之路经济带沿线国家，重点依托上合组织，与俄罗斯、中亚五国共同成立丝绸之路经济带部长联席会议，组建丝绸之路经济带旅游联盟，近期内达成共识，初步确立成员国、半成员国、非成员国名单，并与成员国达成一系列的在旅游资源联合普查、旅游开发、旅游精品线路方面的协议，初步形成丝绸之路经济带旅游合作成员国机制，中期与沿线国家共同协商旅游签证、旅游投资、旅游边贸方面的政策，形成基本的旅游合作发展框架，形成丝绸之路经济带旅游联盟成员国机制和半成员国机制；远期在俄罗斯、白俄罗斯、哈萨克斯坦等国家初步实现旅游签证互免，形成完善的丝绸之路经济带旅游合作机制。

在 21 世纪海上丝绸之路沿线国家，依托中国－东盟自由贸易区、APEC，在中国与沿线国家在旅游方面合作的基础上，近期以申根协议区为范式，确立 21 世纪海上丝绸之路旅游合作以东盟为主的成员国、南亚部分国家为主的半成员国、其他国家和地区非成员国名单，实现中国与东盟大部分国家的旅游签证互免政策，形成没有旅行限制的区域，并开展在旅游边贸、旅游投资、旅游线路、邮轮旅游等方面一系列的合作，建立 21 世纪海上丝绸之路旅游合作成员国机制；中期逐渐实现中国与东盟以及其他成员国家在全方位领域的旅游合作发展，建立 21 世纪海上丝绸之路签证信息系统，建立成熟的 21 世纪海上丝绸之路成员国机制和半成员国机制；远期通过逐步发展，逐渐向日本、韩国、澳大利亚等其他沿线国家开放，实行差异化的成员国机制，建立 21 世纪海上丝绸之路旅游合作新成员国机制和联系国机制。

2. 国内层面

分别组建丝绸之路经济带和 21 世纪海上丝绸之路国内旅游联盟，出台一系列协调各省区合作发展的旅游政策；加强与各省区之间的协调，充分征求各省区在"一带一路"旅游合作发展中具体的政策措施，积极引导制订各省区的实施工作计划。

二、旅游便捷行动

1. 旅游签证互免政策

丝绸之路经济带近期争取实现中国与哈萨克斯坦、吉尔吉斯斯坦、塔吉克斯坦、乌兹别克斯坦、白俄罗斯、俄罗斯等邻邦国家的落地签证；中期实现与中亚五国、俄罗斯，以及巴基斯坦、印度等邻邦国家的普通护照互免旅游签证，同时争取实现中国与西亚中东欧国家落地签证；远期实现中国与西亚中东欧国家的普通护照互免旅游签证。

我国与 21 世纪海上丝绸之路沿线的东盟、南亚等国家已经在旅游签证方面具有了一定的合作基础，并与部分国家实现了落地免签。近期争取实现中国与东盟十国等国家的普通护照互免旅游签证，中远期实现中国与非洲国家的落地签证。

2. 边防边检便利政策

加快中国新疆陆地边境口岸，中国福建省、广东省等沿海口岸"单一窗口"的建设，推广旅客在同一地点或同一辆专列（邮轮）上办理出入境手续的"一地两检""一车两检"查验模式及关检合作"三个一"（一次申报、一次查验、一次放行）的通关模式。

3. "一带一路"旅游互联互通卡

以 APEC 商务旅行卡功能和申根协议精神为样板，针对东盟、南亚、俄罗斯、哈萨克斯坦、乌兹别克斯坦、白俄罗斯等条件比较成熟的国家和地区，推行颁发"一带一路"旅游互联互通卡，解决旅游跨境人员的签证问题，持卡人凭有效护照和"一带一路"旅游互联互通卡在若干年内无须办理入境签证，每次可停留较多时间。同时持卡人在各主要出入境口岸享有专用通道快速通关的便利。

4. "一带一路"景区通票

选择"一带一路"世界文化遗产、世界自然遗产、5A 景区等国际著名景区景点，推广景点一票通优惠制，持卡可享受景区门票 3～5 折优惠，并提供线路设计、交通预订、语言翻译等增值服务。

5. "一带一路"铁路通票

以欧洲铁路通票为样板，设立"一带一路"铁路通票，在有效期（自出票日期起 6 个月）内生效，在此期间内可以任意乘坐火车（邮轮）。第一次使用时需要由当地工作人员填写起始日期、截止日期和持票人的护照号码。通票近期在我国推出，中期扩展到中亚、东盟、南亚等条件成熟的国家和地区，远期实现与欧洲铁路通票的衔接使用。

三、旅游标准行动

1. 建立旅游服务标准技术委员会
从各个国家抽调人员组建旅游专家团队，成立旅游服务标准委员会，协商制定旅游服务标准的共同行动纲领。

2. 构建"一带一路"旅游服务标准体系
在参照国内外旅游服务设施标准或要求的基础上，依据"一带一路"的资源特色，制定专项旅游服务标准体系，以国际水平统一规范服务设施建设。

3. 构建"一带一路"旅游安全标准体系

加强"一带一路"沿线国家旅游安全合作,发表《旅游安全宣言》,制定统一的旅游安全标准体系,为"一带一路"旅游人群提供旅游安全信息保障。加强危机管理系统,以应对突发事件。

四、客流畅通行动

1. 铁路畅通

优先推进铁路重点线路的新建、改造、提速,建设中蒙铁路、中俄铁路、中吉乌铁路、中巴铁路、中老铁路、中缅铁路、中越铁路、中泰铁路,构建中国至东南亚、中亚、南亚和欧洲的便捷通道。

2. 公路畅通

加快公路建设,提升公路运输效能,完善公路设施,积极推进中巴公路、中塔公路无障碍畅通,完善中国至中亚、南亚及东南亚的主要陆上通道;积极推进中缅公路、中越公路无障碍畅通,完善中国至东南亚、南亚的主要陆上通道。

3. 航运畅通

推进港口合作建设,建设澜沧江—湄公河国际航道、伊洛瓦底江陆水联运通道,打通中国至南海、印度洋的海上通道,依托东部及东南沿海主要港口,开通海上邮轮航线,连通中国至东南亚、南亚至欧洲的航运通道。打通图们江至日本海航道,实现图们江流域中俄朝韩日航运旅游自由化。

4. 航空畅通

积极搭建空中走廊,建设西安、乌鲁木齐、海口、昆明四大区域性门户枢纽机场,增开西安至中亚、乌鲁木齐至西亚、海口至东南亚、昆明至东南亚国际航线,增加国内航线密度,构建便捷空中桥梁。

5. 旅游集散中心

综合考虑旅游交通线路、旅游食宿接待、旅游资源禀赋等因素,确立不同等级的旅游集散中心体系。

建设丝绸之路经济带一级旅游集散中心，包括阿斯塔纳、比什凯克、拉合尔、乌鲁木齐、西安，辐射中国西北、中亚主要城市的旅游服务。丝绸之路经济带二级旅游集散中心包括阿拉木图、塔什干、杜尚别、莫斯科、科威特、兰州、郑州、北京。丝绸之路经济带三级旅游集散中心包括德黑兰、喀什，为旅游者交通换乘、旅游信息交流等提供便利。

建设21世纪海上丝绸之路一级旅游集散中心，包括曼谷、吉隆坡、广州、泉州，辐射中国东南、东南亚主要城市的旅游服务。21世纪海上丝绸之路二级旅游集散中心包括万象、昆明、福州、上海。21世纪海上丝绸之路三级旅游集散中心包括卡拉奇、孟买、科伦坡、雅加达、新加坡、南宁、三亚、宁波、南京、青岛，为旅游者交通换乘、旅游信息交流等提供便利。

6. 游客输送

2015年到2020年，中国向"一带一路"沿线国家平均每年组织350列旅游专列、150班次邮轮包船和1000架次旅游包机，积极开展游客输送工程。2016年到2020年的五年内给"一带一路"沿线国家共输送1.5亿人次游客，平均旅游消费15 000元。

五、旅游投资行动

1. 搭建"一带一路"国际旅游投资平台

举办"一带一路"旅游投资交流会、洽谈会、峰会等国际会议，邀请国际投资集团、旅游开发运营机构参加，搭建起"一带一路"国际旅游投资平台。

2. 成立丝绸之路旅游基金

在丝绸之路基金的基础上形成丝绸之路旅游基金，丝绸之路旅游基金来源包括政府出资（各成员国按照一定比例缴纳）、亚洲基础设施投资银行注资、企业投资和积极发动亚洲内外投资者投资等多种投资渠道。丝绸之路旅游基金下辖丝绸之路经济带旅游基金和21世纪海上丝绸之路旅游基金。

丝绸之路经济带旅游基金，主要用于丝绸之路经济带旅游联盟成立与推广、行业规划发展研究、旅游人才培训与交流、旅游基础设施建设（包括集散服务中心、导览标识、旅游厕所、特色精品购物店等）、特色节庆举办、重要景区点提升、旅游精品项目打造、精品游线组织、跨境旅游合作区建设、文化遗产保护、品牌建设与宣传促销等。

21世纪海上丝绸之路旅游基金，主要用于21世纪海上丝绸之路旅游联盟成立与推广、海上邮轮规划发展研究、旅游人才培训与交流、旅游基础设施建设（包括旅游码头、集散服务中心、导览标识、旅游厕所、特色精品购物店等）、旅游特色节庆举办、重要景区景点提升、旅游精品项目打造、海上精品游线组织、国际旅游港建设、文化遗产保护、品牌建设与宣传促销等。

图3-15　亚洲基础设施建设投资推进高效

3. 制定"一带一路"旅游投资清单

制定"一带一路"丝绸之路旅游投资清单，提交投资计划，由丝绸之路旅游基金审批。

六、旅游互信行动

1. 旅游人才交流

建设丝绸之路旅游研究院，为丝绸之路旅游文化研究与发展提供智慧支撑。从中国各大院校、企业中每年选派100位顶尖旅游专业人才，帮助"一带一路"相关地区特别是丝绸之路经济带沿线国家和地区发展旅游业。未来5年在20 000个互联互通领域培训名额中提供2000个名额、每年在10 000个政府奖学金名额中提供1000个名额给"一带一路"沿线国家，为国际旅游合作项目提供交流培训。

2. 旅游资金扶持

每年提供1000万元资金，举办丝绸之路经济带国际旅游人才交流峰会，为国际旅游人才提供专业培训；实施 21 世纪海上丝绸之路旅游标准培训行动，共同推进旅游标准的统一。

3. 国际联合申遗

积极联合国际开展旅游资源的保护与开发工作，以"21 世纪海上丝绸之路"为契机，在国内 7 省 9 市联合申遗的基础上，共同实施跨区域联合申遗计划，促进文化旅游资源的保护。

4. 社会惠民旅游

通过公益基金与旅游业的产业带动作用，为沿线国家低收入人群创造旅游就业途径，使其充分享受社会福利和旅游红利，同时增加民间文化沟通交流和互信互利。

第二篇
全局视野下的区域创新亮点

"一带一路"国家战略提出后,沿线各省区纷纷响应,旅游从业人员与专家学者投身其中,出谋划策,为当地的旅游业发展描绘蓝图。为此,巅峰智业对话"一带一路"沿线地区经验丰富的旅游部门领导及研究丝绸之路旅游发展的专家学者,以期集思广益,为"一带一路"的旅游发展做出贡献。

陕西省树立开放包容的心态,提出共建共享陕西丝绸之路的美好未来;甘肃省创新思路,从产品、模式、线路、平台、规划等方面创新促进甘肃丝绸之路崛起;新疆维吾尔自治区生产建设兵团深挖兵团屯垦文化,做大中国屯垦旅游主题品牌,添彩丝路旅游大蓝图;四川省抓机遇、主动作为,争当互联互通建设的排头兵和先导部队,成为"一带一路"向西南开放的国际化枢纽,建设世界旅游目的地;贵州省积极融入"一带一路"建设,"把贵州建设成为世界知名、国内一流的旅游目的地、休闲度假胜地和文化交流的重要平台";福建省融入"海丝"战略大局,助推产业转型升级,打造21世纪海上丝绸之路旅游核心区;广西桂林融入"一带一路"战略,加快建设区域性文化旅游中心和国际交流的重要平台;江西景德镇积极融入国家"一带一路"战略,建设国际旅游名城,架设与世界对话的桥梁;专家则从"一带一路"旅游的发展机遇、意义、产品、模式等方面为"一带一路"旅游发展建言献策。

第四章　丝绸之路经济带区域创新亮点

西北地区·陕西省：共建共享陕西丝绸之路旅游的美好未来

陕西省旅游局局长　杨忠武

一、丝路辉煌，世界瞩目

纵览世界和中国文明史，陕西格外引人注目。我们脚下的这块土地，既是中华民族和华夏文化的重要发祥地之一，也是世界文明的一个重要摇篮。早在115万年前，蓝田猿人创造的人类文明的星星之火就已经在这里发出光芒，周、秦、汉、唐等十多个王朝演绎了彪炳史册的盛世华章，为后世留下了难以计数的珍贵历史文化遗产，其级别之高、范围之广，堪称世界之最，被誉为"天然历史博物馆"。汉长安城未央宫遗址、唐长安城大明宫遗址、大雁塔、小雁塔等一批世界文化遗产见证了古代文明的繁荣与昌盛；举世闻名的秦始皇兵马俑，是世界考古史上最伟大的发现之一，被誉为"世界第八大奇迹"，先后有200多位国家元首慕名参观，成为中国古代辉煌文明的一

图4-1　陕西秦兵马俑

张金名片;世界上唯一珍藏释迦牟尼真身灵骨的法门寺为各国佛教徒所敬仰;中国现存最完整的西安古城墙,是凝固的历史和文化,穿越千年沧桑迎接全世界的宾客。

早在2100多年前,古丝绸之路从陕西西安(古称长安)出发,将中国开放、包容的理念和丝绸、茶叶、瓷器以及造纸术、印刷术、火药、桑蚕术等古代文明成果,传播到了遥远的中亚、西亚和欧洲。同时,沿线各国的苜蓿、葡萄、胡萝卜、香料、珠宝、琉璃等物产,西方的玻璃制造,阿拉伯的天文历法,印度的佛教、医术等异域文化也通过丝绸之路源源不断传入东方,为人类的文明进步做出了巨大贡献。作为历史悠久、举世闻名的古丝绸之路起点,西安与罗马、开罗和雅典并驾齐驱,被誉为世界四大古都。尤其在最负盛名的唐代,唐长安城作为首个人口达到百万的国际大都市,是世界文化的中心,向世人展现了中国封建时代最为繁荣昌盛和兼容开放的时期,展现了丝绸之路沿线城市文明的最高境界。

二、人文山水,大美陕西

作为古丝绸之路的起点,陕西旅游基础雄厚,特色鲜明,优势突出。

首先,"文物冠天下"呈现的是陕西厚重博大的历史风韵。作为中华民族和华夏文化的重要发祥地之一,陕西省文化积淀十分深厚,是"天然历史博物馆"。如丝绸之路作为世界文化遗产,包含了33处遗迹遗址,中国段共22处,陕西段就有7处。陕西省的汉长安城未央宫遗址、唐长安城大明宫遗址、大雁塔、小雁塔、兴教寺塔、张骞墓、彬县大佛寺石窟是丝绸之路从开通到繁荣鼎盛时期文化遗产的重要载体和典型代表。而陕西省入选的全国重点文物保护单位有的是中华文化起源的遗址,有的是我国古代封建王朝的都城遗址和帝王的陵园遗址,均是当时科技、文化发展最高水平的典型代表,是当时中华文明辉煌成就的典型代表,具有至高性、唯一性。如周原遗址、丰镐遗址、秦雍城遗址、秦咸阳城遗址、秦阿房宫遗址、汉

图4-2　陕西乾陵

图4-3　陕西城固县张骞纪念馆

长安城遗址、大夏统万城遗址、隋唐长安城遗址、大明宫遗址等都城遗址，以及秦始皇陵、西汉帝陵、唐代帝陵等，不仅体量高、面积大，而且内涵丰富，价值极高，在全国都具有代表性和典型性。此外，国保单位主要集中在关中地区，占全省国保数量的72%，它们既是建设彰显华夏文明历史文化基地的重要资源和支撑，也是旅游资源，极具吸引力与竞争力。

其次，陕西悠久的历史和特殊的地理环境，孕育了多姿多彩的地域文化。这里有中国现存戏曲艺术中最古老的剧种——秦腔、有中国皮影戏的鼻祖——陕西皮影、有唱遍大江南北的陕北信天游，乡土风情浓厚的陕北秧歌、农民画、剪纸、泥塑等民族艺术已成为世界级的中国文化名片。香味扑鼻的牛羊肉泡馍、花样繁多的千余种面食、制作考究的宫廷御宴，是兼收并蓄、贯通古今的陕西美食文化的真实写照。无论是民俗，还是美食，这些多彩多姿的文化都给予体验性旅游产品强有力的支撑。

此外，为弘扬陕西丰富的历史文化，近年来，陕西还着力推出了一大批体验式文化旅游项目，如享有"中华仿古迎宾第一式"美誉的西安城墙南门入城仪式——《醉长安——大唐迎宾盛礼》、中国首部大型山水实景历史舞剧《长恨歌》、中国首部新视觉时尚舞蹈诗剧《大长安》、大型秦腔交响诗画《梦回长安》等历史文化主题演出等，让陕西的文化旅游更具浪漫色彩。

尤其不可忽视的是，横亘流淌的名山大川又呈现出陕西的另一种魅力。中国大地中心原点位于陕西境内泾河、渭河交汇的地方，全省南北纵跨温带、暖温带、北亚热带三个气候带，形成了壮美的三大自然景观区。北部是古朴浑厚的黄土高原、中部是一望无际的八百里秦川、南部是婀娜清秀的秦巴山地。中华民族的父亲山秦岭是中国南北方的分界线，在陕西绵延400多公里，像高耸绵延的脊梁，让大地生辉、万物繁荣，大熊猫、金丝猴、朱鹮、羚牛等世界珍稀动物徜徉在秦岭的怀抱。中华民族的母亲河黄河从青藏高原奔泻而下，在广袤的黄土高原婉转迂回，世世代代滋养着华夏儿女。大秦岭、黄河孕育的华山、太白山、黄河壶口瀑布等自然风光享誉世界，融人文历史和生态美景于一体的大唐芙蓉园、大雁塔广场、曲江池遗址公园、浐灞生态园等以独特的魅力备受游客青睐。

近年来，随着"大秦岭人文生态旅游度假圈"概念的提出，通过树立大资源观，跳出对文物旅游的路径依赖，加大对自然景观、民俗文化、现代文化等资源的开发力度，展开旅游资源的进一步整合、提升、发展，"大秦岭人文生态旅游度假圈"已然成为"山水人文·大美陕西"的集中展示区、示范区、体验区。

三、主动谋划，全力作为

随着丝绸之路重新纳入国家核心战略部署，成为我国全面深化改革发展的方向指引，全方位实施对外开放的总抓手和新引擎，陕西省紧抓有利战略机遇，依托其地缘、资源、文化、贸易等方面的先天优势，高效谋划，有所作为，提出建设丝绸之路经济带重要支点，内陆型旅游开放新高地，为丝绸之路经济文化繁荣兴盛、国际合作交流开放深化做出重要贡献。通过旅游系统主动谋划作为，在旅游经济发展、旅游品牌塑造、旅游环境提升方面做了重要工作，成效显著。如通过着力打造丝绸之路起点旅游品牌、红色旅游品牌、帝陵文化旅游品牌、秦岭国家中央公园品牌，陕西全面加快了建设成为国内一流、国际知名的旅游目的地，丝绸之路经济带上最重要的战略节点之一的步伐。

规划引领。明确"建设丝绸之路经济带新起点"的战略定位，明确旅游产业是陕西"一带一路"建设的先导产业，把构建丝绸之路风情体验旅游走廊作为全省旅游发展"2336"思路中的三大战略之一，全省《丝绸之路（陕西段）旅游行动纲要》正在加紧编制，明晰了陕西丝绸之路旅游的发展方向。

活动造势。陕西省快速对接丝绸之路战略，举办了一系列的大型活动，在提升陕西品牌的同时，也提升了丝绸之路战略的国际影响。成功举办丝绸之路旅游部长会议暨第七届丝绸之路旅游国际大会，开创了共享共建丝绸之路旅游的新局面；举办美丽中国——2015丝绸之路旅游年启动仪式，进一步凸显陕西作为古丝绸之路起点的地位和优势；率先在全国举办了以丝绸之路为主题的国际性旅游博览会，让陕西丝绸之路旅游更加开放，更加具有市场意义；举办以"新丝路、新起点、新旅程"为主旨的"秦岭与黄河对话"主题活动，旨在借"一带一路"战略促进陕西以至丝路沿线旅游产业发展，强化陕西的国家影响；积极参与推进丝绸之路申遗工作，中国、哈萨克斯坦和吉尔吉斯斯坦三国联合申遗的"丝绸之路：长安－天山廊道的路网"，共有33个遗产点，其中西安有5个，陕西省正积极推动具备条件的文物单位申遗，借申遗提升文物保护水平，助力"一带一路"建设。

品牌推广。全方位推介"山水人文·大美陕西"，世人更加向往陕西，越来越多的投资者看好陕西的发展前景，旅游招商引资项目128个，涉及资金776.3亿元；重要客源国宣传促销取得重大突破，在美国、加拿大等10个国家开展专场促销，在脸谱、推特等境外知名社交媒体和人民网9个语种平台设立陕西旅游专页，"复活兵马俑"等内容在海外引起轰动；国内宣传促销力度空前加大，央视和港台卫视及机场、公交车投放旅游宣传广告，赴港澳台多次进行专场推介活动，受众人群达 20 多亿人次，陕西省旅游局新浪、腾讯官方微博粉丝分别达到 130 万和 17 万，官方微信订阅号粉丝量突破 12 万。

服务提升。推进落地签证、过境免签等政策，新开通 4 条国际航线，西安直飞海外城市达到 20 个，西安咸阳国际机场口岸实行 72 小时过境免签，"丝路使者号·新东方快车"开通，运行丝绸之路起点旅游集聚能力凸显；推出一批精品旅游线路和精品景区点，强化陕西的旅游吸引力；启动了丝绸之路经济带新起点旅游相关课题的研究，为打造"丝路新起点"旅游品牌做好理论准备。

四、亮点突出，模式创新

讲好山河故事，做好丝路文章。把陕西旅游的蛋糕做大，增强旅游的吸引力和竞争力，其中最重要的抓手之一，就是讲好山河故事，做好丝路文章。陕西省将构建以西安为起点的丝绸之路风情体验旅游走廊，策划包装和实施一批"丝路新起点"旅游重点项目；以大明宫等 7 个遗址申报世界文化遗产为抓手，开发一批产品和线路，争取在 2~3 年内形成有较高知名度和支撑力的产品体系。

搭建国际平台，缔造精品线路。建立一种机制或搭建一个平台，推动丝绸之路旅游业的交流与合作，共同把丝绸之路打造成为全球最具吸引力的旅游精品线路之一。陕西是丝路的起点，首先要打造让丝路沿线国家所接受的旅游产品；其次，促进丝绸之路沿线基础设施建设，包括交通线路的延伸，加快空中航线建设，实现与欧美旅游市场和中亚市场直航；再次，推进签证便利化，签证不便利，服务不到位，百姓旅游的愿望就会减弱。

坚持在保护中开发，打造丝绸之路旅游精品。丝绸之路历史文化遗产，是人类文明的宝贵财富。保护不是把"原生态"加以固化，而是要找准历史与现实的结合点，深入挖掘丝绸之路历史文化遗产中的价值理念和智慧，做好历史文化遗产的活化和深度开发，特别要重视发展体现不同文化背景的文化旅游演艺产品，增进人们对丝绸之路文化的共同认知，展现丝绸之路各国多彩的文化。

构建"旅游+"发展模式。一方面推动旅游与其他产业、行业相融合，与发展绿色产业和保护生态环境相结合，与社会、文化和科技相促进，使旅游融入产业结构、生产方式、消费方式之中。另一方面，把旅游的理念贯穿到其他产业和行业发展之中，使其主动和旅游融合发展，这样不仅可以拓展发展空间、提高附加值，也可以创造出新的领域和新的业态。

树立开放包容的心态，推进丝绸之路旅游的交流合作。应利用好亚投行等金融投资平台，完善丝绸之路旅游基础设施、公共服务设施，实现旅游道路互联互通。在世界旅游组织的统筹协调下，推进丝绸之路旅游规划、开发等工作，指导促进更多国家开通国际航线，放宽旅游签证限制，简化出入境手续，打造全球跨境无障碍旅游区。建立丝绸之路旅游国际联盟，加强信息交流共享，定期研究丝绸之路旅游重大问题，制定丝绸之路旅游服务标准和行业公约。

传承和弘扬丝绸之路精神，创造新的丝绸之路文化遗产。要树立经典意识，使优秀传统文化、特色地域文化与当代文明、现代科技完美结合，打造有灵魂、有生命力的旅游产品，使之成为值得后世敬仰和传承的文物、文化遗产。

五、树立自信，展望未来

历史上，中国的丝绸、茶叶、陶瓷等物资和中华文明是从陕西走出去的，古长安是世界文化和贸易的中心和龙头。如今，陕西旅游业正通过争做丝绸之路经济带旅游领头雁，全力打造改革开放新时代的"汉唐盛世"，谱写陕西旅游的新篇章。

图 4-4　西安古城墙

西北地区·甘肃省：新思路，兴丝路
——甘肃丝绸之路崛起之道

甘肃省旅游局局长　何伟

一、黄金丝路，呼唤崛起

"丝路十分美，九分在甘肃。"甘肃地处丝绸之路的黄金地段，陇西段与河西段贯穿全境，全长1650公里，占陆上丝绸之路全线的四分之一，中国境内的二分之一。另外还分别有草原丝绸之路和西南丝绸之路部分经过甘肃的陇东、陇南地区。作为"丝绸之路经济带"的重要组成部分，国家赋予了甘肃"联结欧亚大陆桥的战略通道和沟通西南、西北的交通枢纽，西北乃至全国的重要生态安全屏障，全国重要的新能源基地、有色冶金新材料基地和特色农产品生产与加工基地，中华民族重要的文化资源宝库，促进各民族共同团结奋斗、共同繁荣发展示范区"，以及构建我国向西开放的重要门户和次区域合作战略基地的战略定位。

从区位来看，甘肃地处欧亚大陆桥的核心通道，地形狭长，东连陕西、通中原腹地，西接天山南北、直达中亚西亚，南与青藏高原毗邻，北与蒙古高原接壤，是古丝绸之路的咽喉要道，是华夏文明与域外文明交流融合之地，也是中国与欧亚各国经贸往来、文化交流、交通运输的必经之道，在促进中外交流与发展方面具有举足轻重的作用，战略地位和区位优势明显。

从资源来看，甘肃丝绸之路承载了太多的人类文明。遗存在这片广袤土地上的诸多石窟寺庙、长城关隘、塔碑楼阁、古城遗址等，是解读先民多姿多彩生活的密码。沿着丝绸之路前行，"东方艺术宝库"莫高窟、"天下第一雄关"嘉峪关、道源圣地崆峒山、"东方雕塑馆"天水麦积山石窟、藏传佛教格鲁派六大宗主寺之一拉卜楞寺等在世界上有着唯一性和独特性的世界文化遗产展开一幅幅精彩极致的历史画卷。出土于武威雷台的东汉铜奔马，展现了奋发向上、豪迈进取、勇往直前的天马精神，并因此被确定为中国旅游标志。倘徉在这些古老遗迹之间，仿佛穿越时空，神游汉唐，与飞天共舞，和佛陀对话，可以尽情领略数千年华夏文明的深厚底蕴。

图4-5 敦煌莫高窟

图4-6 鸟瞰嘉峪关

2013年9月，中国国家主席习近平在出访中亚四国时，提出共建"丝绸之路经济带"的战略构想，并不断完善提升为重要的国家战略，这为甘肃省旅游向西开放发展提供了重大机遇。近两年来，甘肃省委、省政府相继出台了《甘肃省加快旅游业发展意见》《关于加快推进文化和旅游深度融合发展的实施意见》和《甘肃丝绸之路旅游经济带建设实施意见》等，要求全省各级旅游行政主管部门按照把旅游业培育成甘肃省经济支柱产业的要求，努力使旅游资源优势转化为产品优势和经济优势，并成为国际、国内旅游市场中特色鲜明的名牌旅游产品，促进甘肃旅游的快速发展。

面向未来，作为丝绸之路黄金段的甘肃具备良好的旅游产业基础和发展潜力，以及坐中连四的中心带动作用，亟待迅速崛起，从而为整个丝绸之路经济带建设发挥重要支撑作用。

二、规划引领，模式借鉴

2014年5月由省委、省政府正式印发的《"丝绸之路经济带"甘肃段建设总体方案》提出，甘肃将重点推进道路互联互通、经贸技术交流、产业对接合作、经济新增长极、人文交流合作、战略平台建设六大工程，将甘肃打造成为新丝绸之路的黄金通道、向西开放的战略平台、经贸物流的区域中心、产业合作的示范基地、人文交流的桥梁纽带。

2014年年末出台的《甘肃丝绸之路经济带建设大景区总体规划纲要》进一步从旅游发展的角度提出聚焦大景区建设，并发挥其典型示范作用，以大带小、以点带面、层层推动，到2020年，市州建成30个精品景区，县区建成50个特色景区，全省形成"235"布局的100个重点旅游景区体系，全面推动旅游资源的整合开发和转化利用，以大景区建设带动旅游产业跨越发展。到2020年，全省接待游客达到3.6

亿人次；旅游综合收入达到 2500 亿元，旅游业真正成为全省战略性支柱产业。同时，《纲要》结合每个大景区的实际，研究借鉴其他省份景区发展经验，创新提出了"双核吸引，内强外合"的强强联合发展模式，如莫高窟－月牙泉等景区；"景区为核，内修外拓"的景区拓展提升发展模式，如崆峒山等景区；"核心保护，圈层开发"的圈层保护性开发模式，如嘉峪关等景区；以及"文化为魂，产业为体"的文旅融合发展模式、"游憩为脉，度假体验"的景区升级模式、"跨界整合，协调共赢"的管理体制创新模式 6 大发展模式，实现对于大景区建设的落地指导。

三、产品创新，企业跟进

目前，按照境外客源市场发展的趋势和需求，甘肃省在完善传统旅游产品的同时，加大休闲养生创新文化旅游产品。具体体现在五个方面：

一是深度挖掘各类文化资源，创新文化旅游产业融合和发展模式，全面推动文化旅游深度融合。全省目前规划建设 20 个文化旅游园区，进一步完善城乡公共文化旅游网络，规划建设一批主题博物馆、艺术馆。充分发挥甘肃省非物质文化遗产资源优势，开发活态传承文化旅游项目，弘扬传统历史文化和民族优秀文化，满足游客的文化旅游需求。鼓励各类专业艺术院团在大景区及旅游城市创演高水准专业剧目，实现 4A 级以上景区和有条件的星级饭店有演艺团队和专场演出，重点旅游城市和大景区驻场演出常态化。

二是开发多层次、多样化的休闲度假产品，推出慢游休闲产品和优惠措施。加强旅游与体育融合，发展时尚健康旅游，集中打造一批户外运动基地。支持开发特色体育旅游产品，构建丝路体育旅游长廊，有条件的体育运动场所面向游客开放。全省统一规划自驾游基地、户外活动营地、房车营地、汽车旅馆建设，加快针对散客、自驾游市场需求的公共服务设施建设，统一设计自驾游基地营地标识，实现建设标准化、标识统一化。

三是发展中医药养生保健旅游。大力实施陇东南国家中医药养生保健旅游创新区建设，促进中医药产业、中（藏）医文化、养生保健和休闲旅游深度融合，重点发展中（藏）医保健、中药美容、医食养生、温泉疗养、泥疗沙浴、禅道体验等系列保健旅游产品。建设庆阳岐黄周祖医食养生保健基地、平凉崆峒山道释文化养生基地、皇甫谧针灸保健养生基地、天水自然生态和温泉养生基地、陇南山水田园养生基地、定西道地中药材科考旅游基地。

四是发展红色旅游。着力建设 15 个国家级红色旅游经典景区，深入挖掘南梁精神、铁人精神、航天精神等民族精神和时代精神,策划打造华池"红色南梁"、两当"播撒火种"、腊子口"攻克天险"、会宁"胜利会师"、高台"祁连壮歌"等红色旅游产品品牌。

五是积极培育研学旅行项目。将研学旅行、夏令营、冬令营等作为青少年爱国主义、革命传统和国情教育的重要载体,纳入中小学生日常教育范畴。

以上的产品创新离不开企业的参与,近两年来,由政府、民间主办的以丝绸之路为主题的国内、国际展会、节会、洽谈会等与通过机制体制改革进行的创新探索,有力地推动了企业"引进来、走出去"的良性发展机制。

从引进企业来看,《甘肃丝绸之路经济带建设大景区总体规划纲要》明确提出景区管理体制要"权力下放"。未来将采取"景区管委会+旅游开发公司"模式,解决景区资源条块分割、难以统一开发利用的问题。同时,对景区实行属地化管理,建设旅游用地亦实行差别化政策。此外,为加大对旅游产业发展的支持力度,甘肃还设立省级旅游产业投资基金。从 2015 年开始,连续 3 年省财政每年预算安排 1 亿元作为引导资金,募集社会资金,放大基金效应,力争 3 年内分期募集社会资金 30 亿元,重点支持大景区开发、旅游基础设施建设、旅游配套服务设施建设和旅游商品开发。

而由甘肃华源文化产业集团主办的首届"东方·西方+"年度丝绸之路艺术节在纽约于当地时间 5 月 31 日晚在曼哈顿亚洲协会 Garden Court 圆满落幕,为企业走出国门做了良好示范。这不仅是甘肃企业走出去用文化助推"一带一路"战略的一次尝试,也是甘肃企业首次以丝绸之路为主题在西方世界举办艺术跨界盛会。

四、近期建设,重点突破

2015 年是"丝绸之路旅游年",这是旅游行业贯彻落实"一带一路"战略构想的重要举措。甘肃省将借"丝绸之路旅游年"这一大平台抓好如下工程:

一是实施丝路节会品牌工程,打造重点国际节会。如"敦煌行·丝绸之路国际旅游节"是甘肃省政府与国家旅游局联合打造的国内唯一以"丝绸之路"命名的旅游节会,迄今已成功举办了四届,已被国家批准常年举办,成为服务于丝绸之路沿线国家开展旅游交流与合作的国际化平台。第五届"敦煌行·丝绸之路国际旅游节"以"畅游绚丽甘肃、发展丝路旅游"为主题,深入开展丝绸之路国家旅游高级别对话会、丝绸之路国际旅游博览会,旅行商、企业家"丝绸之路考察踩线"等一系列主题活动。

二是打造丝绸之路黄金段景区建设工程。以大景区建设为重点,推动甘肃省文化旅游及相关产业深度融合发展。计划在全省范围内选择旅游资源特色独具、优势鲜明、基础较好的景区建成 20 个景区体量大、游乐项目多、体制统一顺畅、游客逗留时间达到 2 到 3 天的大景区。同时，按照国家旅游城市建设标准，把兰州、嘉峪关、酒泉、张掖、武威、天水、平凉 7 市打造成文化旅游名城。

三是实施丝路交通畅通工程，建设全省航空、铁路、公路协调运行的立体化交通网络。甘肃省委、省政府为助推丝绸之路旅游黄金段建设，铁路方面，开行了"绚丽甘肃号"列车和"敦煌号"旅游品牌列车，组织各市州旅游局开展列车车体和车厢旅游宣传，形成了"一车一馆、一馆一景"的宣传格局，让来自海内外的旅客在列车上就可以了解甘肃丝绸之路精品旅游资源，积极推动旅行社组织团队输送客源，使全省旅游交通运力建设空前改善；航空方面，已经开通兰州至韩国首尔、韩国济州岛、泰国曼谷、沙特麦加、迪拜、新加坡等 8 个地区的包机航班或航线，并将开通兰州—圣彼得堡、兰州—香港的旅游包机；国内航线也在不断加密，实现了省内兰州、敦煌、嘉峪关、酒泉、张掖等支线城市连通飞行。

四是进一步推动区域合作联动工程，促进旅游市场互动。充分发挥甘肃省丝绸之路旅游推广联盟秘书处的作用，2015 年紧紧把握韩国"中国旅游年"的大好时机，把中国经典舞剧《丝路花雨》推上了 1 月 23 日在首尔举办的"中国旅游年"开幕式，使甘肃和丝绸之路旅游大放异彩，该舞剧也成为甘肃乃至中国丝绸之路旅游形象的代言。此外，还牵头策划了港澳丝绸之路高铁旅游宣传片和推介活动，在首尔、香港地区设立了旅游推广营销代理中心，并将利用黄金路段的通道优势和资源优势，创新跨国区域旅游合作模式，构建"丝绸之路旅游合作联盟"，实现资源共享、项目共建、产品互联、市场互动，共同打造丝绸之路国际旅游品牌。

五是实施旅游宣传工程，提升甘肃影响力。如通过全省旅游整合宣传广告平台的成功招标，进一步在国内外传统媒体和新媒体领域与不同渠道里扩大甘肃的旅游品牌影响力。

五、线路设计，平台共建

针对新的形势与市场需求，为了更好地推进国内外的平台性推广策略，甘肃省旅游局专门组织了市场调研，设计各种有针对性的旅游线路产品，策划和制作了一批宣传品与精品线路：

第一条线路是甘肃丝绸之路精品游。侧重展示丝绸之路沿线最具代表性的人文胜迹，举世闻名的敦煌莫高窟和麦积山石窟，保存完整的秦、汉、明长城和天下第一雄关——嘉峪关，以及大漠戈壁、沙海绿洲、冰川雪峰、森林草原、沙林丹霞等雄浑壮丽的西部风光和独具特色的民族风情。

图4-7 敦煌莫高窟壁画

图4-8 甘肃武威雷台出土的马踏飞燕

第二条线路产品是甘肃民族风情草原游。甘肃南部的甘南是神秘、纯净而神奇的"九色香巴拉"，拥有世界规模最大的藏学学府——拉卜楞寺。临夏是西北地区回族经堂教育的中心，浓郁的伊斯兰教文化风情渗透在它的每一个角落。该线路对土耳其游客有一定的吸引力。

第三条线路是甘肃寻根访祖黄土风情游，有著名的大地湾、伏羲庙及卦台山、中国道源圣地——平凉崆峒山、王母宫，游客可以领略中华远古文明肇始之地的古老与辉煌，欣赏古老的艺术传承——刺绣、剪纸、泥塑、皮影、陇东民谣、社火表演等。这条线路不仅对海外侨胞，而且对喜欢探究中华民族古老文化的游客来讲，是一个不错的选择。

此外，还有若干甘肃的特色优势专项旅游产品线路，如丝绸之路全线跨国汽车旅游、丝绸之路自驾车旅游、丝绸之路商贸文化游、民俗风情游、骑马/徒步考察长城游、寻根朝觐游、祁连山冰川雪山登临探险游、嘉峪关滑翔机/热气球游、黄河漂流探险游、穿越沙漠戈壁探险游、丝绸之路汽车/摩托车拉力赛，等等。为宣传推广这些线路，编排制作了一批意大利语、俄语、阿拉伯语、英语等语种的折页、光碟等宣传品；同时，充分利用Facebook甘肃旅游推送平台，用6种语言持续推广甘肃旅游形象和这些线路产品。

六、把握机会，走出国门

甘肃省作为丝绸之路推广联盟的牵头单位，在各种走出国门推广丝绸之路的活动中具有重要的角色地位,将积极参与与推进相关活动。在甘肃省参与国家旅游局 2015 年 5 月组织赴哈萨克斯坦、土耳其、意大利举办"游丝绸之路•品美丽中国"系列推广活动期间,着力把握了如下机会:

一是对我国丝绸之路线路整体组合包装,在意大利平面媒体、网络及公共资源载体进行前期预热,在世博会期间举办"2015 美丽中国——陆上丝绸之路"旅游推广活动,把中国旅游活动推向高潮。此外,还将在世博馆设立丝绸之路馆,集中推广丝绸之路沿线悠久的历史、灿烂的文化和丰富的旅游资源,以形成密集强大的宣传攻势,强化聚合效应,进一步激发国际旅游业界和客源市场对整体"丝绸之路"旅游的向往和热情,让世界更好地了解美丽中国,了解丝绸之路沿线的省区旅游产品。

二是与世界各国、各地区旅游业界继续深化交流,加强合作,共享机遇,共同促进旅游业的发展。长期以来意大利都是甘肃省重要的客源市场,但由于金融危机等因素,意大利来甘旅游人数一度下滑,但今年一季度开始回升,涨幅居欧洲整体入境市场之首,推广活动将进一步促进意大利入境市场的发展。此次赴外推介,将为甘肃省下一步在意大利设立甘肃旅游营销代理中心寻找合作伙伴,并在条件成熟时开通兰州至米兰或罗马的旅游包机航线。而哈萨克斯坦、土耳其对甘肃省而言是丝绸之路上的新市场,通过此次活动,将建立联系渠道,为下一步开拓市场打下基础。

三是借助每一次海外营销的机会,更加深入地了解市场变化,学习旅游资源开发、行业管理的经验。

图 4-9 甘肃汉代玉门关遗址

西北地区·新疆维吾尔自治区：
神奇兵团添彩丝路旅游大蓝图

兵团旅游局党组书记、局长 王宇科

丝路万里驼铃悠悠，屯垦千载绿洲新艳。从军垦战士在亘古荒原拉动军垦第一犁的那刻起，古老的丝路文化、屯垦历史与兵团屯垦戍边伟业就融汇成一段壮丽动人的诗篇。通过近20年发展，兵团把旅游业发展同农业大生产、工业化文明、城镇化道路和传奇军垦文化紧密结合，着力打造"中国屯垦旅游"主体品牌，向世人呈现厚重的军垦文化、壮阔的现代农业、怡人的绿洲生态和神秘的边境风光，展示出兵团独特的旅游形象，在宣传推广兵团、加强兵团对外交流交往等方面发挥出重要作用。

一、兵团旅游新天地

图4-10 丝路北道上的巴里坤草原

图4-11 新疆吐鲁番葡萄沟风景区

1990年以来，随着我国旅游业发展环境日益优化，兵团旅游业赢来发展大好时机，兵团上下对旅游业的认识开始觉醒，兵团旅游业产业化特征日益明显。

健全机构打基础。1995年9月兵团旅游局正式挂牌成立，旅游业作为产业在兵团有了规范其发展和管理的职能部门；2001年国家旅游局明确了兵团旅游局的管理权限；2002年兵团旅游质量监督管理所和旅游教育培训中心成立；2004年兵团旅游局升格为正厅级，内设机构和组织管理进一步得到加强；此后，兵团还组成了旅游产业发展协调小组、红色旅游工作协调小组，成立了兵团旅游协会，加强了旅游产业综合协调和行业自律。

摸清"家底"图发展。 兵团旅游资源主要包括以边境、沙漠为代表的自然风光资源、以大农业为优势的农业观光资源、以绿洲生态为基础的休闲度假资源和以屯垦戍边文化遗迹、纪念物为依托的屯垦文化资源，具有丰富多样性、唯一性和神秘性。特别是兵团人在 50 多年屯垦戍边事业中所形成的军垦文化、绿洲文化，为兵团旅游注入了独特丰富的内涵。

整合资源定规则。 2006 年，兵团研究编制了旅游业发展总体规划，并编制了《新疆生产建设兵团旅游业发展第十一个五年规划》《新疆生产建设兵团旅游业发展第十二个五年规划》和《兵团红色旅游规划》等专项规划，出台了《关于加快兵团旅游业发展的意见》等政策文件，部分师及重点景区也逐步完成了总体规划。

创新形式，发展红色旅游。 在发展红色旅游方面，兵团将军垦传统与现代时尚紧密结合，绿洲文化与红色旅游融为一体，与兵团发改委等有关部门协调沟通，及时把兵团各个历史时期重要纪念物和标志地纳入红色旅游的范畴，推出 4 条纵横兵团区域的红色旅游线路，并拍摄了电视宣传片《神奇兵团，红色之旅》、故事影片《别尔克乌》，排演了《拓荒者之歌》红色旅游专题歌舞晚会，出版了《兵团精神》系列丛书等。

启动标志树形象。 2012 年 4 月兵团旅游标志宣布正式启动运用。该标志由"兵团旅游"四个汉字的第一个字母为设计元素，通过提炼、变化而成；从侧面看，四个字母的整体轮廓仿佛是一面飘扬的旗帜；从正面看，这四个字母又像一串坚实的脚印，象征着兵团旅游业从无到有、逐步壮大的历史足迹；四个字母为红黄蓝绿四种颜色，代表了兵团蓬勃发展的红色旅游、休闲旅游、农业旅游和边境旅游，集中体现了兵团旅游资源的优势并将它们展现在消费者眼前。

开发节庆扩影响。 兵团主要旅游节庆活动有军垦文化旅游节、军垦文化冰雪旅游节、五家渠郁金香节、石河子桃花节、图木舒克美食文化旅游节、阿拉尔红枣文化节、兵团老兵节等，充分发挥了"依节造势、因节发展、以节兴市"的作用，极大提高了兵团知名度。特别是五家渠郁金香节已成为新疆旅游节庆的知名品牌，先后被授予"最具地方特色节庆活动""全国十大品牌节庆"等荣誉称号。

乘势而上奏凯歌。 "十一五"期间，兵团累计接待入境旅游人数 72.69 万人次，创汇 2.68 亿美元；接待国内旅游人数 2116 万人次，国内旅游收入 43.82 亿元人民币；旅游总收入 66.83 亿元人民币。与"十五"期间相比，入境旅游人数增长 93.11%，创汇增长 15.2%；国内旅游人数增长 140.58%，国内旅游收入增长 146.20%。2011 年，兵团旅游接待人数 616 万人次，是 2002 年的 5 倍，实现旅游收入 23.8 亿元，是 2002 年的 4 倍。旅购贸易在兵团外贸结构中占比超过 70%，对保证兵团外贸增长具有突出而重要的意义。

提升品质拓规模。 目前，兵团旅游加速建设军垦文化旅游、农业观光旅游、边境沿线旅游、绿洲生态旅游"四大基地"，开发了一系列具有兵团韵味的旅游精品，建设了一批特色旅游名镇、旅游星级饭店和农家乐等接待设施。截至2014年年底，兵团已有国家等级景区44个（4A级9个）、全国红色旅游经典景区3个、全国工农业旅游示范点12家、星级农家乐32个；旅游集团公司6家；旅行社131家；旅游星级饭店60家；拥有全国优秀旅游城市1座、全国特色景观旅游名镇3个、全国休闲农业与乡村旅游示范点4个。

二、"中国屯垦旅游"主体品牌

兵团旅游产品最有价值的是军垦文化旅游。兵团的屯垦戍边事业是爱国主义的伟大实践，兵团精神集中体现了兵团人创造的物质文明、政治文明、精神文明和生态文明，具有鲜明的时代性、教育性、体验性，与历代屯垦在中国历史发展进程中所创造的屯垦文化一脉相承。因此，打造"中国屯垦旅游"主体品牌成为兵团旅游的重要发展战略。目前，兵团已完成《中国屯垦旅游发展战略研究》和《中国屯垦旅游新疆兵团区域发展专项规划（2014—2030）》，提出要继续坚持以"深化改革创新、聚力长治久安"为主题，以新型城镇化为引领，以旅游保障和改善民生为根本出发点和落脚点，实施文化戍边战略、品质旅游战略、新丝路战略，加强旅游公共服务保障体系建设。

近年来，围绕这一发展战略，兵团旅游以弘扬"兵团精神"为核心内容，以传播"军垦文化"为主线，整合相关旅游资源，把发展红色旅游与发展生态旅游、民族文化旅游、工农业旅游等密切结合，形成了综合型、复合型的旅游产品，并联动周边的区域，打造新的重点红色旅游区和红色旅游经典线路，实现了兵团旅游的逐步壮大。随着旅游资源开发力度的不断加大，旅游产品体系日渐丰富，兵团已建成了兵团军垦博物馆、周恩来总理纪念碑、军垦第一连、阿拉尔市三五九旅屯垦纪念馆、解放军进军和田纪念碑等一批颇具影响的红色旅游景点，石河子桃源生态旅游区、驼铃梦坡沙漠生态旅游区等一系列现代化大农业和绿洲生态旅游景区，以及以一八五团为代表的边境旅游景区，构建起以"屯垦文化"为核心，兵团军垦文化旅游、大农业观光旅游、绿洲生态旅游和边境旅游协同发展的兵团旅游大格局。

坚持走融合之路也是兵团旅游发展的重要经验。兵团和新疆维吾尔自治区旅游部门之间建立了联席会议协调机制，本着"资源共享、产业融合、优势叠加、共同繁荣"的原则，制定并签订了包括建立会晤制度、联合促销、信息互通等9个方面的合作框架协议。无论是在线路组合上，还是在旅游开发上，兵团旅游产品已经成为新疆旅游产品的重要组成部分。依托自治区推出的十三条旅游热线和多个集散城市，兵团重点发展军垦文化旅游区、大漠绿洲生态旅游区和边境旅游区等三大旅游区，重点打造准噶尔旅游干线、丝路中道旅游干线、边境旅游环线、环乌鲁木齐休闲度假旅游热线四条旅游线路，将新疆的历史文化、自然风光、民族风情和兵团的绿洲团场、屯垦文化相结合，努力建成交通便捷、主题鲜明、要素配套、服务完善、内涵丰富的精品旅游线路。

图4-12 新疆吐鲁番额敏塔（苏公塔）

图4-13 新疆喀什阿巴克霍加墓（香妃墓）

三、"一带一路"新机遇

"一带一路"国家战略的提出和推进，特别是国家旅游局将2015年国家旅游年主题确定为"美丽中国——丝绸之路旅游年"，对兵团旅游来说是一次重大的发展机遇。新疆屯垦旅游根植于2000多年的西域屯垦历史之中，屯垦文化则是丝绸之路文化的核心组成部分。作为丝绸之路中国段必经区域，在兵团7.06万平方公里的土地上，古丝绸之路遗址举不胜举。以丝绸之路经济带建设促进兵团"中国屯垦旅游"，对深挖兵团屯垦文化、做大中国屯垦旅游主题品牌有着重要而深远的意义。

两千多年的西域屯垦史与丝绸之路及西域文明的发展息息相关，兵团旅游局将借助"一带一路"国家战略和新疆打造丝绸之路经济带核心区的历史机遇，乘势而为，主动融入自治区的发展战略，依托新疆境内的屯垦文化遗址，挖掘屯垦文化内涵，以"中国屯垦旅游"为着力点，推动兵团旅游全面升级发展。兵团旅游局已与自治区旅游局联合下发了《关于共同推进丝绸之路经济带旅游产业发展意见》，提出要让中国屯垦旅游成为新疆旅游的重要组成部分，成为丝绸之路旅游的重要载体与示范窗口。兵团将与自治区协调发展，充分发挥兵团安边固疆稳定器和先进文化与先进生产力示范区优势,打造新疆旅游"安心(安全、放心)游"品牌,推动兵团成为旅游功能多样、文化特色鲜明、生态环境优越、基础设施完善、产品结构优化,国内一流、国际知名的旅游目的地。

图4-14　新疆丝路风貌

西南地区·四川省:新丝路,新机遇
——四川丝路旅游蓄势腾飞

四川省旅游局局长　郝康理

"一带一路"是以习近平同志为总书记的党中央统揽全局、顺应大势做出的重大战略决策,被誉为是一个高瞻远瞩的战略构想、一条和平发展的共赢之路、一项脚踏实地的伟大事业。"一带一路"是世界上跨度最长的经济大走廊,是世界上最具发展潜力的经济带。四川处于陆上丝绸之路和海上丝绸之路的交会点,是联结西南西北,沟通中亚、南亚、东南亚的重要交通走廊,是内陆开放的前沿阵地和西部大开发的战略依托。"一带一路"给四川带来了外向型经济发展的良好机遇。旅游业作为开放性、综合性产业,在"一带一路"国家战略中具有先联先通的独特优势。

四川省旅游区位优越、旅游资源丰富、旅游产业发展潜力巨大，应抢抓机遇、主动作为，充分发挥旅游业在"一带一路"战略实施中的先导示范作用，抓紧建设世界旅游目的地，推动四川省旅游业转型升级和创新发展，争当"一带一路"互联互通建设的排头兵和先导部队。

一、"一带一路"，四川新引擎

重要的战略引擎。四川处于长江经济带与丝绸之路经济带的结合部，是支撑"一带一路"、长江经济带、中巴经济走廊、中印缅孟经济走廊联动发展的战略纽带和核心腹地，是扩大内陆开放、沿江开放、沿边开放和实施向西开放，打造西部大开放升级版的战略高地和重要依托。同时四川作为丝绸之路的重要组成部分，是南方丝绸之路的起源点，已经成为西南地区对外开放的窗口和客流集散地，在旅游产业发展中具备资源要素、文化要素、交通要素、市场要素和产业要素，具备较强的要素整合力、区域带动力、资源转化力、产业凝聚力和战略聚合力。

强大的资源基础。四川丝绸之路具有景点总量丰富、分布广泛而相对集中、品种多而质地高、配置合理而特点突出等特点。资源品位高。童话世界九寨沟、国之瑰宝大熊猫、古蜀文化三星堆举世闻名，峨眉山－乐山大佛、都江堰－青城山、九寨沟、黄龙、大熊猫栖息地"五大世界遗产"蜚声中外。"大熊猫"被选为2008年北京奥运会吉祥物，"太阳神鸟"图案被确定为中国文化遗产标志。资源组合好。四川西部汇聚了壮美的自然景观、独特的地域文化和绚丽的民族风情，既是大熊猫栖息地，也是红军长征途经主要地区，还是藏羌文化、康巴文化、彝族文化、摩梭文化的重要发源地；四川东部是朱德、邓小平、陈毅等伟人将帅的故里和"川陕苏区"的中心区域，丰富的红色文化融入华蓥山、剑门关等生态旅游景区内，与三国文化、古蜀文化交相辉映。四川省的旅游资源具有国际化的品质，为四川旅游在"一带一路"的对外开放与合作奠定了最为坚实的基础。

雄厚的经济实力。四川省区域经济实力强大。2014年四川省GDP排名全国第八位，增速达8.5%，人均GDP达5700美元，居民消费正由生存型向发展型、享受型消费转变，高品质、个性化、多样化的旅游消费需求爆发式增长。四川省旅游经济实力强大，2014年四川省旅游经济排名全国第六，旅游人次排名全国第三，旅游增速排名全国前列，各个方面的发展都取得了巨大的成效。旅游投资不断深化，平台搭建成效显著；旅游产品不断升级，质量标准有效落实；旅游区域不断联动，藏区、大成都区、大峨眉区域快速发展，雅安、广元、阿坝、乐山等地旅游实力日益升级；旅游营销不断创新，品牌营销、海外营销、节事营销、综艺营销等多管齐下，竞争力增强；旅游环境不断升级，交通环境、市场环境、服务环境、人才环境等均实现快速提升。四川省可充分依托雄厚的经济基础，以旅游为主导，带动第三产业的发展，加快第一、第二产业的建设步伐，致富于大西南山区，重振四川丝绸之路的雄风，在当今时代发挥出更大的引领、示范和带动作用。

有力的综合带动。四川省发展"一带一路"旅游有利于中国向西向南国内外合作的深入推进。无论从已经开启的沿边开放态势，还是从国际战略和地缘战略看，四川省以旅游业互联互通都将有利于推进我国与中亚地区的能源合作，向东南亚进行的大湄公河次区域合作，以及中国－东盟自由贸易区建设，也有利于中国西部与国际互联互通合作的深入。**四川省发展"一带一路"旅游有利于西部地区经济发展和效率提升。**四川省作为西部经济发展的核心省份，其旅游业的国内升级和国际推进，将为西部基础设施建设、产业调整带来机遇，能提高资源配置使用效率，同时淘汰低效落后、高耗能、高污染的行业企业，实现西部地区经济、社会、文化和生态效益的同步提升。**四川省发展"一带一路"旅游有利于民族地区的稳定和发展。**中国西部地区是少数民族聚集地，也是社会稳定任务最重的地区，通过四川省丝绸之路旅游的发展和建设，依托四川处于南北丝路、长江经济带结合部的地理区位，可带动我国西南地区的经济、社会和文化的发展，对西藏、新疆地区的稳定和谐，对东盟及亚欧大陆线的互动强化，意义重大。

二、"一带一路"，四川新探索

近年来四川省旅游局主动融入全国"一带一路"战略，在智慧旅游、旅游营销、旅游投资等方面不断创新实践，有效地推进了四川省"一带一路"旅游的快速发展。

智慧旅游创新突破。四川省旅游局深化智慧旅游建设，在互联网时代全面融入国家智慧丝路建设，提升旅游发展效率。①**深化智慧旅游管理系统建设。**构建集省、市（州）、县（市、区）三级一体的四川旅游电子政务网站体系，完善服务于基层和企业的电子政务体系；牵头建设基于北斗兼容系统的户外应急救援平台、四川旅游运行监管及安全应急管理联动指挥平台。②**健全智慧旅游服务平台体系。**构建四川全域智慧旅游服务平台，发挥市场主体作用，省、市、县联动，政府和企业共推。建立"1+21（21个市州）+N（多种语言）"的多语种四川旅游资讯网站体系；与携程、艺龙等知名旅游网络营运商合作建立四川旅游网络旗舰店；加强新媒体多平台应用，开发"四川好玩"APP客户端、四川旅游微信/微博服务平台、四川旅游

youtube视频频道、G5（108）国道及大九寨环线多媒体互动智慧旅游地图和景区微卡、智慧旅游多媒体查询终端等。

营销模式创新突破。传统媒体与新媒体相结合，事件策划与网络传播相结合，实现线上、线下互动，境内与境外传播。①**积极开展新媒体营销**。"爱，在四川"系列微电影，突破传统旅游宣传片形式，有效提升了四川旅游知名度。②**推动传统媒体和新媒体的互动营销**。打造国内首档户外旅游真人秀节目《两天一夜——旅游梦想》，将传统的电视综艺节目植入旅游元素，同时通过网络和自媒体广泛传播，网络点播量已接近3亿次，取得较好宣传效果。③**加快线上线下互动营销**。与淘宝合作开展"寻找稻城亚丁最美星空"活动，1000多份产品5分钟被网友抢购一空；"行摄365画说四川""寻找四川100个最美观景·拍摄点"评选活动等，收集并发布了4万余张精美图片，提高了参与景区的知名度。④**全力拓展海外营销渠道**。与谷歌、TripAdvisor、youtube、百度、携程、淘宝等网络平台合作，构建境内外网络营销平台及渠道体系。

图4-15　"寻找稻城亚丁最美星空"活动

图4-16　行摄365画说四川

熊猫品牌创新突破。创新举办了"行南丝绸之路游大熊猫家乡——欧洲熊猫粉丝四川探亲之旅"。在欧洲6个国家挑选出12名大熊猫粉丝，与"大熊猫"和"南丝路"领域的专家、文化名人及境外知名媒体组成40人的大型自驾团"粉丝团"自驾车穿越英国、西班牙、法国、比利时、德国、捷克、奥地利、意大利、希腊、土耳其、伊朗、巴基斯坦、印度13国沿"南丝路"来四川"探亲"，并开展四川巡游，向世界展示四川丰富的旅游资源和产品及大熊猫保护和研究成果，推出一批新产品和新线路。熊猫粉丝团沿途共举办了14场旅游推介活动、6场熊猫文化交流活动、媒体围绕跟踪报道、高频营销轰炸，在沿线多国掀起名副其实的"熊猫旋风"和"四川旅游热"。英国《每日电讯报》、西班牙《ABC日报》、比利时国家电视台、奥地利ORF国家电视台等80多家境外知名媒体参与活动报道；人民日报、新华社、中央电视台、光明日报、中新社等主流媒体，腾讯、新浪等主要门户网站对本次活动进行跟踪宣传。《人民日报》多次在要闻版连续推出《欧洲"熊猫粉丝"开启中国自驾游》等大篇幅报道；中央电视台新闻频道和中文国际频道多次播出"欧洲熊猫粉丝开启四川探亲之旅"启动仪式和境外段相关报道，并于8月初连续三天在CCTV-1、CCTV-4、CCTV-9、CCTV-13等多个频道滚动播出报道熊猫粉丝们在成都大熊猫基地体验饲养员、营养师工作的情况。同时，中央电视台国际频道《外国人在中国》栏目组还专程赴四川用10天时间追踪采访熊猫粉丝四川巡游，并将重磅推出相关专题片。"熊猫粉丝"关键词百度搜索超过500万条,百度图片达9万多张，Google 搜索达220万条。

图4-17 行南丝绸之路·游大熊猫家乡——欧洲熊猫粉丝四川探亲之旅

旅游投资创新突破。四川省重视旅游投资，结合自身旅游资源、市场优势，创新举办了"中国（四川）国际旅游投资大会"，面向社会进行旅游项目推介。省旅游局专门组织旅游业和投资界专家团队，赴市州对全省重点旅游招商项目进行实地考察，并对重点项目进行一对一的辅导培训，筛选出38个最具吸引力、可行性的四川优选旅游项目。这些项目涵盖21个市州，主要分为景区开发、休闲度假、自驾游、古镇开发、运动休闲、文化旅游、康体养生共7大类，符合当前旅游投资多元化发展的新趋势和新方向，同时已经在北京产权交易所进行了发布。

三、"一带一路"，四川新征程

2015年为"美丽中国——丝绸之路旅游年"，四川将围绕国家"一带一路"、长江经济带等战略部署，紧扣全省经济社会发展大局，重点谋划好全省旅游业发展空间布局，推动重点区域旅游业率先突破。**四川省旅游将在"一带一路"旅游格局中**

争当互联互通建设的排头兵和先导部队,成为"一带一路"向西南开放的国际化枢纽,提升国际影响,建设世界旅游目的地。

实施六大旅游精品工程,推动旅游产业提档升级。①实施"旅游品牌化"工程。推动世界遗产地和国家5A旅游景区提升国际化服务标准,做响、做大旅游品牌,积极创建"中国国际特色旅游目的地"。着力打造一批高品质旅游景区,力争创建1~2个国家5A级旅游景区、2个国家生态旅游示范区、5个省级旅游度假区、10个省级生态旅游示范区和30个特色旅游小城镇。②**实施"乡村旅游提升"工程。**推动省市县三级共建320个乡村旅游示范项目,实施"千村旅游富民计划"和"万户民宿服务达标计划"。着力打造"环成都乡村休闲旅游带""环重庆乡村休闲旅游带",推动一批乡村旅游创业基地发展。实施国家美丽乡村旅游扶贫,创建国家和省级旅游扶贫试验区。③**实施"文化旅游融合"工程。**依托丰富的文化资源,创建3~5个以文化为主题的国家4A级旅游景区;加大文化演艺与旅游的深度融合,支持全省4A级以上景区推出特色文化旅游演出节目。④**实施"旅游精品线路打造"工程。**联动周边省市和省内各市州,统筹整合重点旅游资源,着力打造特色精品旅游线路。重点打造大香格里拉环线、大熊猫生态旅游线、南丝路之旅等国家精品线路,使其成为可以推向世界的国家重点线路。⑤**实施"旅游商品开发和推广"工程。**实施四川旅游商品品牌提升计划,加快建设四川省旅游商品创新创意孵化园,大力设计、开发和生产一批文化旅游纪念品,推出10个主题文化旅游商品示范基地。⑥**实施"旅游基础设施和公共服务提升"工程。**全力推进"旅游厕所革命",推动各地大力提高通往景区道路的建设标准,解决"断头路"和"最后一公里"问题。大力指导、推动旅游集散、休闲设施、标识导览系统及旅游服务岛等公共服务设施的建设。

重点开发专项旅游项目,提升丝路旅游质量品质。①度假旅游项目。开展清新空气游、温泉养生游、高山康体游、湖泊休闲游、森林呼吸游等,在业态类型、游览线路等方面不断创新,将四川打造成为具有特色的国际旅游度假目的地。②**民族风情旅游项目。**依托四川省丰富的民族风情资源,讲好民族历史故事、做好民族风情演绎、卖好民族创意商品、定好民族旅游线路,让民族旅游产品成为四川走向世界的载体。③**生态旅游项目。**依托四川省复杂多样的生物气候环境,或特殊的生态结构,以及四时多变、四时有景、一日有四季的立体空间氛围,开发自然观光、科学考察、探险猎奇等产品,联合国际旅游组织建立四川山地旅游中心,推动四川成为中国特色生态旅游和山地旅游的标杆。④**低空旅游项目。**在广元、宜宾等地试点建设低空旅游基地,加快推进自贡航空文化旅游产业园区和航空小镇建设,体验立体四川旅游。

着力塑造旅游品牌形象，增强四川旅游吸引力。①**合力塑造四川旅游品牌形象。**全省上下联动，以国宝熊猫、成都美食之都、神奇九寨、天下峨眉、香格里拉、318国道最美景观大道和南丝绸之路等具有国际竞争力的品牌为支撑，持续开展"天府四川、熊猫故乡"国际旅游目的地品牌形象宣传，推动全省整体形象与各地旅游目的地形象有机衔接，形成四川旅游"1+21"国内外品牌体系。整合政府和企业资源，加大在央视等国际国内主流媒体、新媒体平台宣传四川旅游品牌形象。②**大力拓展入境旅游市场。**实施《四川省入境旅游奖励试行办法》，调动市场主体积极性，大力宣传销售四川旅游产品，积极开通旅游国际直航、包机航线，招徕境外游客。加强与境外主流客源地合作，做实北美、欧洲（法国）、东亚（韩国、日本）和中国台湾地区营销中心。实施欧亚重点客源地的营销活动、启动"寻找川菜名馆暨美食之都全球营销"活动与四川境外直航城市旅游营销等三大国际营销活动。③**全力办好重大旅游节会活动。**创新举办第四届全球旅游网络营运商合作交流会、2015中国四川国际文化旅游节、第二届四川国际旅游交易博览会、第六届中国国际自驾游交易博览会、第六届（四季）四川乡村文化旅游节。通过举办重大旅游节会活动，打造国际性旅游营销平台，促进旅游投资，推动承办地旅游产品与设施建设提档、要素完善、服务提升，推广旅游精品线路。

强化旅游保障工作力度，为旅游业发展夯实基础。①**强化区域旅游合作。**与云南省及缅甸、印度等国家建立长效合作机制，联合开发建设丝绸之路国际旅游专线，把我国国内段与国外延伸线路相衔接，逐步发展形成跨国旅游线路，最终将南方丝绸之路开发建设成我国推向世界旅游市场独具特色的跨国旅游线路。②**加大旅游科研力度。**充分发挥全省旅游学会和旅游科研基地智库作用，积极借智借脑，创新开展前瞻性和应用性理论研究，重点围绕"一带一路""长江经济带"等国家战略和四川省三大发展战略，开展对接"丝绸之路经济带"和"长江经济带"旅游发展、世界旅游目的地建设、培育旅游万亿产业、城镇群旅游发展、县域旅游发展、乡村旅游扶贫等方面的研究。③**实施人才兴旅战略。**制订实施《旅游国际化人才教育和培训行动计划》，加快国际化旅游人才培养。加快建设国家旅游西部人才培训基地，充分发挥网络培训平台作用。加大与境外教育培训机构合作力度，积极争取国际旅游组织在四川设立旅游教育培训基地。

西南地区·贵州省：抢抓"一带一路"建设新机遇，谱写贵州旅游发展新篇章

贵州省旅游局原局长　傅迎春

建设丝绸之路经济带和21世纪海上丝绸之路（以下简称"一带一路"），是党中央、国务院积极应对全球形势深刻变化、统筹国内国际两个大局、谋划我国全方位对外开放新格局做出的重大战略决策。贵州地处"一带一路"结合部，具有重要区位优势。积极融入"一带一路"建设，与时俱进打造贵州旅游发展升级版，是实现"把贵州建设成为世界知名、国内一流的旅游目的地、休闲度假胜地和文化交流的重要平台"目标的有效途径和必然选择。

一、回顾发展历程，旅游发展取得新成就

贵州抢抓"一带一路"、长江经济带等国家战略规划实施的历史机遇，牢牢守住发展和生态两条底线，坚持以推进产品业态升级、打造旅游品牌、提高服务管理、发挥带动作用为目标，旅游业取得了显著成绩。**一是**旅游综合实力大幅提升，带动作用明显增强。2014年，全省接待游客3.21亿人次，是2010年的2.49倍，预计2015年接待游客3.76亿，"十二五"期间年均增速23.8%；2014年旅游收入2895.98亿元，是2010年的2.73倍，预计2015年实现旅游收入3475亿元，"十二五"期间年均增速26.8%。2014年末，全省星级酒店达356家，客房数31 320间。**二是**产业发展顶层设计更加清晰。按照国发2号文件关于"文化旅游发展创新区"的战略定位，全省按照一张图、一盘棋、一条心，广泛宣传，形成合力，强力推进《贵州生态文化旅游创新区产业发展规划》的全面实施。**三是**产品建设力度加大。以100个旅游景区建设为平台，坚持"分类指导、分步实施、分级负责、创新发展"的工作原则，开展宣传动员、建立机制、规划编制、项目建设、招商引资、标准制定、建立机制和督促检查等工作，扎实推进100个旅游景区的建设工作。2013年以来，100个旅游景区累计签约项目420个，签约资金1682.58亿元，到位资金549.03亿元，完成投资598.2亿元。截至2014年末，全省5A级旅游景区达3家，4A级旅游

景区47家，3A级旅游景区55家，国家生态旅游示范区2个，全国休闲农业与乡村旅游示范县4个，全国休闲农业与乡村旅游示范点6个。**四是市场营销推广进一步加强。**借"泛珠三角区域合作与发展论坛""贵州·香港投资贸易活动周""生态文明贵阳国际论坛""酒博会暨投洽会"，以及贵州省旅游产业发展大会等大型活动举办的契机，着力推广"多彩贵州"形象及系列旅游精品，使旅游推介收到事半功倍的效果，有效带动了会展商务旅游发展。**五是旅游产业发展大会助推全省旅游发展。**我省旅游产业发展大会已成为发展的平台，成为全国有影响力的品牌，成为全国政府主导型推动旅游产业发展的典范，达到了"举办一届旅发大会，打造一个旅游精品，助推一地经济发展"的目标，其经验受到国家旅游局及旅游界的广泛认可。**六是信息化建设扎实推进。**"智慧旅游云"纳入全省大数据产业"七朵云"重点工程，与天涯、贵旅集团、贵州联通、贵州移动等企业合作，编制《"云上贵州·智慧旅游云"工程总体设计方案》，全面实施智慧旅游云建设工程。推动旅游景区无线宽带网络覆盖，"多彩贵州云上旅游"APP设计开发初步完成，旅游电商服务取得实质性进展，"多彩贵州旅游卡"会员突破50万，淘宝贵州旅游馆入驻旅游产品突破1000种，黄果树智慧旅游电商平台销售额突破7000万元。

二、理清发展思路，描绘旅游发展新蓝图

按照习近平总书记"贵州要走出一条有别于东部、不同于西部其他省份的发展新路"的指示精神和省委、省政府新型工业化、城镇化、农业现代化和旅游产业化"四轮驱动"的战略部署，围绕"努力把贵州建设成为世界知名、国内一流的旅游目的地、休闲度假胜地和文化交流的重要平台"的目标，坚持以生态文明引领，把"保护青山绿水，利用青山绿水，美化青山绿水，建设青山绿水"和"保护一方山水，传承一方文化，造福一方百姓，促进一方经济，推动一方发展"作为贵州旅游业发展的出发点和落脚点，发挥市场在资源配置中的决定性作用，构建适应转型发展的旅游体制机制，促进旅游发展要素集聚化、业态多元化、服务规范化、环境优质化，提高旅游业的市场化、产业化、现代化、国际化水平，积极融入"一带一路"、长江经济带、珠江-西江经济带等国家战略，与时俱进，打造贵州旅游发展升级版。

一是优化旅游发展布局，着力培育旅游产业集群。按照《贵州生态文化旅游创新区产业发展规划》提出的"一个旅游中心、六条旅游走廊、七大旅游区以及八个枢纽节点"空间格局，实现旅游全域化发展。即提升一个旅游中心，以贵阳市为极核，以贵安新区为新增长点，涵盖黔中经济区范围，着力打造休闲、度假、文化、避暑

养生和商务会展等旅游产业群,形成全省旅游服务中心枢纽,建成国际化旅游目的地。

二是优化提升产业结构,着力打造贵州旅游业升级版。围绕构建"快旅慢游"服务体系,以"100景区"建设为抓手,加快形成与国家公园省相适应的旅游产品体系。重点开发生态旅游、文化旅游、休闲农业、特色城镇、观光工业等旅游产品,加快发展避暑休闲、温泉度假、健康养生、户外休闲度假、商务会展、汽车露营、科普探险、修学旅行等旅游新业态。

三是优化旅游市场结构,深入拓展旅游市场。全面发展国内旅游,巩固现有市场,做好周边市场,瞄准高端市场,开发潜在市场。积极发展入境旅游,开拓完善中国港澳台地区、日韩、东南亚、欧洲等入境核心市场,积极争取欧美等高端客源,培育俄罗斯、印度、中东地区等新兴旅游市场。有序发展出境旅游,发挥出境旅游的综合带动功能。

四是加强旅游基础建设,构建旅游发展支撑体系。加快以交通为重点的旅游公共服务体系建设,改造提升与高速公路、快速铁路和支线机场相联结的景区旅游公路通达条件,按照服务区功能多元化的目标,改善高速公路服务区环境。依托高铁、高速公路网,完善交通沿线服务区、度假酒店、乡村客栈群、旅游公路、购物点、旅游公厕等旅游服务体系,打造"车窗风景线、最美旅游道"。加快世界自然遗产地、旅游度假区等重点旅游景区内部道路系统建设,尽快形成交通环线。通过3年努力,规划建设旅游综合服务区100个以上,汽车露营地80个以上,精品客栈2000个,4A级景区100个左右。

五是加强智慧旅游体系建设,全面推动旅游大数据产业发展。以数据资源为核心、行业需求为导向、旅游景区为主体、应用系统为载体、产业发展为主线、人才资金为保障,牢牢握住智慧旅游云工程建设这个抓手,把培育和开拓旅游大数据市场、推动产业发展作为智慧旅游体系建设的出发点和落脚点。主要面向智慧旅游管理、智慧旅游服务和智慧旅游营销三个方面实施智慧旅游建设,进一步强化政府管理手段、改善旅游企业经营环境、提高旅游产品市场竞争力、提升旅游公共服务能力,促进全省生态、文化、经济和社会的综合价值最大化,实现旅游产业的转型升级和可持续发展。

六是着力实施旅游开放型后发赶超战略,全面提升旅游对外开放水平。进一步探索对外开放的新形态,深化与扩展国际组织之间的交流,提升我省旅游业在世界的影响力,加大扶持、提升公共服务投入,促进旅游产业国际化发展。加强与国际旅游组织、企业、非政府组织间的合作与交流,引进一批国际专业人才参与贵州旅游规划设计、管理、旅游商品研发。积极引进和转化国际标准、先进技术、管理经验、服务模式，不断提升贵州省旅游产业的整体素质和国际竞争力。

七是大力推进旅游改革创新，增强旅游发展的动力与活力。理顺旅游景区管理体制，实现统一管理运营。充分吸收借鉴其他省市的好经验好做法，结合我省实际，加快理顺重点景区管理体制。按照所有权、管理权、经营权分离和实行属地化管理的原则，探索成立景区综合性管理机构，将多头的行业管理转变成协调联动的综合管理，尽快解决重点旅游景区条块分割、职能交叉、权责脱节、多头管理等突出问题。

三、明确发展措施，谱写旅游发展新篇章

一是强化组织保障。进一步整合资源，建立相应的工作机制，充分发挥优势，找准定位，各司其职、各负其责，密切配合、通力协作，创造性地开展工作，形成各相关行政职能部门共同推进旅游发展的机制和氛围。加强对全局性、长远性重大事项、重大项目、重大政策和重大问题的研究决策、组织协调和向上对接，全面落实各项工作任务。

二是强化产业融合。把"以大数据为引领的电子信息产业、以大健康为目标的医药养生产业、以绿色有机无公害为标准的现代山地高效农业、以民族和山地为特色的文化旅游业、以节能环保低碳为主导的新型建筑建材业"五大新兴产业、"100个产业园区、100个现代高效农业示范园、100个示范小城镇、100个城市综合体、100个旅游景区"5个100工程、"四在农家·美丽乡村"六项行动计划，以及生态移民、扶贫攻坚等作为旅游生产力的载体，把构建文旅、体旅、商旅、农旅、林旅、茶旅一体化作为产业融合的重点，把一般的资源变成旅游资源，变成产品，变成业态，变成产业链，拓展发展空间，优化产业结构，加快生成一批新业态、新产品。在文旅融合上，积极运用新的理念、手段和形式，挖掘、包装和提升历史人文资源，把底蕴深厚的多彩文化转化为旅游发展的不竭动力，打造新的旅游吸引物和一站式旅游文化消费目的地。

三是强化区域合作。以长江经济带、珠江-西江经济带为桥梁和纽带，依托已经开通的贵广高铁、沪昆高铁（长沙至贵阳段）、沪昆高速和陆续开通的沪昆高铁（贵阳至昆明段）、黔渝快速铁路、成贵高铁等平台，以《长江国际黄金旅游带发展规划》为切入点，突出自身优势，加强与成渝经济区、长三角、珠三角等区域的合作，按照"合纵连横、优势互补、深度开发、整体推进"的思路，整合各区域的资源产品，联手开发"一程多站"的精品旅游线路，共同打造一批生态文化特色精品线路，建成一批具有国际吸引力的生态观光、民族文化、休闲度假和健康养生景区。

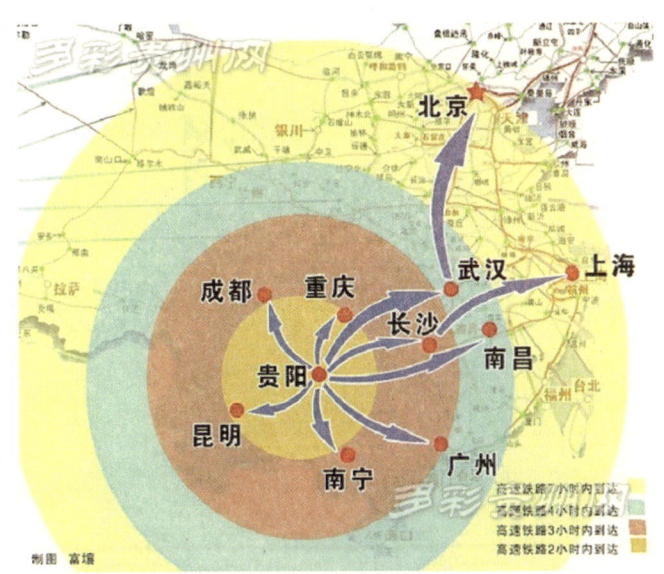

图 4-18　贵州将依托高铁形成全国主要经济区 2 至 7 小时经济圈

四是强化市场开拓。借助生态文明贵阳国际论坛、中国（贵州）国际酒类博览会、中国（贵州）国际民族民间工艺品·文化产品博览会等平台，大力推介"国家公园省，多彩贵州风"旅游品牌，加快建设荔波、施秉南方喀斯特世界自然遗产地、赤水丹霞世界自然遗产地、黄果树、梵净山、织金洞、西江千户苗寨、百里杜鹃等国际精品旅游品牌，积极吸引韩国、瑞士、泰国、新加坡、印尼、越南、俄罗斯等境外游客到贵州旅游。加强与主要入境游口岸城市的联动与合作，加快建设联结泛珠三角区域和东盟的国际旅游大通道，形成广州—桂林—贵阳—昆明—曼谷、贵阳—南宁—河内、贵阳—昆明—内比都—万象等具有丝绸之路特色的国际精品旅游线路。

图 4-19　贵州黄果树瀑布

五是强化对外开放。建立入境旅游市场开发激励机制,加大与国际知名旅行商合作力度,积极吸引国际知名旅游企业落户贵州,引进一批国际专业人才参与贵州旅游规划设计、旅游商品研发,组建高层次的国际智囊团,为贵州旅游转型发展提供咨询和技术指导。鼓励旅游企业在境外重点客源市场设立营销窗口,建立区域性旅游营销网络。打造入境游客特色休闲街区。完善符合国际标准的旅游城镇酒店、游客中心、交通节点等旅游接待设施。

六是强化精准扶贫。依托"四在农家·美丽乡村"建设,进一步提升乡村旅游组织化程度和产业化水平。以规划为引领,开发建设、升级改造一批以民族风情、田园风光和休闲农业为重点,以文化体验和休闲避暑养生为特色,环境优美、功能齐全、服务规范、品质优良的乡村旅游点。加快旅游扶贫开发,力争将武陵山区、乌蒙山区、滇桂黔连片石漠化贫困地区纳入国家旅游扶贫示范区。大力实施乡村旅游富民工程。到2017年,全省建成乡村旅游转型升级示范村寨100个以上、重点村寨1000个左右、示范和重点建设经营户10 000个,打造50个左右的乡村旅游目的地,实现农民旅游收入占农民人均纯收入的20%以上,让青山绿水、文化内涵转化为老百姓有获得感的"金山银山",让旅游发展惠及千家万户。

七是强化人才支撑。采取政府资助和企业自我培养相结合的方式,加强与高等院校和专业培训机构的合作,开展党政机关干部和企业经营管理人员国际化培训,培育一批懂得国际化经营、知晓国际经贸惯例、精通国际法律规则的复合型旅游人才。支持企业以岗位聘用、项目聘用和任务聘用等方式引进跨国经营高层次人才。强化旅游人才智力支撑,实施旅游人才队伍建设"十大工程"。

图 4-20　贵州梯田风光

第五章　21世纪海上丝绸之路创新亮点

福建：融入"海丝"战略大局，助推产业转型升级，打造21世纪海上丝绸之路旅游核心区

福建省旅游局局长　吴贤德

建设丝绸之路经济带和21世纪海上丝绸之路（简称"一带一路"），是以习近平同志为总书记的党中央立足新时期新阶段国内国际两个大局、构建全方位对外开放新格局的伟大战略。福建作为21世纪海上丝绸之路核心区，正在抢抓机遇、积极作为，充分发挥区位、文化、产业、基础设施等优势，着力平台建设和机制探索，加快推动产业转型升级，为"一带一路"建设做出积极贡献。

旅游业资源消耗低、带动系数大、综合效益好，是带动国民经济发展的动力产业、富民惠民的民生产业、转变发展方式的先导产业。福建省委、省政府高度重视旅游业发展，尤权书记、苏树林省长多次强调要加快旅游产业转型升级，全面打响"清新福建"品牌。充分发挥旅游业在"一带一路"战略实施中的先遣促进作用，全力打造21世纪海上丝绸之路旅游核心区，既是福建旅游产业转型升级的机遇所在，更是福建建设国际知名旅游目的地的关键支撑。

一、福建建设21世纪海上丝绸之路旅游核心区优势独特

（1）**政策优势独特**。近年来，中央先后批复了《海峡西岸经济区发展规划》《平潭综合实验区总体发展规划》《厦门市深化两岸交流综合配套改革试验总体方案》《福建海峡蓝色经济试验区发展规划》和《福建省泉州市金融服务实体经济综合改革试验区总体方案》，加快推动福建科学发展、跨越发展。特别是2014年以来，习近平总书记亲临福建考察，提出了努力建设机制活、产业优、百姓富、生态美新福建的殷切希望；中央先后出台了一系列政策措施，支持福建进一步加快经济社会发

展，建设生态文明先行示范区、自贸试验区和21世纪海上丝绸之路核心区，这些独特的政策利好，为福建改革创新和加快发展提供了难得的历史机遇，对于福建建设海上丝绸之路旅游核心区具有重大推动和促进作用。

（2）**人文优势突出**。福建是我国著名的侨乡，也是台湾同胞主要祖籍地。现旅居世界各地的闽籍华人华侨有1200多万人，其中80%集中在东南亚，80%的台湾同胞祖籍福建。福建具有浓厚的海上丝绸之路文化底蕴。福建是历史上禅宗文化最活跃、最繁荣的地区之一，福建禅师足迹遍及东南亚及欧美等诸国，这些地区至今仍与福建佛教法谊延续。鼎盛时期的泉州，古波斯、阿拉伯、印度和东南亚诸种文化和宗教在这里广泛传播，成为一个多种宗教、多种民族和多元文化融合并存的城市。"海神"妈祖在台湾、港澳和东南亚华侨华人中有广泛信众。福州、漳州莆田等地也都有丰富的海上丝绸之路文化遗存。在目前六省九市联合提出的海上丝绸之路捆绑申遗计划中，福建的福州、泉州、漳州均列其中，是申遗城市最多的省份。

图5-1　妈祖像　　　　　　　　图5-2　泉州开元寺

（3）**旅游资源丰富**。福建生态优美，人文荟萃，素有"山海画廊·人间福地"之美誉。海岸线长度居全国第二，温泉资源十分丰富，是中国第三大温泉之省。森林覆盖率65.95%，连续37年位居全国首位。丰富而独特的旅游资源，形成了"山、海、楼、湖、泉、茶"六大特色旅游产品。拥有世界文化与自然双遗产武夷山、世界文化遗产福建土楼、世界自然遗产和世界地质公园泰宁、世界地质公园宁德白水洋，以及海内外知名的旅游景区景点太姥山、白云山、厦门鼓浪屿、莆田湄洲岛等。"清新福建"品牌效益日益凸显，影响力和知名度正在不断提升。

（4）**产业基础扎实**。近年来，福建旅游产业始终保持良好发展态势，旅游总人数、旅游总收入增长均保持在15%以上，旅游产品体系更加健全，旅游服务水平显著提升，"清新福建"品牌全面打响。**一是打造三大旅游产业龙头**。推进福州、厦门、武夷山三个旅游中心城市建设，形成闽东北、闽西南、闽西北地区旅游集散枢纽和旅游产业发展龙头。福州着力建设城市休闲与文化体验相结合的闽都文化城，重点在温泉养生、商贸会展、滨海度假、文化体验方面推出一批旅游精品，带动闽东北片区发展。厦门以建设全域5A旅游城市为目标，实施大海湾、大山海、大花园战略推进旅游发展，推进厦漳泉同城建设，突出城市旅游公共服务设施建设和休闲娱乐产品开发，建成全景化的休闲名城。武夷山以武夷新区建设为契机，发展"双世遗"观光、养生度假、会议会展、乡村旅游、文化体验五大特色产品，构建区域慢游体系，加快建设世界级旅游目的地城市。**二是整合提升一批旅游精品**。着力提升福建土楼、莆田湄洲妈祖、三明泰宁等旅游景区建设水平，加快漳州东方花都和大乌山生态休闲旅游区、泉州东亚文化之都、宁德（霞浦）国际滩涂摄影基地、平潭国际旅游岛等项目建设，形成一批精品项目支撑。**三是创新培育一批新业态**。重点引进海上休闲旅游、康体养生旅游、运动休闲旅游、邮轮游艇旅游、自驾车旅游等新业态旅游产品。充分发挥我省滨海优势，以无居民海岛旅游开发为重点，推进滨海休闲生态旅游项目建设，推动旅游产品从观光型向休闲度假型转变。

（5）**公共服务完善**。近年来，福建重点实施了旅游公共服务提升工程，不断完善旅游公共服务体系。**一是实施智慧旅游工程**。多向结合云计算、移动互联网、大数据等新一代信息技术，以智慧旅游服务体系、智慧旅游营销体系和智慧旅游管理体系三大体系为基础，构建智慧旅游大平台，为游客出游提供更多便利。**二是实施旅游交通便捷工程**。持续促进、完善铁路、高速公路和海、空港的综合交通网络，推动开辟境内外新航线，加密现有热点旅游客源城市航班密度，畅通福建与长三角、珠三角、环渤海及中西部地区等的旅游交通大动脉。**三是实施旅游景区通达工程**。完成全省高铁车站、高速公路、国道通往122个重点景区路段的旅游交通引导标识标牌设置。连续两年在向莆、厦深、合福高铁沿线建设一批旅游集散中心，实现高铁、城市和景区"无缝对接"。推进全省44条通往旅游景区的道路建设，有效解决游客到旅游景区"最后一公里"问题。**四是实施旅游休闲工程**。在全省合理布局建设了一批特色休闲街区、特色餐饮街区、露营地和城市公园，在高速公路服务区试点打造了一批"旅游休闲驿站"。**五是实施旅游软环境提升工程**。完善旅游服务质量引导、监管、评价和改善机制，保障游客合法权益；健全旅游市场联合执法监管机制和旅游诚信服务管理体系，加强旅游市场治理，提升旅游从业人员素质；实施旅游安全标准化建设提升工程，为游客提供安全、便利、优质的旅游软环境。

二、加快推进 21 世纪海上丝绸之路旅游核心区建设

（1）**着力改革创新，推动旅游业对外开放。一是强化旅游发展顶层设计。**编制出台《福建省旅游业发展"十三五"规划》《福建省海上丝绸之路旅游发展策划方案》及戴云山、大乌山等重点海丝旅游合作项目规划，高站位、高标准谋划全省旅游产业发展和海上丝绸之路旅游核心区建设。**二是加快自贸区旅游开放。**围绕立足两岸、面向世界、服务全国的战略要求，扩大旅行社业开放，放宽旅游从业人员限制，支持平潭国际旅游岛建设，推动实施旅游便利化措施，鼓励旅游金融创新，通过体制机制创新，探索实现区内区外联动，带动全省旅游业改革创新。**三是推动重点领域改革创新。**推动旅游投融资改革，争取国家旅游局和财政部门支持，设立福建旅游产业发展基金。加大政府投入，调动社会力量，鼓励采取公私合作（PPP）等模式投资建设和运营旅游项目。拓宽旅游企业融资渠道，鼓励金融机构加大信贷支持。推动景区管理体制改革，鼓励境内外投资者和各类经济组织投资开发、经营旅游景区，支持中小型景区以托管形式将经营管理委托给相关旅游企业。

（2）**着力互联互通，加快促进旅游发展的基础平台建设。一是拓展交通互通。**依托我省海岸线和港口航运优势，在厦门、泉州等海上丝绸之路沿线港口城市，建设丝路国际旅游港，开通通往港澳台、东南亚及欧美等国家和地区的海上丝绸之路邮轮旅游线路。进一步拓展国际航空线，增开福州、厦门、泉州至东南亚、西亚、欧洲等国际航线。争取在旅游签证、关税、边防边检、质检、口岸建设等方面实现通行便利化，积极争取境外游客进入自贸区所在城市口岸实行 72 小时入境免签等政策。**二是拓展智慧互联平台。**强化智慧旅游平台建设，完善智慧旅游云集群服务，建设虚拟旅游平台，向国内外旅游者提供全省景区、线路、交通等必要信息和咨询服务，强化线上线下互动交流。建立全省统一的电子票务预约系统，为游客提供可信赖的景区门票预约渠道；在海上丝绸之路沿线国家和地区开通"清新福建"多语种网站和"清新福建"手机 APP，提升福建旅游国际知名度。**三是拓展合作互利平台。**充分发挥我省牵头成立的"中国海上丝绸之路旅游推广联盟"的作用，继续加强与河北、天津等 10 个省（市、区）和香港、澳门 2 个特别行政区旅游主管部门的合作，逐步延伸至海上丝绸之路沿线国家和地区旅游部门，建立跨区域综合协调机制，打造良性互动合作平台。**四是拓展服务提升平台。**完善"清新福建"旅游标准体系，加强与国际服务标准的对接，向游客提供多语种、高品位的旅游服务。加强全省旅游公共服务建设，编制全省旅游交通规划，试点开展"清新福建"旅游直通

车；继续建设一批旅游集散服务中心、旅游厕所、露营地和特色休闲街区。加强旅游市场治理，健全旅游市场联合执法监管机制。加强文明旅游宣传，引导游客文明旅游、安全出游、理性消费、绿色消费。推动"互联网+文明旅游"工作，开发诚信评价系统，实施动态管理，有效管控旅游企业和游客的不文明行为。

（3）着力项目建设，打造国际知名旅游产品。**一是把企业"引进来"**。精心策划旅游招商项目，推出一批海上丝绸之路旅游合作重点项目，采取专项招商、一对一招商、龙头企业招商等方式，吸引国内外特别是海上丝绸之路沿线国家和地区旅游企业和投资集团来闽投资。注重引导和鼓励国外房车、游艇等旅游企业来福建发展房车旅游、邮轮游艇旅游、生态旅游、老年旅游、健康旅游、研学旅行、滨海旅游、海岛旅游开发等新业态和休闲度假项目。**二是鼓励企业"走出去"**。鼓励福建企业到海上丝绸之路沿线国家投资酒店、景区等旅游基础设施，带动服务标准、管理理念"走出去"。**三是创新海上丝绸之路旅游产品**。深度挖掘以福州、泉州、厦门、漳州为代表的福建海上丝绸之路文化内涵，推出一批海上丝绸之路文化旅游精品。加快推进《行动计划》中261个重点旅游项目，特别是世茂蓝色海湾综合体、船政历史文化旅游胜地、海上丝绸之路世博城等一批海上丝绸之路重点旅游项目建设，带动全省旅游产业发展。

（4）着力资源整合，扶持企业做大做强。**一是扶持引进一批旅游龙头企业**。以产权为纽带、以资源整合为手段，推动成立福建省旅游投资集团，打造带动全省旅游产业转型升级的省级投融资平台。引导鼓励企业通过资产重组、股份合作、资源整合、品牌输出等多种形式做大做强，到2017年打造3家以上年营业额超十亿的旅游产业集团和产业联盟。重点突出资本运作，用足用活国内A股市场、创业板和三板市场及海峡股权交易市场，积极推动一批旅游企业上市。积极引进大型旅游企业集团来闽，整合全省旅游资源，组建综合性旅游企业集团，打造新业态旅游产品。**二是培育一批"互联网+旅游"领军企业**。强化与百度、携程等在线OTA旅游企业合作，引进一批有实力的在线旅游商落地福建。大力支持在线度假租赁、旅游租车等"互联网+"新业态旅游企业发展。支持欣欣旅游公司等本省"互联网+旅游"企业发展，加大智慧产业链整合力度，在政府购买服务、重点孵化项目、人才引进培养、市场开拓等方面予以重点扶持。**三是打造一批旅游众创众筹企业**。启动旅游产业众创众筹计划，鼓励开设众创空间、创客基地，实施众筹旅游项目。设立旅游创业投资基金，通过贷款风险补偿、后补助等方式，促进创意成果转移转化，推动大众创新创业。鼓励民间资本、风险投资投向旅游众创空间。

（5）着力宣传促销，打响"清新福建"品牌。**一是培育国际知名品牌**。进一步深化"清新福建"品牌内涵，拓展"一条路"（海上丝绸之路）、"一杯茶"（以铁观音和大红袍为代表）、"一群楼"（以福建土楼、三坊七巷为代表）"三个一"品牌内涵，加快形成"清新福建"旅游品牌体系，使"清新福建"品牌享誉全国，走向世界。**二是创新品牌营销渠道**。强化互联网思维，充分利用"互联网+旅游"，运用大数据挖掘市场需求，深化与知名OTA企业的战略合作，加大在微博、微信等网络社交平台策划创意营销活动，提升线上线下营销实效。继续在央视黄金时段投放"清新福建"广告，适时在境外主流媒体投放"清新福建"形象宣传片。持续高铁营销效应，继续做好京福、厦深、向莆等高铁沿线旅游营销，强化"清新福建"品牌宣传。办好海峡旅游博览会、妈祖文化旅游节等活动。**三是大力拓展客源市场**。出台针对海上丝绸之路沿线不同国家和地区的国际营销方案，举办"海上丝绸之路（福州）国际旅游节"、国际旅行商大会及踩线活动，重点在海上丝绸之路沿线国家和地区举办"清新福建"旅游推介活动，并陆续成立一批"福建海外旅游合作推广中心"，争取2017年达到15家。

（6）着力产业融合，实施"旅游+"行动计划。**一是"旅游+农业"**。大力发展乡村旅游，持续推进乡村旅游"百镇千村"建设，到2017年推动创建100个乡村旅游特色镇、1000个乡村旅游特色村。与相关部门合作创建一批特色景观名镇名村、全国乡村旅游休闲农业示范县示范点、森林人家水乡渔村等，推动清新客栈特色民宿、农家乐和特色乡村旅游商品发展。大力推广赤溪村发展乡村旅游脱贫致富经验，支持大学毕业生、返乡农民工等通过乡村旅游自主创业，扎实推进52家旅游扶贫试点村建设，每年扶持50个省内建档立卡的贫困村发展。**二是"旅游+工业"**。依托我省特色工业企业，加强工业旅游创意设计和时尚品牌塑造，到2017年推动建设100家观光工厂，打造一批富有创意并具有地域特色的工业旅游项目。**三是"旅游+文化"**。推进文化旅游融合八大示范工程，打造三坊七巷、朱子文化、福建土楼、茶文化、武夷山双世遗等一批文化旅游重点项目，制作拍摄一批文化旅游题材的影视作品，打造一批具有地方特色的文化旅游演艺产品。大力发展红色旅游，逐步形成以古田会议会址为中心，全省红色旅游协同发展的大格局。**四是"旅游+体育"**。依托福建丰富的山海资源，打造山地体育和海洋运动旅游产品，到2017年推动建设50个体育旅游示范基地。**五是"旅游+养生"**。形成一批特色医疗、中医健康、温泉养生、美容保健等医疗旅游产品，到2017年推动建设50个康体养生休闲示范基地。**六是"旅游+新型城镇化"**。构建城市休闲度假产品体系，推动厦门、泰宁等开展旅游全域化城市建设。到2017年，培育10个旅游全域化试点市、县。

图 5-3　世界文化遗产福建土楼

（7）**着力闽台合作，构建"环海峡旅游圈"。一是争取先行先试政策**。积极争取国家赋予福建更多对台旅游先行先试政策，配合相关部门积极争取扩大赴台个人游试点城市、扩大符合条件的非户籍居民在福建办理赴台个人游的实施范围等政策落地。**二是推动产业深度融合**。深化闽台乡村旅游产业合作，建设"闽台乡村旅游试验基地"，提升闽台乡村旅游产业合作六大平台。深化闽台文创旅游产业融合，引进有市场前景和较高科技含量的台湾文创企业来闽投资文创旅游项目。持续开展"闽台同名村镇续缘之旅""千名乡村旅游业主赴台培训计划""万名台湾青年学子来闽修学旅游""十万游客国际邮轮两岸行"等活动。**三是构建水上"黄金通道"**。大力培育"海峡号""丽娜号""中远之星"航线，支持开辟更多联结金马澎并延伸至台湾本岛的水上航线。提升"小三通"通关便利性，持续推出"高铁＋小三通""高速＋小三通"旅游产品。积极推动"环马祖澳旅游区"建设。

福建建设 21 世纪海上丝绸之路旅游核心区其势已成，其时已至，其力已聚，我们要紧紧抓住机遇、乘势而上，充分发挥旅游业在稳增长、促改革、调结构、惠民生中的独特作用，助力"一带一路"建设，助推全省产业转型升级，为建设机制活、产业优、百姓富、生态美的新福建做出应有的贡献。

图 5-4 福建渔村风光

广西：桂林旅游创新发展：融入"一带一路"战略

桂林市旅游局局长　林业江

桂林作为中国旅游发展的标志性城市，全国旅游改革创新发展先行区，一直坚持桂林国际旅游胜地建设"一本蓝图绘到底"，按照大旅游、大产业、大融合的理念，加快产业结构调整和转型升级，积极探索发展新路，勇于改革创新，保持了良好的发展势头。2015年5月底，永久落户桂林的中国－东盟博览会旅游展成功举办首展，通过这个平台，桂林国际旅游胜地建设与"一带一路"国家战略实现良好对接。以此为契机，今年桂林旅游发展将有不少"大动作"，力促桂林旅游持续快速地发展。

一、融入"一带一路"战略，加快建设区域性文化旅游中心和国际交流的重要平台

2012年经国务院同意，国家发改委批复的《桂林国际旅游胜地建设发展规划纲要》中，明确桂林国际旅游胜地四大战略定位之一是建设区域性文化旅游中心和国际交流的重要平台。

2013年,习近平总书记提出"一带一路"的战略构想。在"一带一路"互联互通中,旅游具有先联先通的天然优势。今年5月29～31日,由国家旅游局、广西壮族自治区人民政府共同主办,自治区旅游发展委员会、中国－东盟博览会秘书处、桂林市人民政府承办的国家级、国际性旅游盛会——2015中国－东盟博览会旅游展在桂林成功举办,并永久落户桂林。东博会旅游展为国内各省区市旅游部门和旅游业界打开又一扇与东盟国家旅游合作发展的大门,助推中国－东盟自贸区建设升级,搭建起政商高端交流的新平台。桂林市通过这个国际化平台,融入了"一带一路"国家战略,这是桂林建设区域性文化旅游中心和国际交流重要平台的有力举措。

东盟十国是"21世纪海上丝绸之路"的重要枢纽,也是桂林市重要的近程海外客源市场。5月28日,桂林机场口岸正式对东盟十国旅游团实行6天入境免签政策,这必将在东盟十国带来一股桂林游的热潮。2015中国－东盟博览会旅游展以"21世纪海上丝绸之路旅游发展与合作"为主题,吸引了东盟十国及欧美、亚太等近50个国家和地区、国内29个省(区、市)积极参与。今后,桂林市将按照国家旅游局的部署,发挥广西与东盟国家陆海相邻、旅游合作交流密切的独特优势,进一步为中国与东盟等"一带一路"沿线国家和地区的文旅交流合作搭建务实平台。

图5-5 中国－东盟博览会旅游展将永久落户桂林

二、以大旅游的理念,引进大项目,促进大融合,开展大营销,实现大发展

为推进桂林国际旅游胜地建设,桂林市将坚持国际旅游胜地建设"一本蓝图绘

到底"，按照大旅游、大产业、大发展的理念，着力引进大项目，促进大融合，开展大营销，实现大发展。

推进旅游项目建设，掀起桂林国际旅游胜地建设新高潮。牢固树立抓项目就是抓发展的理念，坚定不移地实施旅游项目带动战略。着力引进一批辐射面广、带动力强、有品位上档次的旅游重大项目，为国际旅游胜地建设提供有力支撑。加快推进万达、海航、港中旅等文旅项目及阳朔瑞盛旅游休闲世界、"玉圭园·环球名胜"旅游综合体二期、桃花江旅游度假区等重大项目，推动"夜王城"等一批旅游演艺项目建设，提升休闲旅游项目的数量和品质。

推进产业融合发展，加快桂林产业结构调整和转型升级。重点开发高铁旅游、低空旅游、体育旅游、体验旅游等旅游新业态，重点建设一批以休闲度假酒店、休闲街区、休闲景区、民居旅馆、星级农家乐等为主体的特色休闲旅游产品集群。推动乡村旅游全面升级，打造一批特色休闲农业景观，引导农家乐向高品位、特色化、集群式发展。重点推进漓东百里生态旅游示范带建设，加快打造一批与国际旅游胜地相匹配的生态旅游乡村。深化阳朔、兴安等特色旅游名县建设，推动龙胜、资源、荔浦、恭城、雁山等创建特色旅游名县的工作，扩大永福、阳朔、恭城等长寿之乡的影响力，加快各县区特色旅游资源的合理有效利用，实施产品开发、宣传营销、标准化管理的统筹推进，打造县域旅游升级版，培育旅游新增长极。

推进营销模式转型，大力开展桂林国际旅游胜地整体营销。为主动适应旅游市场变化，推动旅游营销方式向"大营销"模式转型和创新。加快推进旅游形象、营销、产品、功能、服务、管理国际化。创建"中国国际特色旅游目的地"品牌，开展"桂林城市整体形象品牌塑造与营销"行动，设计制作与国际接轨、体现桂林文化特色的视觉识别品牌营销系统。进一步加大信息化促销、旅游营销，利用"智慧旅游"的信息化手段，强化桂林旅游的宣传促销。

推进智慧旅游建设，提升桂林旅游公共服务水平。在中国-东盟博览会旅游展上，专门搭建了桂林智慧旅游馆，展示了桂林目前已完成的旅游公共信息服务平台一期建设、智能触摸屏终端系统、桂林旅游目的地营销系统、桂林旅游监管系统、桂林旅游微博和微信平台、"桂林随身游"手机APP，以及桂林旅游卡等最新智慧旅游设施平台建设成果，现场带给公众更加便捷、智能化的旅游休闲新体验，让公众更好地体验智慧旅游。桂林国际旅游胜地建设要"推进智慧旅游城市建设，建立便利的旅游公共信息平台、旅游电子商务平台"。通过进一步建立和完善桂林旅游网等网站、桂林旅游微博、桂林旅游微信、手机客户端应用，推动桂林旅游业发展再上一个新台阶。

全国旅游厕所工作现场会于 2015 年 2 月 26 日在桂林成功召开，让全国旅游界聚焦桂林，重新认识桂林，提升了桂林国际旅游胜地新形象和影响力。桂林市将以承办全国旅游厕所工作现场会为契机，借机发力、趁势而上，进一步抓好旅游厕所建设提升工作，强力推进智慧旅游城市和旅游公共服务设施建设，深入实施旅游厕所建设提升示范工程，新建改建旅游厕所 192 座，重点推进桂林北站游客中心建设，完善旅游换乘接驳、信息咨询服务等功能，加快形成连接航空、铁路、公路的立体综合便捷交通网络。依法规范旅游市场秩序，完善旅游投诉统一受理平台，培育企业市场主体，提升漓江游览品质，优化桂林旅游环境。

图 5-6　百里漓江，百里画廊

江西：景德镇融入"一带一路"，建设国际旅游名城

中共景德镇市委宣传部副部长、市旅游发展委员会主任　余志华

景德镇是千年古镇、世界瓷都，文化独特，品牌响亮，是联合国海上丝绸之路城市联盟首批创始成员、世界手工艺与民间艺术之都、中国最值得外国人去的 50 个地方之一……景德镇不仅是古代陆上丝绸之路和海上丝绸之路的重要起点之一，其

盛产的瓷器更是海陆丝绸之路上最重要的商品，是江西乃至中国文明的象征和标志。"一带一路"是中国走出去的全球化战略，在对接"一带一路"战略上，景德镇有着特殊的地位、特殊的影响，是江西的重要名片和区域之一。从历史看，景德镇有底气，从时代看，景德镇有机遇，从发展看，景德镇有空间，这为景德镇打造国际旅游名城，架建与世界对话的桥梁，重塑世界瓷都营造了千载难逢的战略发展新机遇。景德镇将充分利用得天独厚的陶瓷文化旅游资源，以"五个一"为重要切入点，实现"一带一路"的宏图。

图5-7　瑶里瓷茶古镇

一、多措并举成绩斐然

景德镇市委市政府高度重视旅游产业的发展，借力国家《旅游法》和《江西省委省政府关于推进旅游强省建设意见》的颁布实施，对准"一带一路"战略，主动作为，把旅游产业确定为景德镇的优先主导产业之一，提出了建设国际旅游名城的目标，采取了一系列战略举措。

在景区建设上，全方位高水准打造陶瓷文化主题景区。古窑、皇窑、御窑、陶溪川、名坊园、浮梁古县衙、高岭·瑶里风景区，多层次跨角度再现了"世界瓷都"陶瓷古迹和近现代陶瓷工业遗存，展示了深厚的陶瓷文化，保护和传承了手工制瓷技艺。景区创建和标准化建设稳步推进，全市现有A级景区17家，其中5A级1家，4A级6家，3A级5家，2A级5家。同时大力实施老街区、老厂区、老窑址"三老"保护项目，把老厂房改造成陶瓷文化产业园。

图 5-8　浮梁古县衙

在市场营销上，紧扣"一带一路"主题，密集营销。2015 年伊始，景德镇市委宣传部和中国江西网联合推出"认识 china 从景德镇开始——说给世界听的中国故事"大型网络专题，策应"一带一路"建设，充分利用网络优势，讲好中国故事，传播好瓷都声音。该专题以瓷器中国、瓷业千年、世界瓷都三大篇章为脉络，用 160 多个栏目，20 多万字、500 多张高清图片、20 余部珍贵视频资料的篇幅，展示了景德镇历朝历代生产的最具代表性的瓷器和典型器物，介绍了 72 道制瓷工序，揭秘了中国瓷器通过"一带一路"走向世界又从世界各国吸收营养发展壮大的互联互通之路。另外，景德镇以独立主办或参办、协办的方式，每年举办近十场旅游专题推介会，2015 年更积极配合国家旅游局"美丽中国——丝绸之路旅游年"在全国多个城市举办推介活动。

在文化交流上，景德镇借助国际陶瓷博览会平台，与"一带一路"沿线十几个国家的产瓷城市建立了友好城市关系。2015 年 7 月，景德镇百余件精美陶瓷作品亮相 2015 年意大利米兰世博会"中国陶瓷文化周"，旨在通过米兰世博之门，进一步加速推进景德镇融入"一带一路"国家战略的进程。与此同时，景德镇的民间力量也在积极对接"一带一路"战略。三宝国际陶艺村、雕塑瓷厂的乐天陶社，为外国陶瓷艺术爱好者提供各项配套服务，越来越多的国际友人选择不定期或者长期居住在景德镇，使得景德镇的国际范愈加显现。"工匠八方来，器成天下走"，景德镇历来就是一个开放和创新的城市，"一带一路"战略将使景德镇的文化与世界相融、理念与世界接轨、经济与世界对接,使景德镇成为展示中国文化的名片、讲述中国故事的平台、传递中国声音的窗口。

在产业抓手上,景德镇市委第93次常委会议审议通过了《景德镇陶瓷文化旅游发展(集团)有限公司组建方案》,这一举措将为进一步整合全市文化旅游资源,扩大文化旅游产业规模,积极争取更多项目支持,构建产业发展新平台,促进文化旅游产业健康快速发展起到积极作用。

"十二五"期间,景德镇市旅游业呈现出良好发展势头,接待国内外游客、旅游总收入分别年均递增18.54%、31.30%,分别达到3100万人次和260亿元;新增4A景区3家,古窑成功创建5A景区,紫晶宾馆成功创评5星级酒店;陶瓷旅游商品在江西省旅游商品博览会上实现三连冠,2015年并获得国家旅游局主办的首届中国特色旅游商品评选活动金奖;全市旅游业要素配套日渐完善,品牌效应充分彰显,产业融合深入发展,体制机制不断创新,日益成为景德镇市国民经济新兴战略性支柱性产业。

二、"五个一"谱写新篇章

对景德镇而言,"一带一路",一方连着历史,一方连着未来;一方连着世界,一方连着景德镇。"丝绸之路"曾让景德镇扬名世界,新的"一带一路"战略,也必定给景德镇旅游业提供更大的舞台。

最近闭幕的市委十届十二次全体会议,将"复兴千年古镇、重塑世界瓷都、保护生态家园、建设旅游名城,打造一座与世界对话的城市"确立为"十三五"和今后一段时期的城市发展定位,并提出集中优势资源,着力构建景德镇特色的"3+1"产业体系:做强陶瓷产业、做大航空产业、做优汽车产业、做旺旅游产业。"建设旅游名城"纳入城市战略目标、"做旺旅游产业"列入城市产业体系,既是贯彻省委、省政府"将景德镇打造成为国际旅游名城"的重大战略部署,也是市委、市政府考量市情、与时俱进做出的重大战略决策。"十三五"期间,景德镇旅游产业将以"五个一"为重要抓手,加快旅游强市建设,打造与世界对话的旅游名城,谱写瓷都旅游新篇章。

编制一个全域旅游发展规划。景德镇将按照创建"国际旅游名城"的目标定位,围绕"国际旅游形象构建、陶瓷文化引领、旅游吸引物提升、区域旅游合作、旅游产业创新和可持续发展"等内容,加强顶层设计,完成《景德镇国际旅游名城发展规划》的编制,为打造国际知名、国内一流旅游目的地奠定发展纲领。

引进和培育一批标杆式旅游项目。以项目建设为主引擎,加快陶溪川、名坊园、三宝瓷谷等旅游项目与国际对接,引进一批有看头、有玩头、有说头的标杆式旅游项目，面向国际市场，开发具有世界性影响力、眼球效应的顶级旅游产品和中高端旅游产品。进一步完善旅游基础设施建设，重点抓好旅游演艺、智慧旅游、内外部交通、旅游集散中心、美食一条街、产品升级改造等重大项目的建设。

推出一批独具特色的精品旅游线路。依托景德镇深厚的陶瓷历史文化、优良的生态资源和优美的自然风光优势，结合旅游行业的创建，联合赣东北、闽浙皖赣四方经济区等区域旅游资源，融入高铁旅游圈，策划推广一批陶瓷历史文化游精品线路和区域精华游线路。创建国际旅游品牌，配合2016年中美旅游年活动，结合"一带一路"主题，在欧美及"一带一路"沿线国家开展一系列的国际范旅游营销活动。举办一次国际旅游名城高峰论坛，以举办论坛的形式，强化营销，提升景德镇旅游知名度。

培育一个旅游品牌，即陶瓷旅游商品。发挥景德镇市在打造陶瓷旅游商品上得天独厚的品牌优势、资源优势、人才优势、技术优势和产业优势，联合本地一流陶瓷企业，开发一系列时尚、畅销的陶瓷旅游商品，全力将景德镇打造成为全省、乃至全国一流的旅游商品研发和生产基地。

图 5-9　景德镇古窑民俗博览区大门

建设一支旅游人才队伍。加强旅游人才队伍建设，积极培养和引进景德镇旅游产业发展需要的专业人才，重点引进旅游规划、策划、营销、管理、会展、酒店等专业高端人才。

景德镇已经具有国际旅游名城底蕴，未来，景德镇将发挥独特的陶瓷文化和良好的生态资源优势，将从上述"五个一"入手，充分使用好景德镇的历史价值、文化价值、品牌价值，向世界展示景德镇的独特魅力，打造一座与世界对话的城市。

第六章 "一带一路"专家视野创新亮点

新丝路·新文化·新产品
——草原丝绸之路文化旅游产品创新

北京石油化工学院教授　王玉海

2013年9、10月，中国国家主席习近平在出访中亚和东南亚国家期间，提出了共建"丝绸之路经济带"和"21世纪海上丝绸之路"的重大倡议，受到了国内外的高度关注和重视。2014至2015年，"一带一路"已上升为中国的国家战略。

为了助推"一带一路"战略的实施，国内各相关省区和行业纷纷行动起来，旅游业作为最活跃的先导行业，自然不会落后，围绕"一带一路"不断推出新举措。国家旅游局将2015年确定为"美丽中国——丝绸之路旅游年"，这一举措显然是为了贯彻落实"一带一路"而推出的，目的是推动国内丝绸之路沿线地区旅游一体化发展，为丝绸之路沿线国家旅游合作寻找机会和途径，同时也为入境旅游市场做宣传推广。国内沿线各省区也积极响应，表示各相关省区要加强旅游合作，扩大旅游规模，互办旅游推广周、宣传月等活动，联合打造具有丝绸之路特色的国际精品旅游线路和旅游产品；积极推动21世纪海上丝绸之路邮轮旅游合作，鼓励与支持沿线国家申办重大国际体育赛事，开展体育交流活动等，提高沿线各国游客签证便利化水平。

"草原丝绸之路"作为"丝绸之路"的重要组成部分，在"一带一路"国家战略中占有重要的地位。充分利用草原丝绸之路的资源优势，大力发展草原丝路旅游不仅意义重大，而且大有可为。

第一，从历史地位来讲，"草原丝绸之路"是中国古代中原地区通过蒙古草原地带连通欧亚大陆的商贸大通道，是农耕文明与游牧文明、东方文明与西方文明沟通交融的大动脉，在历史上长期承担着东西方政治、经济、文化交流的重要使命。

古代"草原丝绸之路"一端是位于东亚的高度发达的中原农业王朝,中间依次是草原游牧民族与东欧、中亚、西亚不同发展类型的国家与民族,另一端是活跃的欧洲经济圈。"草原丝绸之路"将不同的文明连接起来,促进了沿线各国、各民族的交往,增进了商贸与文化交流,传播了不同的文明。这一盛况在蒙元时期达到了高峰。据有关文献记载,元代有驿站1519处,有各类专门运输车辆4000余辆,这些车辆往来于草原丝绸之路,专门运输金、银、纱帛、贡品、货物等贵重物资。当时,阿拉伯、波斯、中亚的商人通过草原丝绸之路往来中国,商队络绎不绝。元上都是当时最有名的商贸都市,外国使者、旅行家、商人、教士等频繁来访;马可·波罗是当时最有代表性的商人,他曾写下了著名的《马可·波罗游记》,向西方详细介绍了元上都的繁华与宫廷生活和元朝的风土人情等。草原丝绸之路的发达,极大地推动了东西方文化的交流,中国的指南针、火药、造纸术、印刷术等通过草原丝绸之路传播到了欧洲,从而推动了世界文明的发展。

第二,从历史文化价值来讲,"草原丝绸之路"是当今世界上保存最长、辐射面最广、影响最为深远的商贸线路和文化交往线路。从时间范围上讲,"草原丝绸之路"可以定位为青铜时代至近现代;空间范围大致框定为北纬40°至50°,甚至更广;自然环境以草原为主要地貌特点,活动的人群是以游牧经济为主要类型的游牧民族。其主体线路是由中原地区向北越过阴山－燕山一带的长城沿线,西北穿越蒙古高原、南俄草原、中西亚北部,直达地中海北陆的欧洲地区。因此,无论从规模、影响,还是所包含的文化内涵上来讲,草原丝绸之路都堪称是青铜器时代以来连通欧亚大陆最为主要的商贸大动脉,是集系统性、综合性、群组性于一身的具有突出价值的世界文化遗产,也是目前世界上最为庞大且最具影响力的商贸、文化交流线路。

图6-1 草原丝绸之路

第三，从旅游资源分布状况来讲，"草原丝绸之路"旅游资源丰富，自然景观神奇多样，人文景观丰富多彩，非常具有旅游开发价值和潜力。草原丝路贯穿蒙古高原腹地，独特的地理环境造就了奇特的自然景观，草原、沙漠、湖泊、河流、森林、山丘交错分布，旷野苍奇，摄人心魄。蒙古高原、阴山山脉、茫茫戈壁、广袤沙漠、辽阔草原，或雄浑神奇，或意境辽远，或苍凉壮阔，或妩媚动人。这些不断变化的大尺度景观和独特的地理环境是草原丝路十分重要和极具吸引力的旅游资源。另外，草原丝绸之路独特的地理环境还孕育了草原丝路上多样的民俗风情、璀璨的历史文化。且不说它的东端所联结的中原内地，也不说它的西端联结的中亚、西亚及欧洲各国，单是长城沿线的关隘亭障和分布在今内蒙古和蒙古国境内的古城，就足以令人瞠目。根据考古发现，在今内蒙古和蒙古境内，草原丝路沿线经过的主要古代城市就有辽上京（今巴林左旗辽上京遗址）、元上都（今正蓝旗元上都遗址、世界文化遗产）、集宁路（今集宁路古城遗址）、天德军（今丰州古城遗址）、德宁路（今傲伦苏木古城遗址）、哈喇浩特（今额济纳旗黑城遗址）、哈剌和林（今蒙古国前杭爱省哈剌和林遗址）、托克马克（今吉尔吉斯斯坦托克马克市）等地。在中国北方大草原上，类似于元上都、集宁路、德宁路、净州路这样的草原商贸城市还有很多，它们成一线分布于蒙古草原的东部边缘地带，是东西方商贸交易的重要枢纽，也是中原向西方输出商品的桥头堡。

图 6-2　世界文化遗产——内蒙古元上都遗址

第四，从旅游开发的条件来讲，草原丝路沿线旅游资源易于开发利用，容易形成精品旅游线路。古代的草原丝路也是今天重要的商贸线路和交通大动脉。比如：

途经北京→大同→二连浩特→扎门乌德→乌兰巴托→伊尔库茨克→新西伯利亚→莫斯科联结中国、蒙古、俄罗斯的国际列车线路,途经北京→大同→二连浩特→扎门乌德→乌兰巴托联结中蒙的中蒙国际列车线路,途经北京→沈阳→长春→哈尔滨→满洲里→后贝加尔斯克→伊尔库茨克→新西伯利亚→叶卡捷琳堡→莫斯科联结中俄的中俄国际列车线路,就都是当年重要的草原丝路线路。在这些草原丝路沿线,形成了众多的商业城市、丝路重镇、驿站和商贸口岸,这些城镇、驿站和口岸是古丝绸之路上的重要联结点和中转站,是草原丝路繁荣的见证和标志。时至今日,有一些丝路古城、驿站已经消亡,有一些作为社会经济发展的中心和重要的交通节点仍在继续发挥着作用。充分利用现有的交通线路和沿线城镇、村庄、口岸,将一些重要的旅游资源进行有机串联,可以建设若干条草原丝路旅游精品线路,形成丰富多样的旅游产品。比如,利用口岸城市开展边贸购物旅游,利用草原丝路的跨境特点开展边境旅游和跨境旅游,利用沿线丰富的旅游资源和交通线开展自驾游等。

第五,从旅游市场需求来讲,随着国内旅游市场的日益成熟和国际旅游市场的发展,游客对旅游目的地和旅游产品的选择已逐渐走出盲目从众的惯性思维,逐步理性化、个性化,浅尝辄止的观光游逐渐被深度观光和深度体验游所取代。沿着当年茶商驼队贩茶的路线,穿越辽阔的蒙古高原,领略沿途广袤的大漠戈壁、辽阔的草原风光、静静流淌的内陆河流、幽邃的草原、沙漠湖泊、静谧的俄罗斯密林、狂虐的沙尘暴,探寻那些神秘消失的古城重镇,聆听大漠驼铃的历史回声,体验"大漠孤烟直,长河落日圆"的雄浑,感受沿途的民俗风情,品尝俄罗斯、蒙古等各民族美食,历来都是探险家、自驾车爱好者、考古探秘者和旅游达人的梦想。可以预见,如果能够很好地开发利用好草原丝路,将其打造成跨国旅游精品线,必将会受到旅游市场的追捧,成为旅游热线。

第六,从跨国合作来讲,发展草原丝路旅游具有良好的国际合作基础,得到了沿线各国的大力支持。2014年11月,中国、俄罗斯、蒙古国在内蒙古首府呼和浩特市举行了首次中俄蒙旅游联席会议。三国就中国的丝绸之路经济带同俄罗斯跨欧亚大铁路、蒙古国草原之路的关系进行了研究,在共同打造中俄蒙"草原丝绸之路"文物考古与旅游线路方面达成了共识。目前,满洲里已成为"草原丝路"的重要节点城市,在开展边境旅游和边贸旅游的同时,相继建成了展示草原丝路文化的红色交通线博物馆、中东铁路纪念馆等;内蒙古首府呼和浩特市亦在筹划建设一座草原丝绸之路文化主题公园,试图通过雕塑、建筑、壁画等来展示不同历史时期呼和浩特作为草原丝绸之路枢纽城市的作用与特色;二连浩特市作为草原丝绸之路的重要节点和口岸城市,充分挖掘历史文化潜力,建设了伊林驿站与丝绸之路博物馆,展示草原丝绸之路中蒙国际商道的历史渊源,并着手规划建设中、俄、蒙跨国自驾车旅游基地,打造中蒙俄跨国自驾车旅游线路。内蒙古文物工作者在"一带一路"文物保护、考古研究、文物展览、友好交流等方面做了许多工作,近期正着手做以下三件事:一是开展"万里茶道"中、俄、蒙文物界联合考察,为"万里茶道"共同申报世界遗产打好基础;二是继续开展中蒙两国合作考古发掘与研究项目,启动"草原丝绸之路"文物考古与旅游活动,推出"沿着马可·波罗的足迹游元上都"旅游线路;三是争取举办中、俄、蒙博物馆界参加的"共同的胜利"抗战文物联合展览,以纪念抗日战争胜利70周年和国际反法西斯战争胜利70周年。

图 6-3　中俄蒙举办旅游联席会议

综上所述,草原丝绸之路旅游在"一带一路"建设中不仅意义重大,而且开发条件和基础良好,具有广阔的发展前景和空间。我们完全有理由相信,草原丝绸之路旅游只要充分利用好现有优势,特别是抓住"一带一路"建设的机遇,顺势而上,全面加强与俄罗斯、蒙古国的合作,强化跨境旅游合作机制,以"草原丝绸之路"为纽带,深入开发中俄蒙三国的跨境旅游线路和相关精品线路,就一定能够率先在"一带一路"建设中取得突破,为落实中央"一带一路"战略做出更大的贡献。

"一带一路"旅游创新发展新机遇

北京巅峰智业旅游文化创意股份有限公司
旅游目的地设计事业部总经理 杜学

中国是世界四大文明古国之一,轴心时代华夏文明的经典原创、"汉唐盛世"开放自信的怀柔远略、宋元明清内圣外王的文化主张,使中国几度成为世界文明的中心,至今仍为世界所仰止,为国人所乐道;历史上历尽千辛万苦,经由多国探险家、商人、负笈高僧开辟的古丝绸之路则从横向上加强了东西方文明的互动与交流,丰富了文明古国的内涵,极大地提高了中国的世界大国地位。

中国国家主席习近平 2012 年 11 月 29 日在参观国家博物馆"复兴之路"展览时,第一次正式提出并阐释了"**中国梦**"的概念,即"实现中华民族伟大复兴,就是中华民族近代以来最伟大梦想",具体表现是国家富强、民族振兴、人民幸福。中国梦已成为中国共产党的重要指导思想和重要执政理念,也是全体中国人民的共同期待。

一、"一带一路"是实现"中国梦"的重大抓手

中国国家主席习近平自 2013 年 9 月 7 日,在哈萨克斯坦提出"丝绸之路经济带"概念以来,多次强调和充实"丝绸之路经济带"和"21 世纪海上丝绸之路"(以下简称"一带一路")国家战略,并在 2014 年 11 月 8 日在"加强互联互通伙伴关系"东道主伙伴对话会上指出:"一带一路"是亚洲腾飞的两只翅膀,互联互通是两只翅膀的血脉经络。"一带一路"构想与"中国梦"的理念相辅相成,"一带一路"借古丝绸之路基础,让现代人类社会发现了一个拥有无限发展潜力的空间,以及与此相关的更宽广的辐射面。"一带一路"把一些存在阻绝的地区联系在一起,展示了它们在现代化路上的内在关系,这是一种全新意义上的"地理大发现",同时也是中国与沿线国家互联互通、缔结友好关系的重要通道,更是实现"中国梦"的强大引擎和重大抓手。

二、旅游创新先行，引领"一带一路"突破发展

1. "一带一路"旅游先行先通

古代丝绸之路形成于"物通"（货物流通），实现了跨国家和跨区域格局，而"一带一路"互联互通首先应实现"人通"（人流往来沟通），利用"人通"创造良好社会文化环境和友好互信关系，为多角度互惠互通提供条件，而旅游在其中扮演着极其重要的角色。中国改革开放、大陆和港澳台的合作、欧盟一体化等国内外区域发展实践都已证明，旅游是促进国家和区域间"人通"的最佳途径。因此，"一带一路"应大力推动旅游的先行先试，"旅游搭台、经贸唱戏"，发挥旅游先行示范、先通促进的独特产业作用，实现"一带一路"民心通、资金通、物流通、信息通，进而提升亚欧非乃至世界的经济繁荣与和平进步。

2. "一带一路"旅游创新发展

"一带一路"旅游三大创新思路将强力促进沿线国家和区域的旅游经济发展，进而推动"一带一路"战略的实施。

（1）"一带一路"旅游开辟世界旅游新格局

"一带一路"旅游将形成一条全新的、全方位合作的世界旅游黄金路线，有利于树立以中国为中心的横跨亚欧非的旅游共同体和命运共同体，形成世界旅游发展新空间，改变全球旅游的传统格局，同时赋予中国在世界旅游中的新担当，通过旅游彰显世界大国风范。

"一带一路"旅游是在新常态下依托古丝绸之路历史脉络与人类文化创新探索精神，碰撞形成的一条世界旅游之路，也是一条历史文化复兴之路。"一带一路"涉及60多个国家、44亿人口，它跨越了东西方四大流域文明（黄河－长江流域文明、尼罗河流域文明、两河流域文明和恒河流域文明），跨越了世界三大文化圈层（儒家文化圈、伊斯兰教文化圈、基督教文化圈），跨越了世界上不同的三大类经济体（发达国家、发展中国家、欠发达国家），同时也跨越了世界两大主要旅游客源地和旅游目的地，发展"一带一路"旅游将改变以欧洲、北美、东亚及太平洋地区"三足鼎立"的世界传统旅游格局，形成以中国为核心，拓宽与中亚、西亚、欧洲、非洲、东南亚、东北亚、南亚等国家和地区旅游合作发展的新空间，开创中国在世界旅游界引领者的角色。

(2)"一带一路"旅游探索国家合作新模式

"一带一路"旅游将改变以往国家与国家之间简单的旅游客源地和目的地互为连通的关系,创新探索国际旅游合作走廊、跨境旅游合作区、丝路国际旅游港和丝路旅游基金等国家合作新模式,实现国家经济共赢、民族共兴与文化共荣。

● **国际旅游合作走廊**

立足现有国际大通道,根据历史文化渊源,将形成一批国际旅游合作走廊:新亚欧大陆桥旅游合作走廊、中蒙俄旅游合作走廊、中国-中亚-西亚旅游合作走廊、中国-中南半岛旅游合作走廊、中巴旅游合作走廊、孟中印缅国际旅游合作走廊。重点在沿线旅游线路整合、区域旅游大通关及交通道路、导览标识、自驾营地等旅游基础设施配套完善等方面开展多国合作。

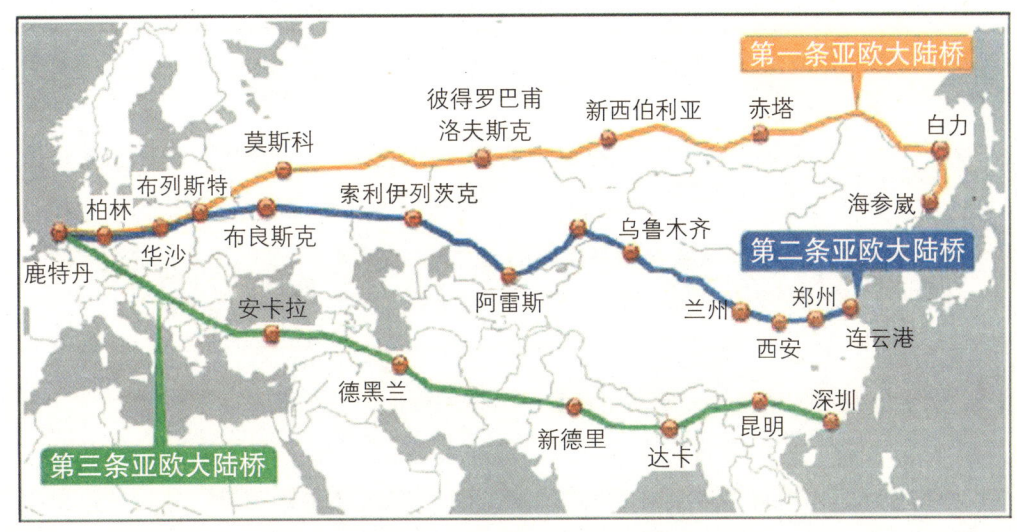

图 6-4 新亚欧大陆桥示意图

● **跨境旅游合作区**

依托"一带一路"沿线中国重要边贸口岸,协商建设我国与东亚、中亚、南亚、西亚、东南亚、欧洲边境国家合作开发的跨境旅游合作区,加快与边境国家旅游合作。重点在旅游商贸、普通护照互免签证、多个边境口岸"单一窗口""一地两检"等方面开展合作。

● **丝路国际旅游港**

依托"一带一路"沿线重要空港和海港,建设一批丝路国际旅游港,设置四大功能区,包括航空港/邮轮港、综合保税区、国际旅游商品交易展示区、旅游产业园区、休闲度假区。重点在72小时过境免签、购物免税、航线增开、市场监管服务等方面开展合作。

- **丝路旅游基金**

积极对接亚洲基础设施投资银行,争取丝路基金设立定向可控的丝路旅游基金。丝路旅游基金充分吸纳各国主权基金、民间资本注入,按照"谁投资谁受益"的原则,将基金重点投向"一带一路"沿线国家的旅游服务设施、公共基础设施、重大旅游项目等内容,收益共享,实现国家间经济合作共赢,让"一带一路"沿线国家共享旅游福利。

3. "一带一路"旅游开创国内旅游新局面

"一带一路"国家战略的提出,强力推动了政策、资金、信息、人流等要素向"一带一路"重点区域快速流动和聚集,旅游业作为政策和市场敏锐度极高的产业已在核心区域动作频频、快速发展,在此影响下全国旅游发展大格局将进行重新洗牌和重构。

"一带一路"旅游将会成为国家发展的新重点。国家旅游发展战略和相关政策会向"一带一路"重点区域倾斜,或受到重点照顾。

"一带一路"旅游将会成为国家旅游的新热点。"一带一路"汇聚了国内最精华的旅游资源,是经久不息、享誉世界的旅游精品线路。"世界那么大,我想去看看",随着游客"野心"的膨胀与重点区域基础设施和旅游大项目的建设,"一带一路"旅游将点燃国内旅游新激情,成为国家的新兴热点区域。

"一带一路"旅游将会成为旅游投资的新焦点。"一带一路"旅游可能引爆继1993年、21世纪初和2009年之后的第四次投资热潮。旅游基础设施、大型旅游项目、城市环境氛围等方面将成为投资新焦点,这将改变沿线贫困地区现状,有效带动旅游经济洼地发展,实现全国旅游经济共同繁荣。

总之,发挥旅游业的独特产业作用,以"一带一路"旅游三大创新思路为指引推动旅游先行先试,助推中国重树世界大国中心地位,拓宽国家合作领域,创新合作载体和模式,重构国内旅游发展格局,引领"一带一路"沿线国家实现突破式发展,进而为中华民族的伟大复兴起到积极的示范带动作用。"一带一路"旅游创新发展吹响了实现中国梦的进军号角。

融入"一带一路"战略，谱写图们江旅游新篇章

北京巅峰智业旅游文化创意股份有限公司总规划师　李明伟教授

一、加快边疆民族地区旅游发展是我国沿边开发开放的战略任务

我国是一个拥有漫长陆地边境线的国家，自东北鸭绿江口至北部湾北仑河河口与 15 个国家接壤。陆地边境线总长约 2.28 万公里，其中有 1.9 万公里段延伸在少数民族地区，30 多个少数民族在边境线上居住生活着。9 个省、自治区的 136 个县、旗、市（市辖区）里，民族自治地区占到 107 个。9 省区共有城市接近 200 座，占全国总城市数的 30% 左右。其中市区坐落在边境线上的城市 27 座。边境县、旗 106 个，乡镇 1500 个，加上新疆建设兵团的 56 个边境团场，构成了我们的边境地区。2200 多万人口居住在边境线上，其中约有 48% 是勤劳勇敢、守土戍边的少数民族。在内陆边界线上，我国有 130 多处陆路口岸，包括公路口岸、铁路口岸、内河航运口岸。其中约 70 个为国家一级口岸。有 5 条铁路、10 多条国际公路、3 个国际机场及图们江出海口、澜沧江国际水运通道等，联结着国内外的一条条水陆大通道。

边境线漫长，口岸众多，民族自治地域广，旅游资源独特丰富，经济社会发展水平相对滞后，这就是我国内陆边疆地区突出的特点。

随着新时期"睦邻友好、稳定周边""与邻为善、以邻为伴"等外交方针政策的实施和国务院关于加快沿边开放开发战略的实施，特别是"一带一路"国家战略提出后，边疆地区已从过去的边防前线变成改革开放的前沿。如何开发利用边疆和少数民族地区独特丰富的旅游资源和口岸优势，大力发展旅游事业，开放旅游市场，加快国际合作步伐，发展边境旅游，推进跨境旅游，带动边疆民族地区经济社会发展和社会稳定，显然是今后一个时期我国旅游的重大战略任务。习近平总书记在"一带一路互联互通对话会"上多次提到这个问题。根据"一带一路"战略，这个任务已经明确地写进了《推动共建丝绸之路经济带和 21 世纪海上丝绸之路的愿景与行动》。

图们江发源于长白山天池，流经俄罗斯、朝鲜最后注入日本海，全长 516 公里。其中，上中游 498 公里河段为中朝界河，自珲春—防川中俄边界至河口 18 公里河段为俄朝界河；下游三角洲地区在延边朝鲜族自治州（以下简称"延边州"）境内，

位于中、朝、俄三国接壤地带,是联结东北亚、欧洲及北美贸易和交通的要道。

中、俄、朝三国接壤的图们三角洲地区,广义的范围包括延吉、海参崴、清津三角地带。狭义的图们江地区是一个被称之为"大三角"的地区,即北角为俄罗斯的符拉迪沃斯托克(海参崴)、西角为中国的延吉市、南角为朝鲜的清津市。而引起国际社会关注的是"小三角"地区的国际合作开发——包括俄罗斯滨海边疆区南部的哈桑、中国的珲春(防川、敬信)和朝鲜的罗津-先锋地区,是中、俄、朝三国领土的交接点,也是东北亚区域的核心地带,具有独特的区位优势。图们江地区合作不仅可以改变中、俄、朝边远地区落后的状态,更是推动东北亚地区经济纵深合作,实现东北亚区域经济一体化的突破点。正因为图们江地区具有如此优越的区位和资源,联合国开发计划署提出有关大图们江地区合作的"大图们倡议"(GTI)和《中国图们江区域合作开发规划纲要——以长吉图为开发开放先导区规划纲要》,延边州图们江流域也才格外引人注目,成为上述规划的核心区。在吉林省旅游产业布局中,"以中俄、中朝边境为依托的大图们江东北亚跨境旅游区"被列为全省"一圈五区"之一。

近年来,延边州抓住机遇,明确了将图们江地区开发合作纳入国家"一带一路六区"区域旅游一体化战略思想,加快跨境旅游发展,以旅游实现长吉图先行突破,旅游产业发展实现了新跨越、新突破:2014年延边州旅游总人次达到1167.7万人次,同比增长了15%;旅游总收入172.8亿元,同比增长25%。实现了四个第一:旅游总收入全省第一,入境旅游人次全省第一,边境旅游全省第一,旅游直接就业占城镇就业比重全省第一。

延边州图们江地区旅游发展已经成为我国边疆少数民族地区旅游发展的样板。

图 6-5　图们江

二、"一带一路"战略为图们江地区旅游发展带来了新机遇、新思维、新空间

图们江地区是东北唯一的跨境、沿边、近海地区，也是中国内陆距离日本海最近的地区，从珲春—防川沿图们江到日本海只有15公里。长期以来由于周边国家地区错综复杂的关系，这一地缘优势不仅无法发挥作用，反而成为地缘劣势。偏低的外贸依存度，也使口岸优势失色不少。尽管联合国开发计划署提出大图们倡议（CTI）已有20多年，"长吉图开发开放先导区规划纲要"也把建设特色鲜明的长吉图跨国跨境旅游产业带作为目标，但是在"一带一路"国家战略提出之前，受到当时国际环境、思想认识、产业发展、经济能力、市场培育等种种的历史条件限制，虽然取得了明显成效，但并不尽如人意，与预期的目标相差较远：边境地区经济体量不大，人口集聚度不高，产业竞争力不强，不能够有效支撑国际性区域合作开发；旅游产业还没有显示出可以作为新兴产业的创新能力，成长为当地的战略性支柱产业；丰富的文化与自然资源还没有普遍转化为生产力要素和旅游产品；民族地区、边疆边境和跨境区位优势，也不具有今天这样令人羡慕的价值，从而释放巨大旅游产能。这一切都需要一个伟大的历史机遇来解决。

"一带一路"国家战略的提出和互联互通的快速推进，为图们江地区旅游的创新发展带来了新机遇、新思维、新空间。

走向国际旅游合作的新机遇。"一带一路"构想提出后，已经有60多个沿线国家和国际组织对参与"一带一路"建设表达了积极态度，亚洲基础设施投资银行几乎得到全世界经济体的支持。中国倡导的"迈向命运共同体，开创亚洲新未来"和"一带一路"建设秉持的"共商、共建、共享"原则和"亲、诚、惠、容"理念，展示了中国和平发展的决心；中国将继续给包括亚洲国家在内的世界各国提供更多市场、增长、投资、合作机遇。未来5年，中国进口商品将超过10万亿美元，对外投资将超过5000亿美元，出境旅游人数将超过5亿人次。这一切都意味着中国旅游已经可以通畅地进入世界发展快车道。而这个机遇是过去数十年都没有出现的。最近俄罗斯杜马颁布了《符拉迪沃斯托克自由港法》，朝鲜积极响应图们江三角洲国际旅游合作区建设，预示着图们江区域周边各国的交通、经贸往来、政府、旅游及教育等方面的合作将面临巨大的机遇和改变。

"互联互通，旅游先通"新思维。习总书记在"加强互联互通伙伴关系"东道主伙伴对话会上指出："'一带一路'和互联互通是相融相近、相辅相成的。如果将'一带一路'比喻为亚洲腾飞的两只翅膀，那么互联互通就是两只翅膀的血脉

经络。""亚洲旅游资源丰富,出国旅游的人越来越多,应该发展丝绸之路特色旅游,让旅游合作和互联互通建设相互促进。""互联互通,旅游先通"的新思维,正在全面推动我国旅游创新发展。经济贸易和人文交流越来越密切融合成为"一带一路"的最大特征。吉林省的30个口岸通道和临时过货点集中在延边、通化、白山三市八县,而图们江地区就占了5个县市。珲春、图们、集安、临江、大安市和长白县依托口岸建立了经济开发区;珲春市设立了经济合作区、出口加工区和互市贸易区,并与俄罗斯哈桑区、朝鲜罗津市依托口岸建立了珲春-哈桑,珲春-罗津两个跨国经济合作区;和龙市依托口岸与朝鲜合作开发资源型项目,带动了相关企业的发展;各边境口岸所在县(市)依托口岸积极开展边境贸易和旅游,已经形成了一定规模的口岸经济。发挥边境优势,壮大口岸功能,把旅游业纳入图们江地区互联互通经济合作中,重新谋划国际旅游合作发展的创新路径,将大大提升图们江旅游业在国民经济中的地位,旅游业必然会成为"新常态"下延边州创新驱动的战略性产业。

"一带一路"开辟了图们江区域旅游创新发展的新空间。实践证明,一个地区的旅游发展不但要顺应产业创新发展潮流,还要密切关注国家战略的调整。特别是欠发达地区,如果不能搭上国家发展战略的快车,很难快速发展。根据"一带一路愿景和行动"以构建亚洲命运共同体的战略高度,以"五通"为合作重点,我国将重新宏观规划旅游发展的框架布局。由此,18个省区旅游发展搭上了"一带一路"国家战略的快车。特别是老工业基地东北,被纳入"一带一路"六区,成为向北开放的重要窗口。而图们江地区正位于被评价为牵着"一带一路"首端的"活跃的东亚经济圈"内核心区。根据"一带一路"的行动"路线图",规划重点建设包括加强口岸建设开发开放,加快沿边口岸通关合作,发展边境旅游、跨境旅游,开展跨境贸易电子商务服务试点等。这些举措都将加快化解长期制约图们江地区打开国门、走向国际旅游市场的基础设施瓶颈,并大大提升其旅游服务产业的规模和能效水平。在"一带一路"战略指引下,我国的沿边开放开发明确了面向东南亚、南亚、中亚和东北亚四个战略方向,中国图们江区域被确定为东北亚开放的核心区、重要枢纽和国际合作示范区。由此,图们江地区旅游也明确了中、俄、朝、韩、日国际合作的新空间。今后,建设东北亚旅游经济圈的核心区,长吉图旅游大开发的先导区,全国少数民族边境旅游示范区将成为图们江地区旅游发展的奋斗目标。

三、在"一带一路"战略指导下加快图们江三角洲国际旅游合作区建设

北京巅峰智业集团长期致力于推动"一带一路"各省区的旅游发展，先后承担了国家旅游局委托的《丝绸之路旅游区总体规划》《丝绸之路经济带和21世纪海上丝绸之路旅游合作发展战略规划》。在"一带一路"的几十个省区编制了200多个各类旅游规划，并积极推进实施。最近又参与了"图们江三角洲国际旅游合作区"的考察工作。实地考察了中国珲春敬信镇、防川地区；朝鲜罗先特区的豆满江洞、罗津市、东海滨海地区、琵琶岛等地；俄罗斯滨海边疆区的哈桑区、波谢特湾滨海、海参崴等地的旅游资源、生态环境、景区建设、旅游交通、旅游饭店等旅游基础设施和旅游服务体系。上述地区良好的生态资源，辽阔的地理环境、蜿蜒美丽的海岸线、海洋和风情多样的文化，与珲春图们江的旅游资源形成了绝好的搭配互补。

特色旅游资源是开展特色旅游业的基础。图们江地区作为我国东北的经济枢纽，不仅历史悠久，独具风情，还是资源丰富的宝地。它串联长白山、和龙、龙井、延吉、图们、珲春等地，具有丰富的自然旅游资源和边境旅游资源。从旅游发展比较优势来看，具有核心竞争力的是长白山的自然生态及冰雪旅游资源，而珲春的边境风光、延边朝鲜族民族民俗文化等旅游资源在全国独具特色，是旅游魅力的重要支撑。因此，图们江地区发展特色旅游具有极大的资源优势条件。

珲春位于图们江下游，地处中俄朝三国交界，位于图们江区域的地理几何中心，具有良好的区位优势，也是图们江地区国际合作开发的战略支点，吉林省实现开边通海、走向世界的黄金通道。加快珲春开放型经济的发展，必将加速全省对外开放步伐，为对外开放打开一条最便捷通道，实现寻求多国合作的新途径，可以有效利用境外资源和市场，为吉林省拓展更大的发展空间，最终形成以长春、延边珲春为两极，东西互动、内外结合发展的全新格局。珲春已历史地成为大图们江区域合作的桥头堡。因此珲春图们江三角洲国际旅游合作区的战略意义不言而喻。

图们江三角洲（中俄朝）国际旅游合作区是我国"一带一路"国家战略提出后的第一个国际旅游合作区，体现了延边州和珲春市融入"一带一路"国家战略，开创图们江旅游新篇章的宏伟设想，被誉为东北亚的"小申根"，已经列入吉林省发改委和省旅游局重点规划项目。图们江三角洲（中俄朝）国际旅游合作区规划构想的核心范围为90～100平方公里，包括中国防川和敬信镇部分地区，俄罗斯渤海边疆区哈桑区哈桑镇为中心的地区，朝鲜罗先经济特区豆满江里区域。以珲春图们江

至日本海出海口河段为纽带,将三国边境地区的旅游资源整合起来,扩大旅游观光休闲的游览面积,构建丰富多样的旅游产品体系,制定一体化发展的旅游政策,开设旅游通道,简化通关手续,投资旅游基础设施,建设跨境旅游合作区。旅游者"一眼望三国"将实现"一游跨三国"的梦想。我个人认为,图们江三角洲国际旅游合作区的发展区未来应当扩展至俄罗斯整个哈桑区、波谢特湾滨海旅游区,朝鲜罗先经济特区豆满江洞,中国延吉市和和珲春市。它依托的腹地城市分别是中国延吉、珲春,俄罗斯海参崴、斯拉夫杨卡,朝鲜罗先市。

目前,共建图们江三角洲(中俄朝)国际旅游合作区,加快远东地区的发展及东北亚合作的构想得到了俄罗斯和朝鲜的积极响应。俄罗斯曾先后制定了《远东和外贝加尔1996—2005年经济与社会发展联邦专项纲要》,批准了《远东和贝加尔地区2025年前社会经济发展战略》。今年7月13日俄罗斯总统普京签批了杜马通过的《符拉迪沃斯托克自由港法》,将图们江三角洲国际旅游合作区涉及的哈桑区、符拉迪沃斯托克市、波谢特港、扎鲁比诺港均纳入自由港法适用范围,实行特殊制度和优惠政策。朝鲜政府批准了罗先特别市旅游局的相关报告。近日吉林省和朝鲜罗先市签署了开发新图们江一日游路线谅解备忘录,中朝两国决定利用图们江地理优势开发海上国际旅游线路。为此,中俄朝三国相关旅游部门已经进行了多次工作会商,正在积极推进图们江三角洲(中俄朝)国际旅游合作区进程。

图们江三角洲国际旅游合作区不但肩负着延边州"图们江区域旅游示范区"的先行先试任务,也是我国沿边开发开放战略确定的唯一一个国际合作示范区"中国图们江区域(珲春)国际合作示范区"的突破口。我们相信,这个极富远见和伟大创造性的战略构想,将极大推进图们江下游三国区域的旅游融合创新和大发展,以东北亚"互联互通,旅游先通"的新局面实现"一带一路"国家战略向北开放的构想!

新丝路·新文化·新产品
——丝绸之路文化旅游产品创新

北京巅峰智业旅游文化创意股份有限公司西北分院技术总工　李伟明

丝绸之路,是一个博大精深的话题,一个老生常谈的热点,亦是一段见仁见智的不老传奇,一个激动人心的古老命题。立足国家"一带一路"战略高度,我们以国际化视野、创意性文化理念，重新审视丝绸之路文化旅游战略价值，从区域大发展、文化大气度、创意大设计、形成大影响来创新旅游产品。

一、丝绸之路十大文化内涵

（1）"张骞凿空"之路：始于公元前138年，在人类历史上第一次真正架起了中国与中亚各国间相互了解与合作的桥梁。这是丝绸之路的时间原点，具有里程碑意义，需体现并强化该元素。

（2）"国际大使"之路：《马可·波罗游记》是丝绸之路旅游带走向国际的重要通行证，马可·波罗具有"国际大使"的作用，拉近了西方世界与神秘丝绸之路的时空距离和心理距离。

（3）"东西交流"之路：丝绸之路是东西方商贸、文化、艺术、科技、政治、宗教交流跨度达两千年之久的黄金走廊，这是令世界瞩目的伟大意义所在。

（4）"商旅贸易"之路：丝路商旅贸易开发重点突出供奔波商旅休整的憩所——丝路驿站，营造丝路体验氛围、提升丝绸之路旅游带档次、打造深度旅游带的构成要素。

（5）"军旅征战"之路：边塞防守前沿、屯垦之路、军旅是丝路开通并得以持久畅通的必要条件。回顾时空，长城烽燧、关城文牒、联营军帐、旌旗号角属于丝路沿线的重要元素。

（6）"文化艺术"之路：沿线汇集了灿烂的人类艺术瑰宝。边塞文学（尤其是边塞诗歌）意境悠远、词句铿锵、情意深切、流传久远，具有很好的软开发价值。

（7）"佛教传播"之路：佛教东传、解经、演化之路，丝绸之路应突出佛教传播、演化元素。

（8）"民族风情"之路：民族迁徙、融合之路，多元民族风情体验之路，是构建丝路深度体验的重要支撑。

（9）"西域古国"探秘之路：西域古国寻踪探秘与风情体验是丝绸之路旅游带的重要招牌。

（10）"葡萄美酒"之路：葡萄美酒文化在丝绸之路旅游带有良好的根基和文化底蕴，具有很好的旅游开发价值。

二、丝绸之路旅游产品联盟

基于以上丝绸之路文化十大内涵及丝路沿线旅游资源，可以延伸出以下十大丝绸之路旅游产品合作联盟。

（1）"丝路遗产"——丝绸之路世界遗产国际旅游联盟：以丝路世界遗产为依托，进行国际合作联盟，形成丝路世界遗产合作产品。有河南4处、陕西7处、甘肃省5处、新疆维吾尔自治区6处；哈萨克斯坦境内有8处遗迹，吉尔吉斯斯坦境内有3处遗迹。

（2）"丝路国际"——《马可·波罗游记》国际旅游合作联盟：以马可·波罗游历及相关联的城市为线路，进行国际旅游产品合作。主要有威尼斯、罗马、雅典、伊斯坦布尔、安卡拉、巴格达、德黑兰、喀布尔、阿什哈巴德、布哈拉、撒马尔罕、喀什、乌鲁木齐、吐鲁番、哈密、敦煌、嘉峪关、张掖、武威、银川、北京。

（3）"丝路驿站"——丝路自驾旅游城市联盟：沿途设丝路自驾驿站，由东向西延伸丝路沿线地区。主要线路途经洛阳、三门峡、西安、宝鸡、天水、兰州、武威、张掖、酒泉、嘉峪关、敦煌、哈密、吐鲁番、乌鲁木齐、石河子，从伊宁出境（南疆途经库尔勒、阿克苏、喀什）。同时，区域线路将汉中、延安、平凉、固原、银川、西宁、德令哈、阿勒泰、克拉玛依等城市纳入其中。

（4）"丝路风情"——丝路民族风情产品系列：丝路民族风情旅游体验，沿途民族文化自然景观多姿多彩，少数民族民俗风情各具特色，有蒙古族、回族、藏族、维吾尔族、撒拉族、土族、哈萨克族、裕固族、锡伯族、塔吉克族、柯尔克孜族、乌孜别克族、塔塔尔族等少数民族风情，沿途打造可以体现每个民族特色的景点或景区，形成"丝路风情"体验系列。

（5）"丝路美景"——丝路地质公园、森林公园联盟：丝路沿线的河南、陕西、甘肃、宁夏、青海、新疆，地貌类型复杂，气候环境多样，生物资源丰富，自然景观多姿多彩。绿洲、沙漠、高山、冰川等地质景观突出。沿途有王屋山—黛眉山、秦岭终南山世界地质公园，天水麦积山、炳灵丹霞、青海湖、张掖丹霞、互助嘉定、富蕴可可托海、天山天池、吐鲁番火焰山等国家地质公园；河南神灵寨、甘山、亚武山国家森林公园；陕西终南山、骊山、朱雀、太白山、楼观台国家森林公园；甘肃麦积山、小陇山、吐鲁沟、徐家山、天祝三峡、寿鹿山国家森林公园；青海坎布拉、大通、群加、哈里哈图国家森林公园；宁夏苏峪口、六盘山、花马寺、火石寨国家森林公园；新疆哈密天山、天池、那拉提、唐布拉、奇台南山、金湖杨、哈日图热格国家森林公园等。

（6）"丝路美食"——丝路美食街联盟：丝路沿途城市美食街区联盟，形成特色丝路美食体验。特色美食街区满足国内外游客饮食消费需要，以经营特色餐饮、名吃等美食为主，统一管理具有一定规模的餐饮聚集区。特色美食街区长度应在300米以上，经营餐饮服务的专业店铺在30家以上。

（7）"丝路商贸"——丝路特色购物产品联盟：丝路沿途城市特色购物街区联盟，形成特色丝路购物体验。有传统的丝绸、陶瓷、茶、皮毛、玉石、珠宝、香料、药材等产品；有丝路特色工艺品，以及瓜果、蔬菜、有机食品等农副产品。

（8）"丝路休闲"——丝路度假休闲产品联盟：丝路沿途区域度假休闲项目联盟，形成丝路休闲度假体验。有温泉、度假村、度假型酒店，以及酒吧街区等休闲场所。

（9）"丝路宗教"——丝路宗教文化旅游：丝路沿途区域主要佛教寺庙，形成丝路宗教文化旅游线路。主要有少林寺、白马寺、大兴善寺、大慈恩寺、青龙寺、法门寺、大佛寺、麦积山石窟、炳灵寺、张掖大佛寺、塔尔寺、克孜尔石窟、苏巴什佛寺等。

（10）"丝路演艺"——丝路文化巡演：丝绸之路国际音乐节、大型民族舞剧《丝路花雨》、大型杂技剧《丝绸之路》、丝绸之路国际舞蹈演出等，在丝路沿途国内外城市进行巡演。

三、"六丝"文化旅游产品营销

设立"丝绸之路"旅游品牌运营机构，创意策划、组织系列"丝绸之路"旅游产品品牌营销活动，释放丝路文化生产力。

（1）丝网：丝绸之路国际旅游区门户网站，推动"丝路智慧之旅"，设计丝绸之路国际旅游区图解、丝绸之路国际旅游区宣传片、丝绸之路数字博物馆等。

（2）丝游：打造丝绸之路自驾车游、重游马可·波罗之旅、丝路探险之旅、丝路考察修学之旅、重游玄奘取经之路、马可·波罗国际之旅、丝路人文地理研修游、丝路拓展体验之旅、丝路摄影主题游、丝路自然科考游等旅游线路。发动"丝路之星"微信投票，投票范围包括丝路国家沿线的旅游景区、饭店、餐厅、美食、文化演出等。丝绸之路穿越数千公里的空间，广大、多彩、厚重的时空，构成了丝路旅游的基本特色。"丝游"是一种时空置换、时空感悟、时空体验之旅，拥有东方与西方、历史与现代、自然与人文相交融的主体特色。

（3）丝博：会展类旅游活动，包括"国际丝绸之路博览会""国际丝路论坛""丝路历史文物国际巡展""丝路宗教文化国际巡展""国际丝路商品交易会""国际巡展丝路艺术展""国际巡展丝路摄影展""国际丝路古钱币收藏展"等有关丝路教育、投资、环境等方面的活动。

（4）丝文：文化类活动，"丝路鉴宝活动""国际丝路电影周""丝路音乐周""丝路民俗文化博览会""丝路影视片制作""丝路微电影""丝路书籍出版"等。

（5）丝赛：赛事类旅游活动，包括丝绸之路汽车拉力赛、丝路马拉松赛、丝路自行车赛、丝绸之路国际摄影大赛、丝路书画大赛、丝路歌曲大赛、丝路故事动漫大赛、丝路服装节暨模特大赛等。

（6）丝节：节庆类旅游活动，包括丝路狂欢节、丝路文化旅游节、丝路酒文化节、丝路商贸节、丝绸之路开通庆典系列、丝路美食节、丝路自驾车旅游节等。

第三篇

实战需求下的科学创新规划

"一带一路"旅游创新发展

丝绸之路自古以来就是东西方贸易往来、文化交流和民族融合之路，是世界互联互通的先行者。如今新丝绸之路全新战略构想正全面铺展，它不仅是国内全面深化改革发展的方向指引，同时也是全方位实施对外开放的总抓手和新引擎。

当前全国各地各级行政区都在积极与其对接，形成了一系列的发展成果，也部署了一揽子的推进计划，从定位、格局、产业、产品、机制等方面进行全方位的谋划；全国各行各业发展主体也都在寻找切入点，积极融入，加速发展，做强消费热点、做足要素配套、做精科技支撑、做大旅游投资、做好智库引领，形成了如华侨城、万达、中青旅等旅游综合体运营主体，携程、众信、国旅等在线旅游经营主体，长隆、华强、宋城等主题公园运营主体，花间堂、隐居西湖、皇家驿站等要素运营主体，巅峰智业、奇创、大地等旅游智力运营主体，为新丝绸之路的全面振兴和落实提供了强有力的支撑。

巅峰智业作为中国最早的旅游智力服务机构，秉承美丽中国、巅峰智造的发展使命，秉承上善若水、知行方圆的发展理念，从企业成立之初就在不断地为丝绸之

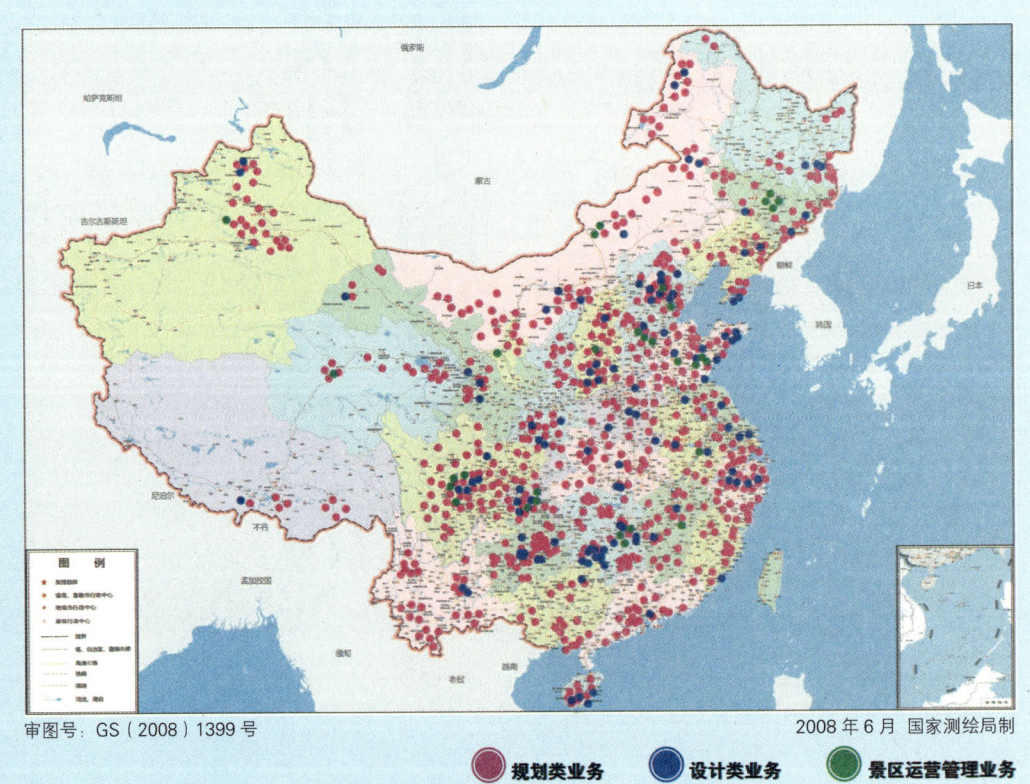

图1　巅峰智业"一带一路"规划投智分布图

路国家战略投智投力。从《丝绸之路旅游区总体规划》到《丝绸之路经济带和21世纪海上丝绸之路旅游合作发展战略规划》，无数次大范围细致调研分析奠定规划基础，无数次多领域顶级专家头脑风暴激荡明晰规划方向，无数次彻夜未眠奋力拼搏铸就规划成果，每一个规划都是国家战略指引下的智力贡献、全局谋划，每一个规划都是以作品的心态精益求精、创新进步，每一个规划都得到了各地各级政府、企业、群众的高度认可；从沙漠丝绸之路、南方丝绸之路、草原丝绸之路再到海洋丝绸之路，巅峰智点山河、规划风景的脚步从未停歇，10余年间完成了20余省600余项目丝绸之路省、市、县及景区等的规划，涉及多主题、多类型、多层级、多主体，形成囊括了前期咨询、策划规划、工程设计、投资建设、运营管理、营销推广等多层次的丝绸之路全链条服务模式、立体式服务平台、一站式服务体系。

表1 巅峰智业"一带一路"规划表格数据统计

	类型	项目总数	包含省份	省级规划	市县级规划	景区规划
一带	沙漠/绿洲丝绸之路	138	陕西、宁夏、甘肃、青海、新疆、河南	6	23	109
	南方丝绸之路	187	四川、云南、广西、贵州、西藏	2	35	150
	草原丝绸之路	48	内蒙古	1	10	37
一路	海上丝绸之路	230	福建、海南、广东、浙江、江苏、山东	5	35	190
	共计	603	18	14	103	486

第七章 跨区域规划案例

案例：勾勒炫彩时空长卷，定制丝路旅游"新标尺"
——《丝绸之路旅游区总体规划》

图 7-1 丝绸之路旅游区总体规划

一、丝路·缘起——项目背景

"丝绸之路"所代表的，不仅仅是一条商贸之路、文化之路，更是一条和平之路、发展之路。"丝绸之路"给人类留下的不仅仅只是限存于地面上下、历朝历代传承的文化遗产，还给我们创造了无比精彩、无比辉煌、无比深邃，以及无限商机的黄金旅游之路。

一直以来，丝绸之路旅游业的整体发展得到了国内外社会各界的持续关注。丝绸之路旅游已经成为中国、乃至世界的旅游热点，古丝绸之路已释放出它独特的魅力与全新的光彩。

2007年4月4日,《丝绸之路旅游区总体规划》新闻发布会在北京召开。这是国家旅游局首次为一个规划启动召开新闻发布会。国家旅游局对做好这项规划高度重视,在经过充分调研的基础上,选择国内在开展旅游规划方面有较多经验的达沃斯巅峰旅游规划院承担此项重要任务。

图 7-2　国家旅游局首个区域旅游规划新闻发布会在北京举行

二、丝路·聚焦——核心创意

1. 核心思路：丝绸之路旅游开发规划的关注点

抓整合。要开发丝绸之路的旅游,首要的就是对丝绸之路的资源、品牌、形象、经营、管理、产品、市场等要素进行全面的科学整合,形成丝绸之路旅游统一的形象、品牌、线路、产品、市场及经营管理机制,这也是本次规划首先要解决的重点问题。做好科学整合,是做大做强丝路旅游的起点。

抓文化。对丝绸之路的旅游资源作深度研究,科学分析,找出其中所蕴含的深厚的文化,从而确立起丝绸之路旅游的总体形象,完成"丝路旅游"的品牌定位,在这个基础上才可能为丝绸之路旅游做出科学可行的发展规划。

抓特色。广大、多彩、厚重的时空,构成了丝路旅游的基本特色。丝路之旅应该是一种时空置换、时空感悟、时空体验之旅。东方与西方、历史与现代、自然与人文相交融要成为丝路旅游的主体特色。

抓产品。在产品设计上,既要追求新奇,又要强调可行;既要考虑长远,又要注重现实。只有设计出了科学的产品体系,才能把丝绸之路打造成旅游目的地。

抓市场。只有以市场需求为立足点，以看准市场、抓住市场为目标，才能设计出能适应市场、拉动市场、稳定市场的营销战略和策略，提出既可行又有效的营销手段，才能把丝路旅游推向更广阔的市场。同时还要注意以市场的眼光来审视品牌、形象、战略、目标、功能、产品、线路、管理等各方面的规划设计，力求都能符合市场需求。

2. 核心创意：多重视角下丝路品牌的打造

要成功开发丝绸之路旅游，必须立足旅游产业发展这个基准点，基于市场、资源、产品、可持续发展等角度重新解读丝绸之路，尤其要立足自然景观、经济发展、人文、市场、历史时空这五大视角解读，才能真正展现其靓丽的神采。

在自然与景观视角下的两种风采。在两类人群的眼中，丝绸之路呈现出不同的风采。对地学研究者，这是一条生动鲜活的超级"地学修学旅游带"；对大众游客，这是一幅令人震撼的、值得深度探奇的、可游可憩的、气势磅礴的、传奇动人的山河画卷。

在人文视角下，凝聚十一重内涵。

第一重为史无前例的"凿空"之路；第二重为著名的军旅征战之路与边塞防守、

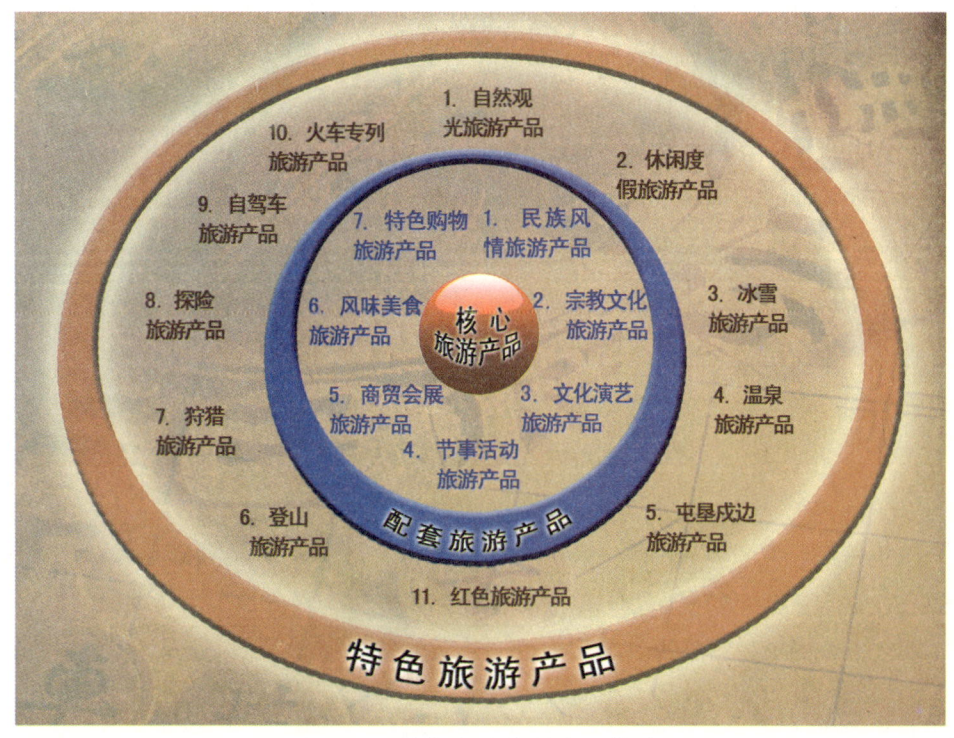

图 7-3　丝绸之路旅游产品体系

屯垦之路；**第三重**为边塞文学（尤其是边塞诗歌）鉴赏之路；**第四重**为商旅文化、驿站文化体验之路；**第五重**为东西方商贸、文化、艺术、科技、政治、宗教交流之路；**第六重**为人类艺术瑰宝鉴赏之路；**第七重**为求道之路；**第八重**为民族迁徙、融合之路与民族风情体验之路；**第九重**为古迹探寻之路、西域古国寻踪探秘与风情体验之路；**第十重**为葡萄美酒文化鉴赏之路；**第十一重**为科学考察和探险寻宝之路。

经济视角下的四条发展带。

区域旅游经济发展视角，丝绸之路属于西北旅游经济战略发展带 + 舞动沿途各级旅游节点的彩练。丝路旅游带与三国旅游带、唐蕃古道旅游带、黄河文化旅游带、西北红色旅游带有效衔接（交叉，甚至部分重合），战略推动西北地区旅游业跨越式发展。

区域宏观经济发展视角，与西部一级经济发展带和谐共生、联动，并互为补充的旅游经济战略发展带。从区域宏观经济发展视角看，丝绸之路是与西部两条一级经济带（西陇海－兰新经济带、呼包－包兰－兰青线经济带）和谐共生、联动、互为补充的旅游经济战略发展带。两条一级经济带的发展将有力推动丝路旅游带沿线住宿接待、餐饮交通、休闲娱乐、信息化等基础设施建设，并将为沿线景区（点）源源不断输送大量的公务客流。

此外，从区域均衡发展视角，是一条旅游经济战略扶贫带。从区域可持续发展视角，是推动西北地区可持续和谐发展的综合旅游经济带。

市场视角下的八类市场需求。就市场划分而言，可分为地学类/人文艺术类修学旅游者、初走丝路的中远程普通游客（西北地区以外）、多次走丝路的中远程普通游客（西北地区以外）、特种旅游者、沿线企业及公务人员、沿线居民、投资商、地方政府共八类。

时空视角下的三种维度。丝绸之路从"张骞凿空"以来，跨越悠悠两千年历史长河，向着未来而去。丝绸之路旅游带应该体现人类东西方最伟大交流通道的时空变迁。所以，可以从古代、近代、现代（未来）三个时空维度体现，这样才能更加丰满。

三、丝路·定位——总体定位和形象定位

1. 总体定位

丝路旅游，是将辉煌悠久的历史文化与时尚蓬勃的现代文明相融合、将雄奇迷人的地方特色与符合潮流的国际趋势相协调、将优质高效的旅游经济与以人为本的

和谐社会相联动的系列知名旅游目的地的集合体；丝路旅游区是依托历史、面向未来，立足当地、着眼国际、聚焦旅游、协调发展的超级旅游目的地。

依托历史："丝绸之路"在史学界享有盛誉，被公认为是古代商贸往来之路，其间伴随着文化、宗教、军事等多方面的交流与传播。毫无疑问，丝路旅游离不开2100年来丝路沿线历经沧桑巨变的历史、离不开相关的历史遗存，否则，丝路旅游就丧失了产品开发的根基和市场营销的切入点。

面向未来：即丝路旅游的现代化，丝路旅游最终要服务于生活在当今时代的人们，并有助于服务后人。

立足当地：丝路旅游产品开发要充分体现当地特色，旅游接待服务设施建设，乃至城市的规划与建设，尽可能体现当地的历史风貌和民俗风情。

着眼国际：尽管本次规划范围主要为国内段，但应考虑包括中西亚，乃至欧洲在内的未来丝绸之路的国际通道，以国际视角开发丝路旅游，注重培育国际客源市场。

聚焦旅游：本次规划，有别于史学界、文物界对于丝绸之路的范围划分和内涵界定，在旅游开发、经营、监管中，要遵循旅游经济的规律，做大做强丝路旅游。

协调发展：丝路旅游的开发，在确保旅游受益的同时，要服务于地方乃至国家的经济建设、文化发展、环境保护及社会的安定团结，成为构建和谐社会的重要手段。

超级旅游目的地：通过"丝绸之路"这一统一的品牌，在丝绸之路沿线培育新的旅游目的地、提升已有的旅游目的地，形成各具特色的系列知名旅游目的地的集合体。

2. 整体形象定位

丝绸之路　时空画卷

"丝绸之路"已经是国际公认的知名品牌。它的历史风貌、民族文化、大漠风情、边塞风光，无不体现出它的神秘、厚重、壮观与瑰丽，世界的目光因此而注视它，所以使用"丝绸之路"作为形象定位是十分合适的。它跨越的时间超过了2000年，它跨越的空间占据了中国1/3的国土；它横贯古今的辉煌与沧桑，它跨越半个地球的兼容与博大，凝聚了人类文明史精华的经典之作，是一生最值得去品味的优美画卷，用"时空画卷"定位，方能高度浓缩和概括丝绸之路，同时，实现丝绸之路历史、现在与未来的有机统一。

图 7-4　丝绸之路形象定位图

3. 文化遗产保护

解决丝路遗产保护与开发之间矛盾的最优选择就是保护性开发模式。

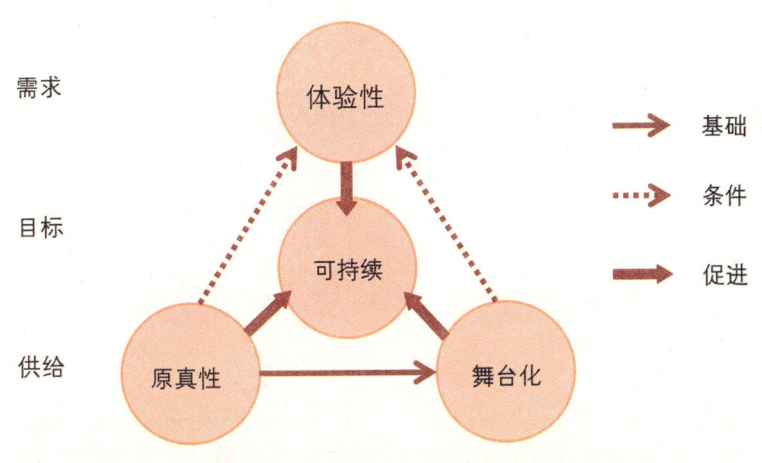

图 7-5　保护性开发模式示意图

保护丝路文化遗产的关键是保护其原真性，原真性是遗产的生存之本，没有原真性的遗产便不再是遗产。原真性是舞台化的基础，并和舞台化结合共同为游客提供独特的丝路文化遗产旅游体验。原真性和舞台化从遗产旅游的供给角度出发，体验性从游客需求角度出发，一起促进丝路遗产旅游的可持续发展。这四者构成了一个完整的丝路遗产旅游发展有机体。

四、丝路·行动——国际旅游合作机制探讨

旅游合作是丝路复兴的最佳切入点。丝路沿线的国家和城市应正确面对挑战，在互惠、互利、共赢原则的基础上，整合共同资源、发挥共同优势、谋求共同发展，寻求最佳的发展途径和发展模式。

1. 建立双边和多边合作机制

丝绸之路国际旅游合作应该成立广泛参与、密切配合、高效运转的协调机制。在上海合作组织框架下，建议成立联合国相关组织协调的、丝路沿线国家广泛参与的高效协调组织机构。

2. 简化丝绸之路旅游签证

丝路旅游合作要进入实质运作阶段，必须建立丝路沿线国家的凭护照入境或减免签证费的制度；先期建立局部双边和多边国家的"丝路旅游签证通用制度"，以期通过开放旅游，实现旅游者的自由流动。

3. 改善国际丝路旅游合作的基础设施

丝绸之路沿线国家应加大对旅游基础设施的投资力度，争取国家在基本建设资金中拨专款用于旅游基础设施的建设。主要用在重点旅游景区公路、通信、供水、供电、环保等基础设施的配套建设；基础设施不求豪华，但求实用、够用。

4. 打造国际丝路精品旅游线路

首先，优先开发节点城市。利用中心地和点-轴开发理论，先期开发各国的重点旅游城市，利用这些旅游城市的辐射和扩散效应，以点带面，带动整个轴线的发展。其次，优先开发重点旅游线路。根据丝绸之路旅游特点和现代旅游者的需求，优先开发自驾车旅游、专列专机旅游、文化专题旅游等。根据季节的变化，提供"一路多线""一线多式"的复合性旅游产品线路，满足不同旅游者的需要。

5. 加强丝路旅游安全合作

丝路沿线国家应建立反恐应急协调机制，加强对国家内部重点目标，如人流集中的旅游景区点、机场车站码头及交通工具等重要地点和设施的保障防范，制订应

急处置恐怖袭击的各种预案，明确负责部门的各种职责，以及保障国际旅游者安全的有效措施。

五、丝路·突破——旅游体制创新的突破口

丝绸之路旅游区要获得发展，首先要在体制上进行创新。只有理顺体制，才能在此基础上，确立各方的责、权、利，才能将规划、策略、方案落实下去。体制创新的首要突破口和关键点是合作，合作谋求共赢是丝路旅游发展的必然之路。

1. 丝绸之路旅游的国际合作

世界各方对丝绸之路的发展给予极大关注。世界旅游组织正在协调丝绸之路的签证，联合国开发计划署搭起丝绸之路投资论坛。丝绸之路要由历史文化名牌转化为旅游品牌，必须树立世界眼光，积极与丝绸之路国际段接轨，谋求共同发展。

2. 丝绸之路旅游的区块合作

发展共谋：由国家旅游局牵头，沿线各省市的旅游局参与，构建丝绸之路旅游的合作性组织。实行城市会员制，鼓励各市旅行社、酒店、民航、铁路等旅游单位参与进来，共同商讨丝路旅游发展对策，就旅游航线、铁路、交通等基础设施完善和提升，就资源整合、市场共享、联合营销商谈具体策略。

资源共合：以丝路线路为依托，整合沿线的旅游资源和旅游景区、景点，推出不同类型的旅游产品和旅游线路，如玉石之路、宗教之路、风情之路、自驾车之路、探险之路等。

平台共享：丝路沿线各省区利用自身的电视、报纸、广播等传媒、网络、旅游集散中心等宣传平台为其他地区提供宣传和营销平台。

市场共育：沿线各地要加强联系，及时通报信息，互为推介产品，互通信息，共同分享客源市场。

政策共用：把丝绸之路旅游区打造成一个共同体，推行统一的优惠政策，如外地旅游车辆要享受当地旅游车辆的同等优惠；在协作范围内逐步取消"地陪制"，导游可以跨境流动等。

环境共建：要打破行政壁垒，打破地区封锁，实施无障碍旅游，为丝路旅游发展扫清地区保护制度、行业发展制约。

品牌共塑：在丝路旅游区内，确立统一品牌，但每个区块都有自身特色；统一

制作标识牌、宣传册、光盘，统一组合旅游线路，统一对外营销等。

线路共育：以丝绸之路为轴线，贯穿不同的旅游城市，形成大区域成带状线路，小区域形成辐射旅游的生产力布局特征。

营销共行：联合组团参加国际性旅游推介活动，树立世界旅游品牌形象；联合举办旅游招商会，吸引旅游企业、旅游投资者的关注；尤其要与世界性组织合作，举办高端会议、节事活动，利用节事活动的影响力营销丝路品牌。

六、丝路·升华——本次规划的创新实践价值

本次规划是中国旅游规划业界第一次由一家民营公司独立承接的国家委托跨省级旅游总体规划，也是中国旅游规划第一次向公众开放规划全过程的营销型规划。本次规划不仅是丝绸之路总体旅游资源的规划与整合，更是把传统学术型的规划过程，变为体现活力时尚，产生持续市场影响力，创新创造旅游产品，提升丝绸之路旅游国际品牌价值的"过程型规划"，为丝绸之路的旅游经济发展打开了一片全新的天地。

第八章 省级规划案例

案例一：深化改革，创新提升，铸造"清新福建"世界级旅游品牌
——《福建省旅游产业创新提升规划》

全面深化改革的新时代已然到来，在"美丽中国""生态文明""新型城镇化"的大背景下，在党中央国务院关于加快海峡西岸经济区建设、关于加快全国首个生态文明先行示范区建设、推进21世纪海上丝绸之路核心区建设，以及福建自贸区建设一系列的政策叠加之下，国家对旅游业的重视程度达到空前高度，全省更加深刻认识到旅游业必将成为推动福建省经济结构调整和发展方式转变的重要力量。福建旅游业发展迎来了重要战略机遇！

为了有效对接政策，强化"清新福建"国际品牌，进一步做强做精旅游产品，全面提升福建省公共服务品质，全面推进旅游产业创新发展，2013年11月，北京巅峰智业旅游文化创意股份有限公司受福建省旅游局委托，启动编制《福建省旅游产业创新提升规划》，为福建旅游业创新发展投智！

图 8-1　福建土楼

一、独特视角挖掘福建优势，找出问题精准突破

认清福建战略格局，全面彰显区位优势。

——对台优势明显，成为两岸交流合作的重要前沿平台和纽带。福建作为台湾地区和祖国大陆的接合部，邻近港澳，发挥着承南启北，贯通东西的桥梁、纽带作用。地缘相近、血缘相亲、文缘相承、商缘相连、法缘相循的闽台"五缘"优势具有独特性和不可替代性，是加强两岸交流合作、推动两岸关系和平发展的重要前沿平台。

——海上丝绸之路重要起始点。福建是历史上海上丝绸之路的重要起点和发祥地，海外华侨华人众多且经济实力雄厚，民营经济与对外经贸联系紧密。泉州、福州、漳州与北海、广州、宁波、扬州、蓬莱、南京9市联合申报海上丝绸之路（中国段）世界文化遗产，积极构建沿线海上联盟和海丝旅游大通道，实现客源互送、文化交流和经济繁荣，打开世界旅游格局新窗口。在党中央提出建设丝绸之路经济带和21世纪海上丝绸之路（"一带一路"）战略指引下，福建旅游大有作为，将成为我国深化与东盟、阿盟等国家和地区旅游人文交流的重要纽带。

——福建陆海空立体交通大发展，旅游放大效应明显，带来数亿级潜力市场。①高铁机遇。近年来，随着厦深高铁、"中国最美高铁"向莆铁路的开通，合福高铁的规划建设，以及福州—上海动车组的运营，福建交通新格局将福建省与长三角、珠三角及广阔内陆紧密相连，覆盖数亿级市场潜力规模，福建旅游市场空间迅速扩大。②海上交通优势明显。随着闽台海上直航、"小三通"海空联运、环海峡邮轮旅游的不断推进，以及厦门邮轮母港建设、国际邮轮旅游航线的不断拓展，福建海上交通优势日益凸显，有条件支撑国际邮轮旅游、环海峡旅游圈构建等大发展。

审图号：GS（2008）1394号　　　　　　　　　　　2008年6月 国家测绘局制

图 8-2　海上丝绸之路文化之路

第八章 省级规划案例

审图号：GS（2008）1394号　　　　　　　　　　　　　　2008年6月 国家测绘局制

图8-3 "海上丝绸之路"的交通网络分布

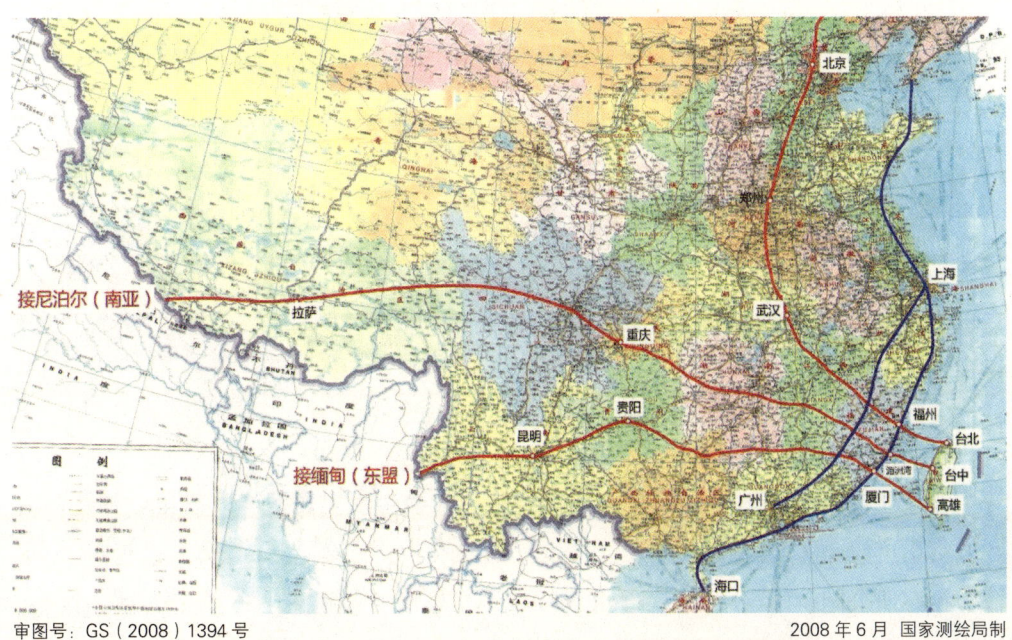

审图号：GS（2008）1394号　　　　　　　　　　　　　　2008年6月 国家测绘局制

图8-4 福建"十二五"交通规划三条横向运输大通道

第三篇　实战需求下的科学创新规划　145

"一带一路"旅游创新发展

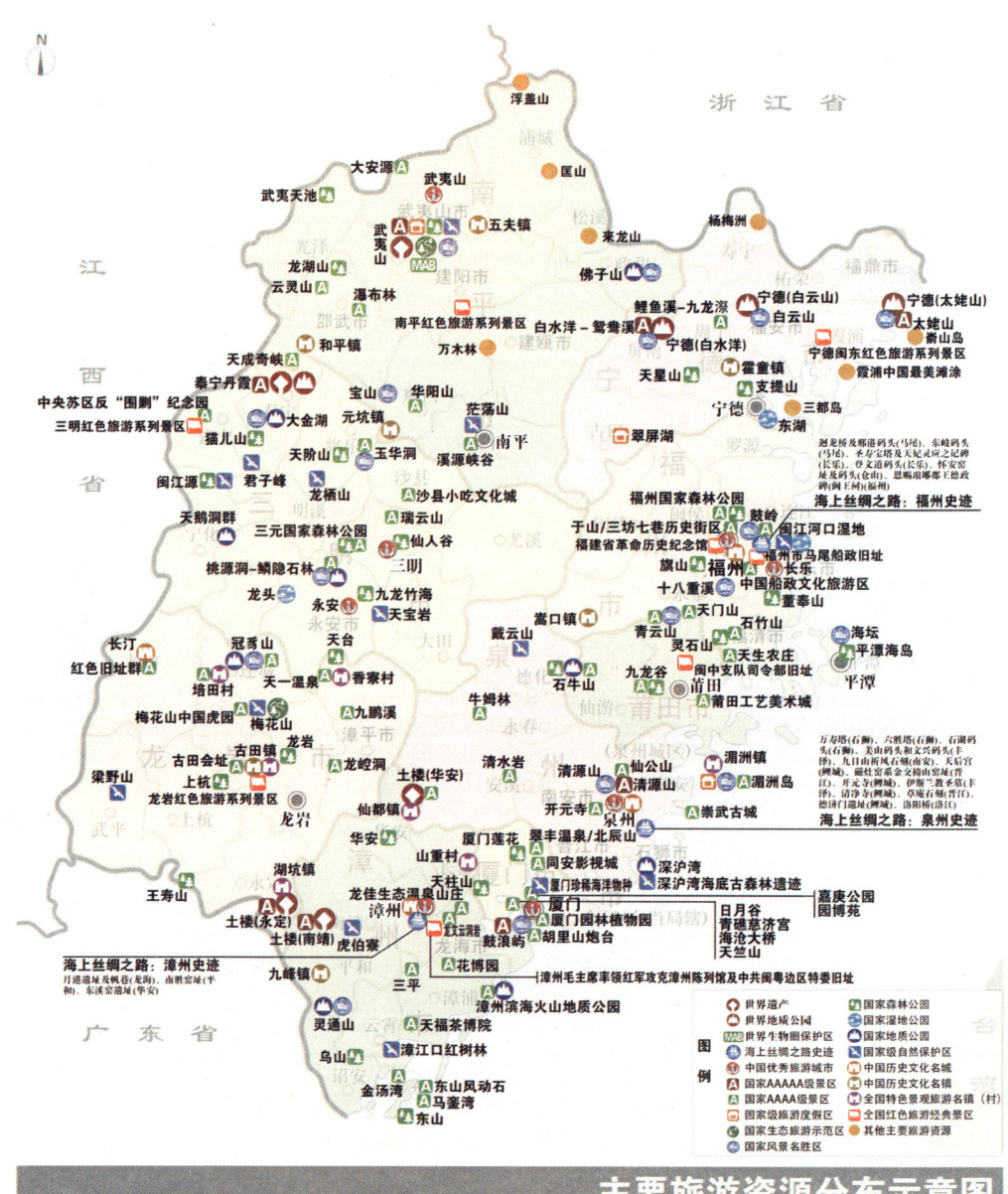

图 8-5 福建省主要旅游资源分布示意图

一流生态人居环境、多元文化独具特色、人文生活类资源异彩纷呈。福建拥有武夷山（世界自然与文化遗产）、土楼（世界文化遗产）、泰宁（世界自然遗产）、宁德世界地质公园、妈祖（海峡文化精神地标）、泉州（东亚文化之都）、茶（大红袍、铁观音、坦洋工夫红茶）等世界级潜力资源，是名副其实的生态大省、海洋大省、文化大省。综合价值高、特色鲜明、潜力巨大，其文化优势概括为最传统、最进取、最自然。在旅游创新发展大背景下，福建具备作为国际级生态文化旅游大省引领发展的特殊禀赋。

福建省旅游产业发展三大问题亟须突破。

（1）旅游产业规模不大。旅游业发展以规模扩张型、资源依赖型的门票经济为主要方式，尚未形成消费驱动的产业经济发展模式。

（2）旅游产品层次不高。福建处于我国沿海旅游发展竞争激烈的地区，客源有效吸引力不足，产品层次有待提升。

（3）旅游市场影响力不强。旅游产品多而不强，服务主体杂而不精，高能级的旅游服务要素缺乏，知名品牌不突出。

二、上承政策下接地气，三大聚焦奏响福建最强音

1. 明确"一中心两示范区"的发展定位

聚焦福建旅游三大优势，针对三大问题，破解旅游产业发展难题，实现全面创新提升。着力产业创新、营销创新和改革创新三大创新，以及空间优化提升、服务品质提升和智慧旅游提升三大提升。有效释放旅游业强产业、促消费、利民生、生态互促、对台合作五大功能，激活社会经济发展新动力，将福建省建设成为集观光游览、休闲度假、文化体验、产业旅游、养生康体、老年旅游、研学旅行等于一身，多功能、综合型、高品质的国际知名旅游目的地。全力支撑福建省"一中心两示范区"（我国重要的自然和文化旅游中心、全国生态旅游示范区、海峡两岸旅游交流合作示范区）的建设。

2. 提出三大聚焦，瞄准旅游产业发力点

（1）聚焦生态旅游

将生态旅游作为全国生态文明先行示范区建设的旗手和亮点。打响一个"清新福建"总体品牌，打造绿色和蓝色生态旅游带，加快建设全国生态旅游创新区。引领三大生态示范：制定生态旅游标准体系，建立景区PM2.5指数、负氧离子等生态指数发布制度，并在全国率先推广；建设生态旅游项目，推广国家级生态旅游示范区；率先探索福建特色的"国家公园"体制，建设一批"国家公园"。建立国家生态旅游示范区体系，打造一批国家生态旅游示范区，省级择优推荐申报国家级。积极发展海峡邮轮游艇、清新主题海岛、地域文化体验、八闽精品民宿、特色温泉休闲、自驾畅游东南、山海健康运动、福地养生养老等特色业态和绿色产品。实施"百

镇千村"生态乡村旅游工程,着力发展庄园经济,建设一批茶庄、渔庄、花庄、森庄、果庄等。通过旅游带动,促进绿色产业提质增效,打造旅、农、渔三大千亿级产业。

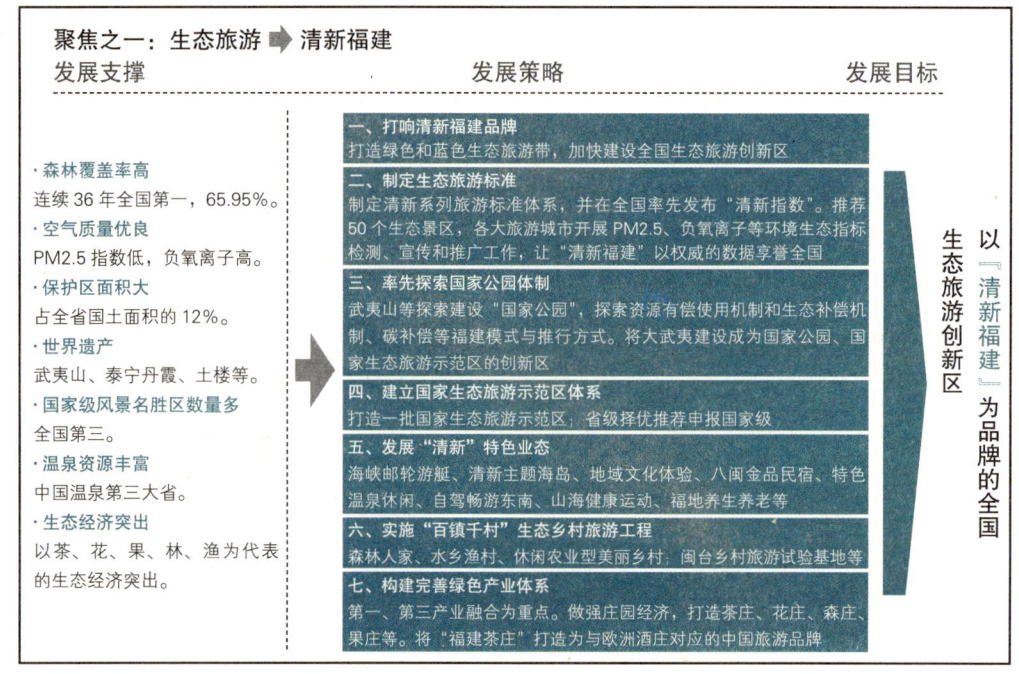

图 8-6　三大聚焦之生态旅游

（2）聚焦海洋旅游

建设"21世纪海上丝绸之路",对接世界旅游组织,依托妈祖文化、闽商文化、船政文化、郑和下西洋文化等"海丝"相关文化资源,牵头探索跨国、跨区合作模式,推进与东盟国家的旅游融合发展。加强对137个适合发展旅游的无居民海岛的开发,加快推进鼓浪屿、东山岛建设文化度假海岛,湄洲岛建设妈祖文化旅游胜地和妈祖信众朝圣岛。以滨海旅游名城建设为引领,重点打造厦门"时尚浪漫海岸"、福州"闽都文化海岸"、莆田"湄洲妈祖海岸"、泉州"东亚文化海岸"、宁德"中国渔家海岸"、漳州"国际慢享海岸"等风情海岸带,六个品牌拱卫一个"国家文化海岸带",建设一条"钻石海岸海景大道"。大力发展邮轮游艇新业态,规划引导沿海公共旅游码头建设,增开国际、国内邮轮航线。打造海上丝绸之路旅游经济走廊和环南海旅游经济圈。积极开发海洋美食和海洋旅游商品,打造资源富集、组合度高的国际知名滨海旅游目的地。

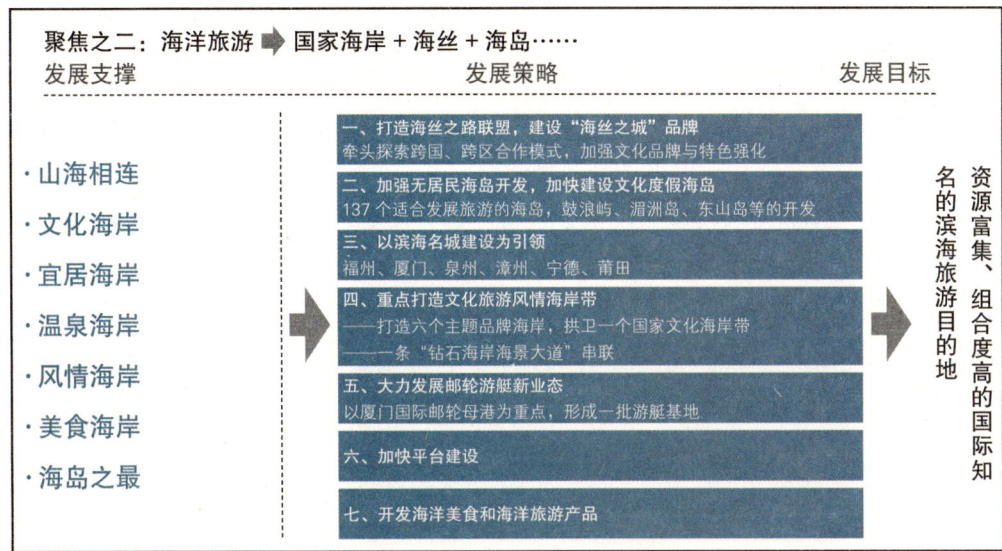

图 8-7　三大聚焦之海洋旅游

（3）聚焦对台旅游

加快构建资源共享、产品互补、市场共推、品牌共打的"环海峡旅游圈"，进一步深化对台旅游合作。共建两岸水上旅游"黄金通道"，持续拓宽海上直航游线、

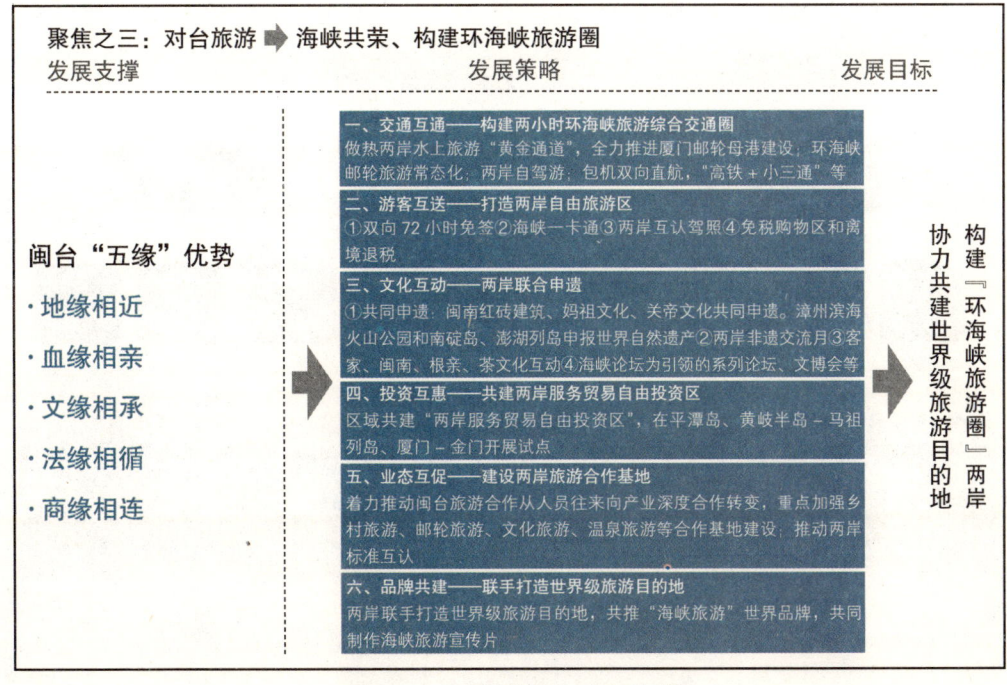

图 8-8　三大聚焦之对台旅游

环海峡邮轮旅游、"小三通"海陆空联运等便捷通道，构建两小时环海峡旅游综合交通圈，实现交通互通；打造两岸自由旅游区，通过"双向72小时免签""海峡一卡通"、两岸驾照互认等工程，实现游客互送；通过两岸联合申遗（闽南红砖建筑、妈祖文化、关帝文化共同申报世界文化遗产，漳州滨海火山公园和南碇岛、澎湖列岛申报世界自然遗产），客家、闽南、根亲、茶文化互动工程等，实现文化互动；通过在平潭岛、黄岐半岛－马祖列岛、厦门－金门三地试点共建"两岸服务贸易自由投资区"，实现投资互惠；共建"闽台乡村旅游试验基地""闽台温泉旅游试验基地"等旅游合作基地，实现业态互促；两岸构建"环海峡旅游圈"，协力共建世界级旅游目的地。

三、三大创新，三大提升，助推福建打造世界级旅游名片

1. 产业创新

以改革开放增强旅游业发展动力。以"大旅游、大产业、国际化"的视野观，全面推进产业融合发展，不断拓展旅游新领域与新空间，扩大产业面，延展产业链，形成产业群。激发市场活力，培育产业龙头，做大做强以旅游业为引领的绿色产业经济。积极推动福建旅游产业与新型工业化、信息化、城镇化和农业现代化相结合，实现经济效益、社会效益和生态效益相统一。

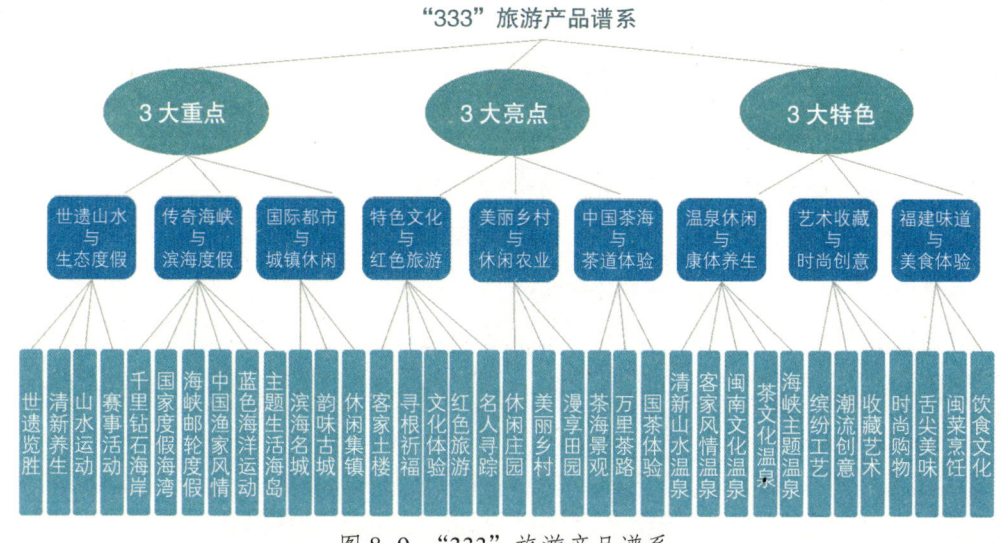

图 8-9 "333" 旅游产品谱系

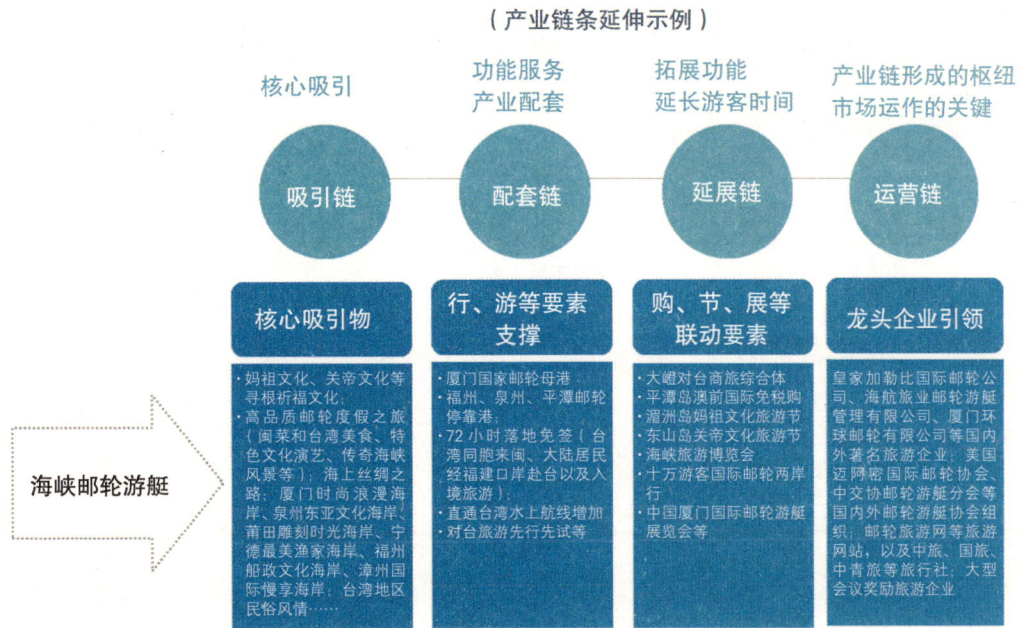

图 8-10 产业链条延伸示例

2. 营销创新

探索创新"1+3+10+N"的市场营销模式。由"1个创意营销中心（整合营销办）+3个职能部门（市场处、宣传中心、信息中心）+10地（9个地市及平潭）+N个外围支持团队"组成创意营销模式，形成总体统领、横纵联合、专业分工、市场运作的立体化整合营销体系。采用"联合推介、捆绑营销"的方式，整合省、市、县及旅游企业的资源和宣传促销资金，引导营销的准确定位和科学投放，采用多管齐下的营销手段，通过制度和机制加强管理。跨部门、跨行业、跨地域整合联动推广机制，使"清新福建"从旅游品牌转变为福建省的代名词，进而成为全国名牌。

3. 改革创新

以"政府主导"转向"政府引导＋市场主导"体制机制新格局。明确六大改革要点，包括推进行业体制改革、加快旅游改革试点、推动旅游市场向社会资本全面开放、稳步推进旅游景区管理体制改革、构建全省旅游服务监管治理体系、持续闽台先行优势。

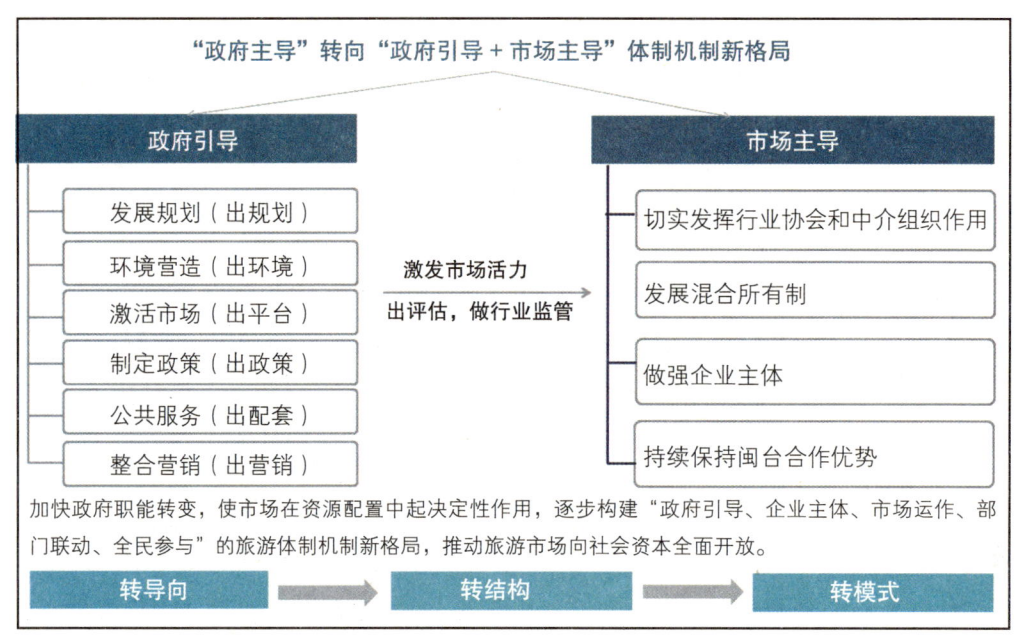

图 8-11 体制机制新格局

图 8-12 空间格局图

4. 区域优化提升

根据"多点造极、城旅互动、产业互融"原则，在"233"的空间优化基础上，对9个市与一个实验区提出旅游发展指引，形成全省多点支撑、共同推出，打造区域排头兵，实现福建省旅游全域化发展。同时实现旅游业由资源依托型向产业发展型提升。

5. 服务品质提升

按照高水准的旅游设施、周密细致的安全保障、实际的居民获益度和参与度、便捷的可进入性、极高的游客满意度等要求，结合福建旅游创新提升需求，加大对旅游公共服务设施的投入，建设完善福建六大旅游公共服务体系，推进实施八大工程，构建与国际接轨的旅游公共服务供给机制和保障机制，全面提升旅游公共配套质量和综合服务水平，提供主客共享、国际水准、体系完备、优质高效、安全舒适的旅游公共服务。

6. 智慧旅游提升

充分发挥智慧旅游在旅游业转型升级中的助推作用，全面推进福建省智慧旅游提升工程，以将福建省建成"让游客完全满意的智慧旅游目的地"为目标，实现便利服务、精准营销、精细管理。加强智慧旅游顶层设计，构建"159"实施载体，创新智慧旅游产品，探索个性化服务新模式，落实智慧旅游试点计划，实现"数字福建旅游"。

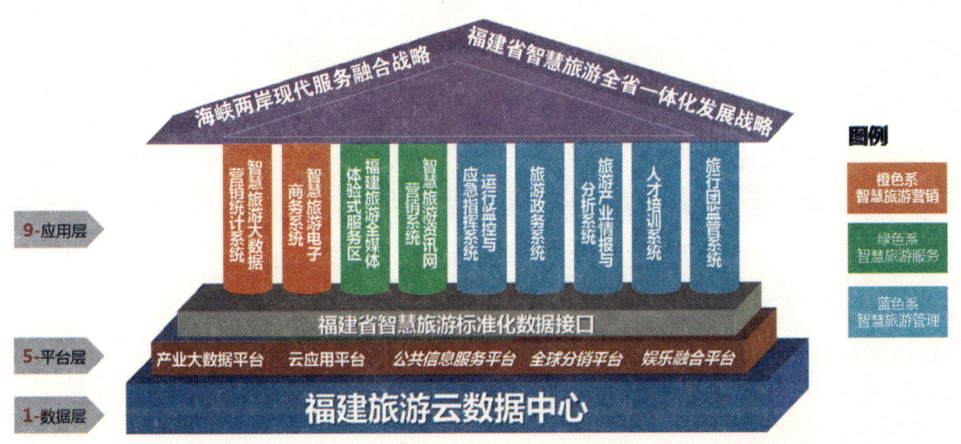

图 8-13　智慧旅游体系

四、规划有"余香"，旅游生产力之花绽放

（1）福建正在全面实施规划，让我们感受到规划真正转变为现实生产力。

（2）进一步明确了"清新福建"总品牌，已在国内外主流媒体全力推广。

（3）为福建省 2015 年度争取到增加 1 个多亿的旅游业发展配套资金。

（4）全面梳理福建省旅游项目库（含重点村镇、产业融合类及配套类项目等），形成了"示范引领一批、整合提升一批、创新培育一批"三个一批的旅游项目库体系及三年行动计划。全省年度重大项目旅游资金竞争性扶持已落实，2014年连城冠豸山、莆田湄洲岛各获得3000万元省级旅游专项资金使用权。

（5）本规划相应的产品实施方案、公共服务实施方案已经在福建省内各地市分期推进、落实。

案例二：创新研究，全力推进四川省世界旅游目的地建设
——《四川省建设世界旅游目的地专题研究》

四川省是我国拥有世界自然文化遗产和国家重点风景名胜区较多的省（直辖市、自治区）之一，是我国西部旅游业发展的重要引擎区，是西部旅游总收入的排头兵，已具备了打造世界旅游目的地的基础支撑。四川省建设世界旅游目的地是顺应国际态势发展、树立旅游大国形象、落实四川旅游战略的需要，有助于塑造区域形象，提升四川省旅游知名度和影响力，有助于保护世界遗产，推动四川省传统文化传承与创新，有助于加快转型升级，促进四川旅游经济强省的建设，有助于提升旅游产业，实现四川省旅游整体跨越大发展。因此，为顺应国际态势、树立旅游大国形象、落实四川旅游战略，做强做精四川省旅游产品，全面提升四川省公共服务品质，全面推进旅游产业创新发展，全面接轨国际旅游，2013年1月，巅峰智业成都分公司受四川省旅游局委托编制《四川省建设世界旅游目的地专题研究》，为四川省建设世界旅游目的地提供理论依据和智力支持。

一、全方位研究，找准差距各个击破

参考国际标准，构建四川省世界旅游目的地指标体系，定量研究指标差距；与国内外世界旅游目的地相比，定性诊断现状问题，总结出四川省建设世界旅游目的地有三大不足、三大失衡。

详细指标差距分析
四川详细指标差距分析
强势指标
弱势指标

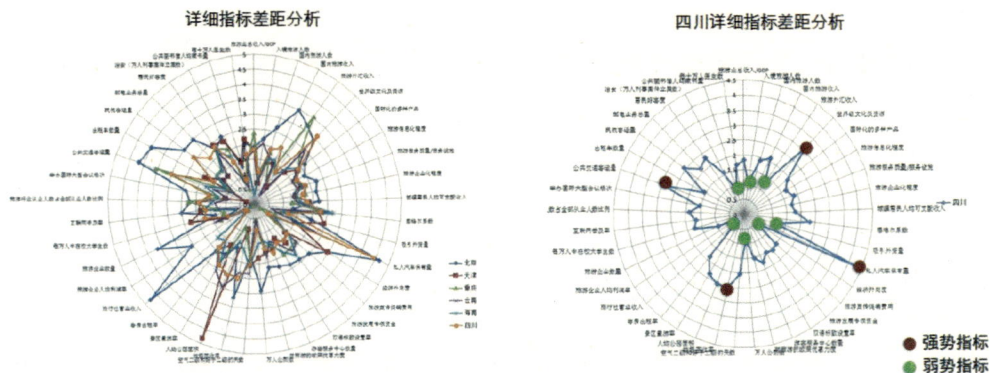

图 8-14 四川省与国内外部分城市定量指标差距分析图

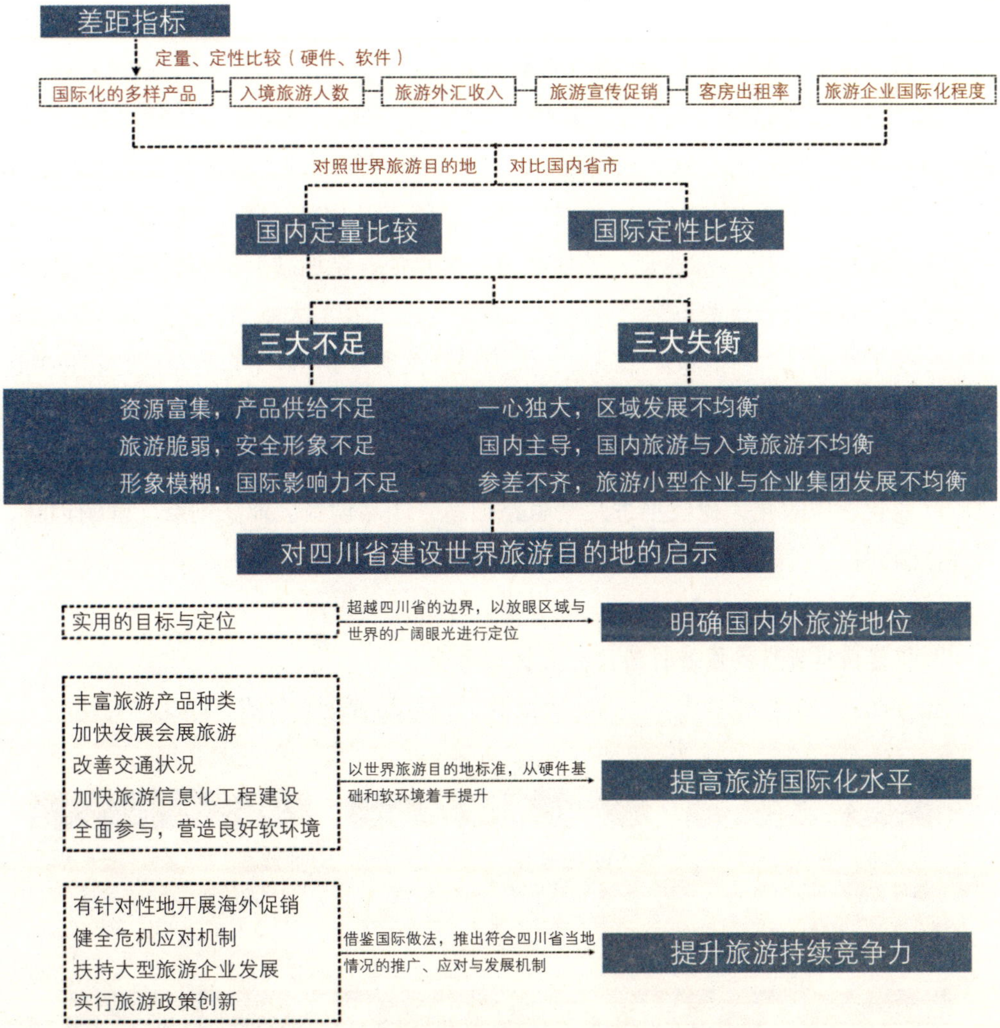

差距指标
定量、定性比较（硬件、软件）
国际化的多样产品
入境旅游人数
旅游外汇收入
旅游宣传促销
客房出租率
旅游企业国际化程度
对照世界旅游目的地
对比国内省市
国内定量比较
国际定性比较
三大不足
三大失衡
资源富集，产品供给不足
旅游脆弱，安全形象不足
形象模糊，国际影响力不足
一心独大，区域发展不均衡
国内主导，国内旅游与入境旅游不均衡
参差不齐，旅游小型企业与企业集团发展不均衡
对四川省建设世界旅游目的地的启示
实用的目标与定位
超越四川省的边界，以放眼区域与世界的广阔眼光进行定位
明确国内外旅游地位
丰富旅游产品种类
加快发展会展旅游
改善交通状况
加快旅游信息化工程建设
全面参与，营造良好软环境
以世界旅游目的地标准，从硬件基础和软环境着手提升
提高旅游国际化水平
有针对性地开展海外促销
健全危机应对机制
扶持大型旅游企业发展
实行旅游政策创新
借鉴国际做法，推出符合四川省当地情况的推广、应对与发展机制
提升旅游持续竞争力

图 8-15 四川省与世界旅游目的地差距诊断图

二、问题导向,基于差距创新思路

1. 明确四川省世界旅游目的地总体目标

通过问题诊断、现状资源分析、市场评估等,提出以市场为导向,以大项目建设为抓手,以区域合作为引领,创新四川省经济发展模式,以"聚合观光、动态度假"全域旅游的理念发展四川旅游,重点发展观光式度假、休闲式度假,将旅游业培育成为四川省国民经济的战略性支柱产业、第三产业的龙头产业,力争到2020年,将四川省建设成为世界顶级的复合型度假旅游目的地,打造中国旅游升级版,成为中国旅游业新的增长极和国际旅游合作新典范,引领中国旅游产业转型升级与创新发展。

2. 树立四川省世界旅游目的地发展战略定位

通过精品倍增战略、品牌提升战略、全面融合战略、改革创新战略四大战略树立四川省世界旅游目的地发展战略定位。精品倍增战略,即三年内树立世界级旅游精品与一批世界知名国内一流的旅游产品;品牌提升战略,将2014—2016年作为"四川品牌关键三年",加速提升整体旅游品牌形象;全面融合战略,即区域融合、产业融合、要素融合、业态融合,通过大成都、大九寨、大峨眉三大国际级综合服务中心和集散枢纽、一批新业态项目、一批提升性项目、100个自驾车营地、100个精品旅游休闲集镇、1000个美丽乡村建设,以及四川智慧旅游的系统打造实现全域融合;改革创新战略,即以改革创新思路统领旅游产业的提升发展,大力推进市场化、产业化、质效化,积极推进发展思路创新、产品创新、业态创新、营销创新、管理体制创新、投融资体制创新,全面推动四川旅游跨越式发展。

3. 构建四川省世界旅游目的地三大核心功能

通过确立"世界熊猫之乡"这一大品牌,挖掘品牌核心价值,联动三大功能。

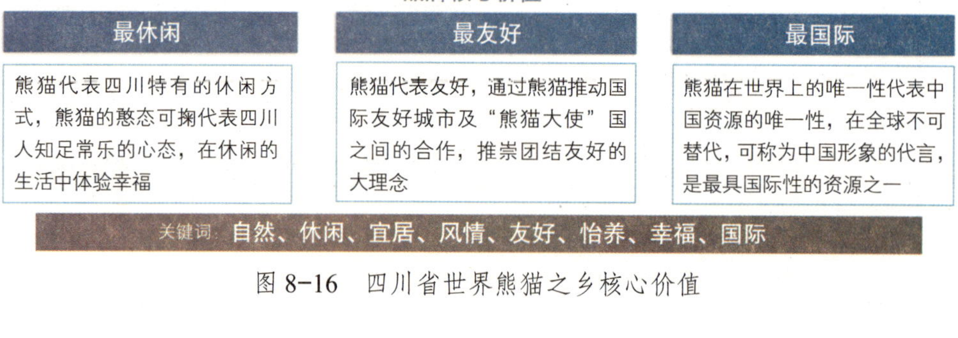

品牌核心价值

最休闲	最友好	最国际
熊猫代表四川特有的休闲方式,熊猫的憨态可掬代表四川人知足常乐的心态,在休闲的生活中体验幸福	熊猫代表友好,通过熊猫推动国际友好城市及"熊猫大使"之间的合作,推崇团结友好的大理念	熊猫在世界上的唯一性代表中国资源的唯一性,在全球不可替代,可称为中国形象的代言,是最具国际性的资源之一

关键词:**自然、休闲、宜居、风情、友好、怡养、幸福、国际**

图 8-16 四川省世界熊猫之乡核心价值

（1）最休闲——川式休闲旅游

充分凸显四川本地特色文化，深入挖掘藏羌彝民族文化的原真性和影响力，并充分利用自然景观资源，使四川省成为具有浓郁"川式"味道的高品质的文化圣地。

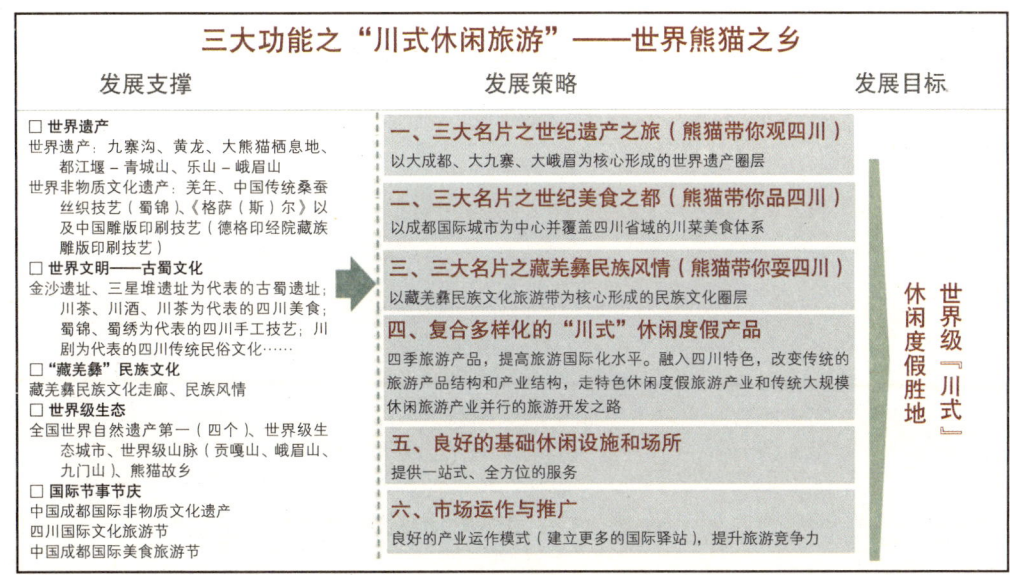

图8-17 川式休闲旅游构建体系

（2）最便捷——区域旅游枢纽

四川省可成为周边区域的旅游枢纽及中国西部通往国内其他旅游省市的门户。

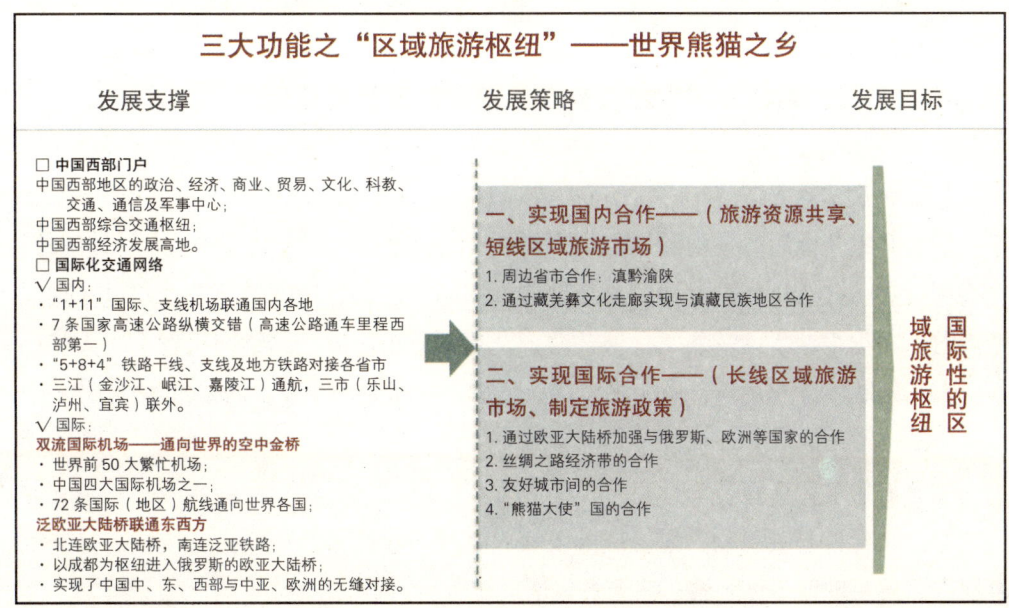

图8-18 国际性区域旅游枢纽构建体系

（3）最国际——国际会议与展览

依托欧亚大陆桥，大力发展商务会展旅游，使四川省成为欧亚地区重要的会展及大型会议举办地。

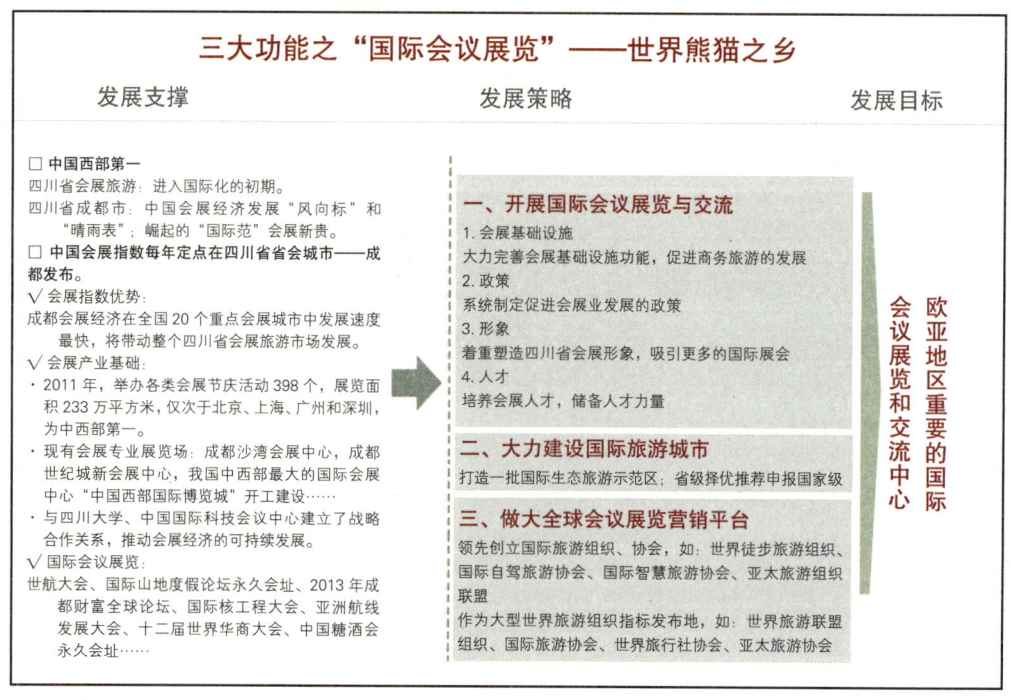

图 8-19　国际会议展览构建体系

三、六大举措，制订四川省建设世界旅游目的地行动计划

1. 创新旅游新业态

通过升级一批熊猫主题游、精品自驾游、高端度假游、世界美食游、乡村休闲游，打造一批"川式"休闲游、藏羌彝风情游、国际会展游、国际节事游，建设一批新遗产游、文化主题乐园游、文化演艺游、文化创意街区游，围绕四川省十二大特色新业态，延展旅游产业链，做大旅游产业集群，主抓龙头企业，激发市场活力。

2. 延展旅游产业链条

通过构建核心吸引物、配套服务要素、延展产业链条、创新运营模式，打造世界遗产之旅、世界美食之旅、藏羌彝风情之旅等旅游业态。

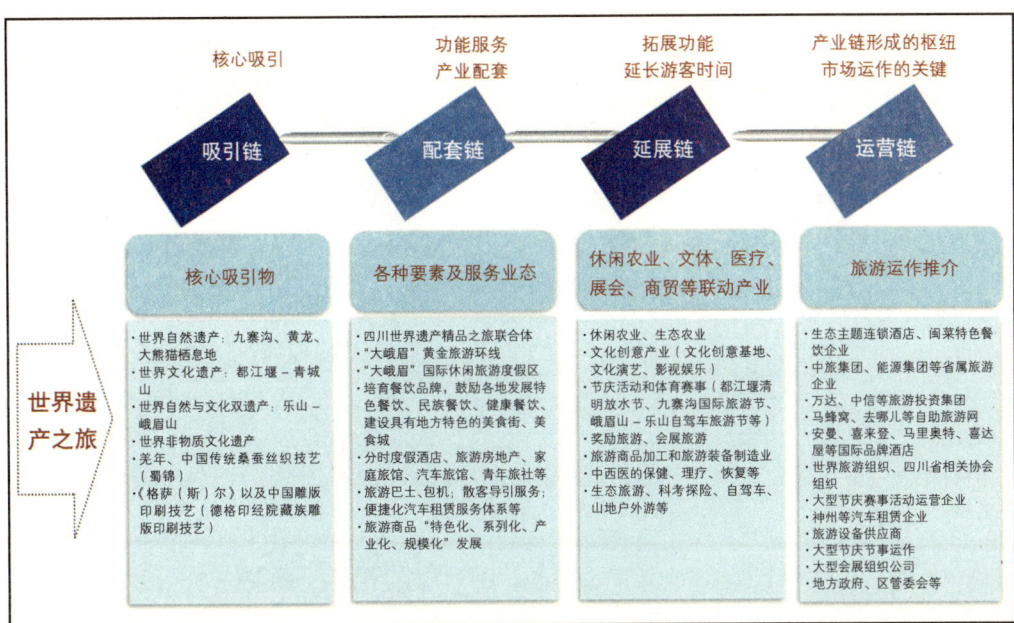

图 8-20 世界遗产之旅

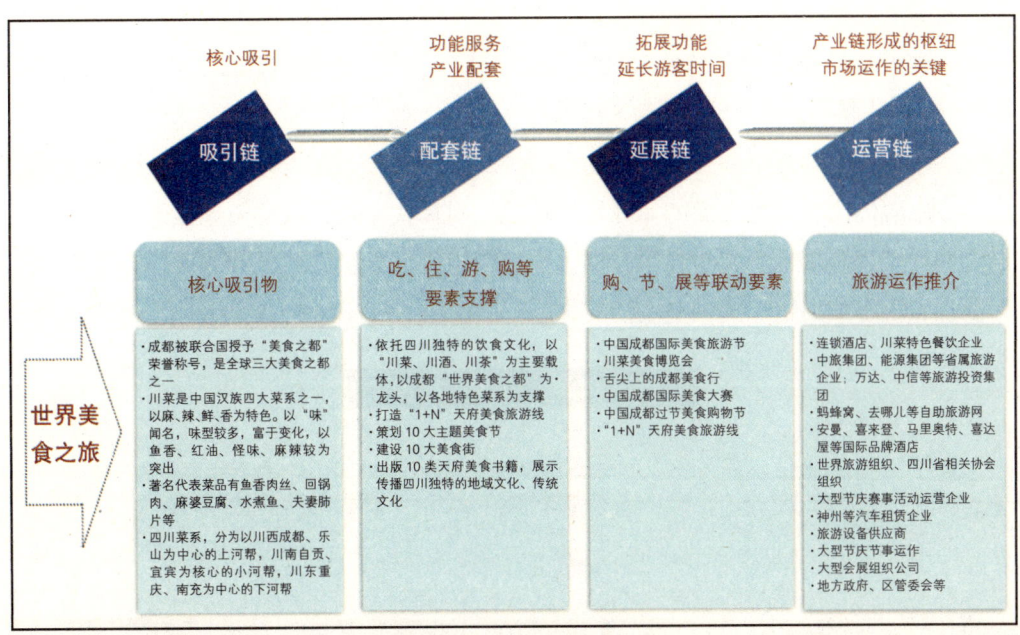

图 8-21 世界美食之旅

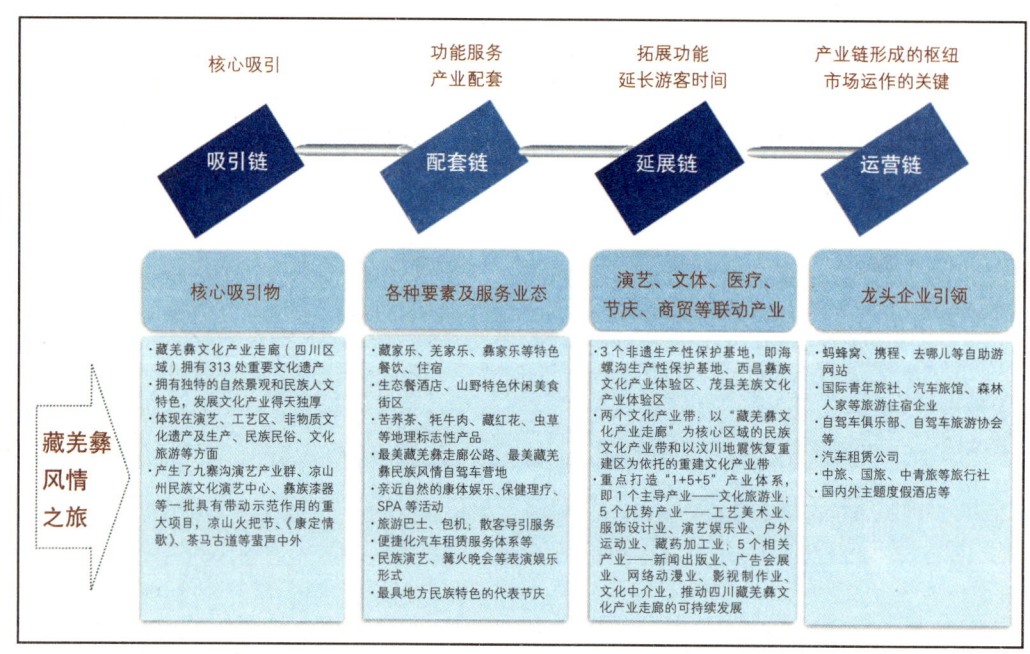

图 8-22 藏羌彝风情之旅

3. 完善公共服务系统

以建设世界级旅游目的地为目标，以"熊猫之乡"为品牌，以"世界维度、国际标准、川式特色、聚合观光、动态度假"为原则，通过对巴黎、东京、新加坡、纽约、悉尼、中国香港等地区旅游公共服务体系的系统研究，结合四川省旅游交通、旅游信息、旅游休闲设施等方面的实际发展情况，对标找差距，以"三大体系"为统领，以"九大工程"落地实施为抓手，梯次推进四川省世界级旅游公共服务体系的构建，为全省旅游生产力格局提供坚实的支撑。

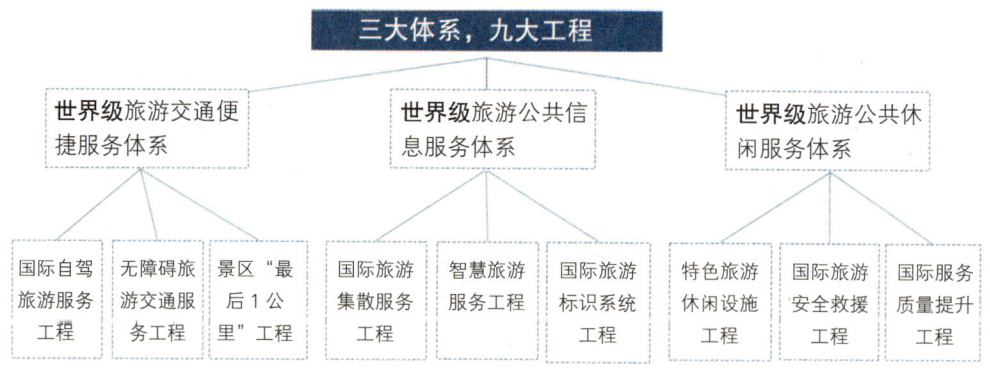

图 8-23 公共服务体系建设

4. 升级旅游营销体系

通过网络营销，包含微博、微信、微电影、官方旅游网站、合作旅游网站、SNS社交网、O2O模式、搜索引擎SEO等，植入营销系统，包含宣传片、杂志、书籍等方式，以"世界熊猫之乡"为总体旅游品牌，着力推广成都国际旅游城市、世界美食之都、世界遗产旅游、藏羌彝民族之旅等国际旅游名片。通过全方位高品质的品牌建设工程和营销推进工程，用三年时间，让"世界熊猫之都"的独特川味深入人心，提振四川人的自豪感。

战略定位		措施	具体活动建议	做强营销平台
一大品牌	世界熊猫之乡	提升熊猫吸引力，梳理"世界熊猫之乡"个性鲜明的旅游品牌	设立熊猫品牌推广机构，与国内外大型旅游批发商合作，在世界范围内设立四川旅游推广分支机构，全球推广四川熊猫之乡 通过大型节事活动推广，如参加国际旅游节事活动、举办国际熊猫文化节等 完成有关"世界熊猫之乡"品牌知识产权保护及商标注册工作	▲领先创立国际旅游组织、协会，如世界徒步旅游组织、国际自驾旅游协会、国际智慧旅游协会、亚太旅游组织联盟 ▲成为大型世界旅游组织指标发布地，如世界旅游联盟组织、国际旅游协会、世界旅行社协会、亚太旅游协会 ▲设立国际性旅游组织总部基地，如作为世界旅游振兴与危机应对国际会议永久会址，引导亚太旅游组织联盟、国际自驾旅游协会等在川设立总部
三大功能	世界级"川式"休闲度假胜地	拓展和加强四川休闲度假旅游产品	注重传统节庆品牌提升，创新话题、事件营销，保障四川旅游时时有热点 注重传统媒体应用，筛选强势媒体，多种方式并用，如邀请名人担任"川式"休闲大使，使"川式"休闲更加平易近人 拓展新媒体营销，把握特定市场群体，创新营销方式，如邀请游客自己设计旅程，体验"川式"休闲	
	国际性的区域旅游枢纽	加强区域合作	利用72小时免签政策，参加国际旅游展及其他推广活动，拓展客源	
		运用创新及有效的推广手法	开拓欧亚重点市场，与欧洲如俄罗斯等建立业务网络，到欧亚各国举办大型推广活动	
	欧亚地区重要的国际会议展览和交流中心	推动会展旅游	退出针对会展旅游的推广平台，在欧亚市场宣传四川优势 增进四川与海外会展奖励旅游业界的合作联系 在机场设立特快入境专柜，方便会展旅客入境 参加多项展览，提升会展旅游目的地地位	

图 8-24 四川省建设世界旅游目的地品牌体系

5. 创新旅游发展改革

以继续推进"成都市、乐山市、峨眉山市"旅游改革试点建设及设立甘孜、阿坝、凉山、攀枝花全域旅游实验区的"先试先行、以点带面"策略推进全省旅游综合改革建设，带动全省旅游发展。

通过编制与实施人才战略与规划、组建四川旅游专家库、建立"政、企、学、研"相结合的旅游人才培养体系、落实旅游人才吸引政策及奖励措施、建立旅游人才标准体制和认证体系等手段，创新四川省建设世界旅游目的地的智力平台。

鼓励和引导民营资本全方位进入旅游领域、重点推进政府开办的经营性旅游宾馆及旅游景区的管办分离、引导本地旅游企业和大型投资公司联合等方式全面推进旅游企业改革。同时通过创新旅游目的地治理模式、完善政策体制创新、加强运行与监管创新等加快四川省世界旅游目的地改革创新。

6. 实施环境保护工程

通过构建"四区八带多点（块）"生态安全战略格局加强生态环境保护，以若尔盖草原湿地生态功能区、川滇森林及生物多样性生态功能区、秦巴生物多样性生态功能区、大小凉山水土保持和生物多样性生态功能区四大生态功能区为重点，以金沙江流域生态带、雅砻江流域生态带、长江流域生态带、岷江－大渡河流域生态带、沱江流域生态带、涪江流域生态带、嘉陵江流域生态带、渠江流域生态带八大流域水土保持带及水生生物重要分布区系为骨架，以乐山大佛－峨眉山、九寨沟－黄龙、大熊猫栖息地等世界遗产地、自然保护区、水产种质资源保护区、森林公园、湿地公园和风景名胜区等点（块）状分布的典型生态系为重要组成，加快建设长江上游生态安全屏障，为全国生态安全奠定坚实基础。

弘扬民族优秀文化传统，增强民族自尊心、自信心、自豪感，加强四川的文化软实力和提高四川文化的国际影响力，推动四川从文化大省向文化强省跨越。

四、四大成效，加快落实四川省世界旅游目的地建设

（1）启动相关规划，编制了《中国最美景观大道318/317川藏世界旅游目的地（四川段）规划》《成都市旅游业发展2025规划纲要》等相关规划；

（2）制定建设世界旅游目的地的相关政策；

（3）世界熊猫品牌进一步落实，并全力推广，同时国际购物天堂、国际会议会展中心等支撑品牌也逐步落实；

（4）各市州围绕四川省建设世界旅游目的地，已制订了相应行动计划。

案例三：文化复兴助中原历史文化旅游区战略崛起
——《中原历史文化旅游区总体规划》

习近平总书记指出，中华优秀传统文化是中华民族的精神命脉，是涵养社会主义核心价值观的重要源泉，也是我们在世界文化激荡中站稳脚跟的坚实根基。国务院《关于支持河南省加快建设中原经济区的指导意见》和《中原经济区规划》确定中原经济区"华夏历史文明传承创新区"的战略定位，提出建设"中原历史文化旅游区"，中原历史文化旅游发展进入发展方式转变与传承创新的重要阶段。中原历史文化旅游区涵盖河南省全境，以及河北省邢台市、邯郸市，山西省长治市、晋城市、运城市，安徽省宿州市、淮北市、阜阳市、亳州市、蚌埠市和淮南市凤台县、潘集区，山东省聊城市、菏泽市和泰安市东平县，共5省30市13个县（区），区域总面积为28.9万平方公里。

一、中原历史文化区重要地位

华夏文明核心起源地。中原历史文化旅游区地处黄河中下游，这里自古就处于九州之中，汇集四方文化，河图洛书诞生于此，中华主要姓氏发源于此，虽经历战乱和朝代更替，但文化传承从未中断。中原地区拥有许多具有重要历史文化地位和世界影响力的文化旅游资源。殷墟、嵩山、"天地之中"古代建筑群、龙门石窟、佛教祖庭白马寺、道教祖师老子故里、少林功夫、太极功夫，这些高品位历史文化旅游资源分布的密集度之高，在全国乃至全世界都是罕见的。

中华民族重要发祥地。中原地区是中国第一个王朝——夏王朝的创建之地，是夏代和商代的政治中心。中国历史上的八大古都，中原占有安阳、郑州、洛阳、开封4个，300多位帝王在中原建都。此外，中原地区还有享有盛名的淮阳太昊陵、涉县娲皇宫、商丘燧皇陵、新郑黄帝故里、安阳二帝陵、运城舜帝陵、蚌埠禹墟、濮阳挥公陵园等历史遗迹。黄帝故里拜祖大典、中原根亲文化节、濮阳龙文化节等寻根节庆活动的举办，每年都吸引海内外很多国家和地区的华人华侨到中原寻根祭祖。

儒佛道思想的核心传播地和发源地。中原地区作为儒家、汉传佛教和道教思想的核心传播地和发源地,对中国的学术思想、政治经济、军事谋略、文学艺术、科学技术、国民性格、伦理道德、思维方式、民风民俗、民间信仰等方面都产生了深远影响。这里至今仍保留了许多优秀的儒、佛、道文化旅游资源,如传授儒家经典的最高学府洛阳东汉太学遗址;汉传佛教祖庭洛阳白马寺,禅宗祖庭登封少林寺,中国佛教宗派"天台宗"起源地光山净居寺,佛教禅宗南宗五家之一"曹洞宗"祖庭邢台开元寺,北宋皇家佛教寺院开封相国寺;道教始祖老子故里鹿邑太清宫,相传老子西行并作《道德经》的灵宝函谷关,道教第一洞天王屋山,七十二福地之一南阳桐柏山,道教上清派宗源地沁阳二仙庙,道教全真派祖庭开封延庆观等。

古代中国政治、经济、文化、科技中心。夏代至北宋初,中原地区一直是全国的政治、经济、文化、科技中心,通过古丝绸之路、隋唐大运河等古代商贸运输通道,中华民族的优秀文化成果传播到中亚、中东、欧洲和非洲,对全国乃至世界的发展都产生了深远的影响。二里头、仰韶、裴李岗等都是中国重要的古代文化遗址。贾湖出土的世界上现存最早的可吹奏乐器鹤骨笛和最早的酿酒陶器,淅川下寺出土的国内体积最大、铸造时间最早的云纹铜禁,我国现存最古老的天文观测建筑登封观星台和周公测景台等都是重要的文物旅游资源。

二、中原历史文化旅游资源发展模式

1. 历史文化旅游资源活化模式

将中原历史文化资源与现代时尚元素相结合,以视觉营造、标志打造、情境演绎、虚拟再现、角色塑造等形式活化历史,发挥历史文化资源的旅游功能,重点开发文化体验型旅游产品,变历史文化旅游资源优势为产业发展优势,增强中原历史文化的生命力,实现历史文化旅游资源的有效开发。

2. 圈层保护开发模式

对有保护要求的历史文化旅游景区,实施圈层保护开发模式,以"核心保护区(核心圈)+旅游功能区(外围圈)"的空间开发理念,形成区域统筹、梯度推进、重点突出的历史文化旅游产业布局。其中,核心保护区(核心圈)主体功能突出保护和展示。旅游功能区(外围圈)属综合服务配套圈层,主体功能为休闲度假、服务配套与产业发展。

3. 文化旅游消费延展模式

依托已经形成的历史文化旅游项目，做好文化观光、度假养生、休闲康体、演艺娱乐、餐饮住宿、旅游商品等产业。延展历史文化旅游消费领域，推动文化遗址公园、博物馆、文化产业园区的创新发展，构建文化观光+文化休闲+文化度假的产品体系，实现门票经济向产业经济的转变。

4. 区域合作"3+2"模式

打造区域合作"3+2"模式。"3"是3类主体，即政府、企业、行业组织。"2"是2项核心任务，即品牌营销和旅游线路组织。加强5省30市（县）政府、各类企业以及行业组织间的合作，构建制度化、高层次、常规化的协作机制，保证资金、人才、信息充分流动，发挥区域品牌联动营销和跨省市跨区域的精品线路组织工作，提升中原历史文化旅游区的影响力和渗透力。

三、重点发展十三大品牌

选取有资源基础，在规划期内便于形成旅游核心吸引力的四大古都、嵩山少林、国花牡丹、古今丝路、黄帝故里、关公故里、黄河文明、殷墟甲骨、释源祖庭、中医养生、南水北调、姓氏祖源、运河中枢，打造十三大旅游品牌，充分发挥品牌带动作用，进行重点营销推广。通过历史文化旅游综合体建设、历史文化旅游景区提升和创新培育历史文化旅游新业态，实现中原历史文化旅游产业转型升级。

四大古都。洛阳——十三朝古都。开封——七朝古都。郑州——商朝前期都城。安阳——商朝后期、东魏、北齐都城。四个古都都位居中国八大古都之列。

嵩山少林。嵩山是华夏文明圣山、少林寺是世界功夫之都。

国花牡丹。洛阳牡丹甲天下，菏泽牡丹甲海内。

古今丝路。洛阳是东汉时期丝绸之路的起点，郑州航空港经济综合试验区是现代丝路的起点。

黄帝故里。新郑黄帝故里是华夏始祖黄帝的诞生和建都之地。

关公故里。山西运城是关公的诞生地。

黄河文明。世界上人类大河流域文明的唯一完美遗存。

殷墟甲骨。殷墟是中国历史上第一个有文献、考古与甲骨文印证的都城遗址。甲骨是中国甲骨文化与青铜器文明的经典。

释源祖庭。 白马寺是中国佛教发源地，中国第一座佛教寺院。

中医养生。 孙思邈采药养生于太行山，华佗故里在安徽亳州市，区内到处盛产中药材。

南水北调。 迄今为止人类跨度规模最大的水利工程，连通长江、黄河、淮河和海河四大流域，贯穿荆楚文化、中原文化和燕赵文化，是特色鲜明的文化生态精品旅游线路。

姓氏祖源。 当今中国常见的一百个大姓中有七十多个都起源于这里。龙脉传承，铸就百族华夏；姓氏渊源，道尽千古沧桑。

运河中枢。 洛阳、开封是中国唐宋大运河的中枢，东平等地是京杭大运河的走廊。

四、名城带动大项目支撑

大力推进洛阳、开封、郑州·登封国际历史文化旅游名城建设。扩大旅游产业规模，提升旅游产业档次，使旅游产品丰富多彩，生态环境优美，交通四通八达，配套设施健全，购物旅游发达。强化全球性市场影响力，挖掘世界级历史文化旅游资源吸引力，增强国际化旅游产品的体验度。发挥产业龙头带动效应，形成健康可持续的发展环境，建立历史文化旅游产品体系，提供雅俗共赏、多层次、多样化的历史文化旅游产品。

充分发挥资源优势，做大旅游投资，面向市场需求，打造一批具有发展潜质、功能复合、规模较大、业态丰富、产业链长的华夏历史文化旅游综合体。以中原历史文化旅游区范围内的世界文化遗产、国家非物质文化遗产、4A级以上文化旅游景区、国家级重点文物保护单位为依托，以吸引力、竞争力和旅游产业发展潜力为原则，筛选"12个龙头、50个重点"文化旅游景区，进行深耕细作、扩张外延、全面提升，打造成为具有全国影响力的精品历史文化旅游景区。

五、创新一体化合作共赢发展机制

建立旅游合作发展联席会议。 中原历史文化旅游区旅游合作发展联席会议成员，建议由中原经济区5省旅游局局长担任会议委员，吸引各省重点旅行社、酒店、民航、铁路等单位参加，共同研讨制定旅游开发建设规划，共同策划旅游线路，对中原历史文化旅游区内部旅游业的发展与合作进行深入探讨和研究，拓展交流渠道，不断扩大合作领域。

搭建中原历史文化旅游区投融资平台。申请中原历史文化旅游区各省成为金融支撑文化旅游发展的"国家级金融改革创新试验区",开展相关金融创新试点,并申请设立区域性金融中心,吸引国内外金融机构进入。

加强旅游行业管理,规范旅游市场秩序。制定《中原历史文化旅游区旅游条例》,建立健全旅游综合协调机制、旅游市场联合执法监管机制、旅游投诉统一受理机制和旅游安全综合管理机制;建立完善旅游公共服务体系、旅游规划编制和评价体系、旅游产业发展促进体系、旅游安全救助体系;确立旅游安全风险提示制度、高风险旅游保障制度、旅游景区价格和流量管理制度、城乡居民经营旅游业务管理制度,加强旅游行业管理,规范旅游市场秩序。

六、构建中原历史文化旅游区无障碍旅游

建设"中原无障碍旅游区"。在中原经济区的平台上提出"中原无障碍旅游区"的概念,构建"互为旅游目的地、互为旅游市场"基本利益格局。建设中原历史文化旅游圈,借以实现旅游线路重组和共享、旅游产品更新和提升、区域旅游功能分工协作、客源市场共同开拓与互换、联合促销、旅游企业之间优化组合以及区域旅游整体形象构建等目标,使参与行动的地方在一体化进程中均能获得经济效益、社会效益和生态效益。

构建"一票到底"的旅游集散中心网络。实现各地旅游集散中心远程网络售票系统端口的连接,在出售本地旅游套票的同时,还可实时销售其他城市集散中心的旅游套票。游客在任一旅游集散中心可以购买区域内任一景区门票,亦可从任一旅游集散中心的各客运站直抵区内景区,实现"一票到底"。

重点发展六大旅游联动,实现区域合作营销。大中原、大黄河、丝绸之路、古都、大太行、隋唐运河六大旅游联动,在区域内以重点景区为依托,以精品线路为纽带,以中原历史文化旅游区的"米"字形旅游发展带为基础,由点到线、由线到面,实现品牌带动和区域联动,大力推进跨行业、跨景区的旅游合作营销。

第九章 市级规划案例

案例一:"国门港、世界城",天津旅游业"十三五"扬帆起航

——《天津市旅游业发展"十三五"规划》

图 9-1 天津市旅游业发展"十三五"规划

一、项目规划背景

从延续千年的"漕运码头",到近代中国的"工业摇篮",再到影响世界的"经济论坛",天津一直是中国走向世界的先行者,东方与西方文化交汇的舞台,中西合璧、古今兼容。

"十二五"发展期间,天津市围绕着建设"国际港口城市、北方经济中心和生态城市"的战略定位,经济、社会、文化等多方面建设取得突出的成就。作为国民经济的战略性支柱产业,天津市旅游业呈现出持续、快速、健康发展的良好

态势。

"十三五"期间将是我国整体发展非常重要的关键阶段，是打造中国经济升级版、推进五位一体全面深化改革、全面建设小康社会的核心节点，也是天津市经济、社会和旅游国际化发展的重要时期，是天津市推进京津冀协同发展、参与"一带一路"建设的关键五年。在中国经济转型新背景、城市发展新机遇、旅游业发展新趋势的时代背景下，天津将以旅游业发展提升城市综合竞争力，有效支撑天津城市的战略定位，使天津在参与世界级城市的竞争中占得一席之地。

按照天津市委、市政府建设旅游强市的部署，天津市旅游局特委托北京巅峰智业编制《天津市旅游业发展"十三五"规划》（以下简称《规划》），指导天津旅游业"十三五"期间科学发展、和谐发展、跨越发展，推动天津城市建设的进程与步伐和战略目标的实现。

二、旅游"十三五"再认识

旅游"十三五"规划作为区域旅游发展战略规划、政府旅游工作战略部署，具有"时效性、延续性、实操性、创新性"等独特的特点。

鉴于旅游"十三五"的规划性质和特点，按照政府文件要求形成的旅游"十三五"成果框架，一般包含四大方面：对标总结、机遇挑战、发现分析、创新规划。对标总结，对"十二五"的工作做全面、客观的总结评估，以期对"十三五"工作进行指导和借鉴。机遇挑战，阐述对接国家及城市面临的历史机遇。发现分析则涵盖区位、资源等旅游业发展的内部条件。创新规划主要包括总体发展思路、准确目标定位、科学空间结构、优化旅游品牌、创新产品抓手等方面的创新规划。

三、核心规划内容

《规划》结合天津市建设"国际港口城市、北方经济中心和生态城市"的雄心壮志，将天津旅游业升格为构筑城市竞争力的重要手段，提出将天津建设成为国际旅游目的地、国际旅游集散地、国际重要旅游装备制造基地的战略目标，打造"国门港、世界城"，有效支撑天津城市战略定位的有序推进。

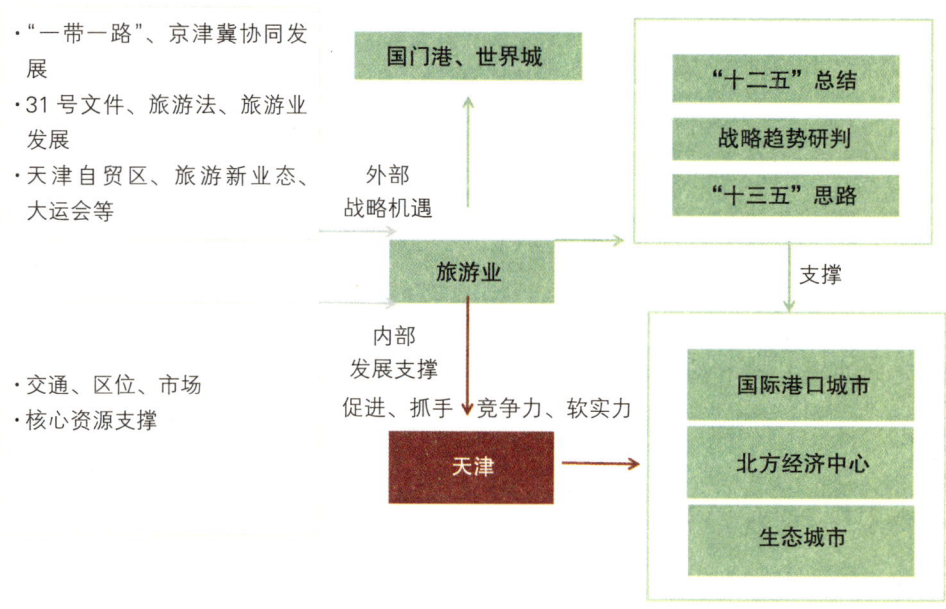

图 9-2 天津市旅游"十三五"规划总体思路图

1. 对接国家战略，借势落实发展

"一带一路、京津冀一体化"重大国家战略深入实施，将为天津发展拓展广阔空间。天津旅游业应借势国家战略，突破发展。

（1）"一带一路"：天津作为海上丝绸之路重要节点旅游城市、中蒙俄旅游合作走廊的重要节点旅游城市、旅游合作空中走廊的航空枢纽，将借势天津自贸区建设，依托国际邮轮母港，通过打造"滨海旅游综合改革试验区"，建设"国际旅游港、自由购物区"核心载体，强化"72 小时过境免签"机场口岸的政策落实，以国际通道建设为基础，以邮轮度假为突破，带动出入境旅游及滨海休闲购物跨越式发展，有望成为海上丝绸之路旅游集散中心、首都北京的"国门港"。

（2）京津冀协同发展：在京津冀一体化合作领域，立足京津冀现有旅游合作基础，树立京津冀大旅游目的地观念，开展京津冀区域的旅游协同发展，带动旅游业创新跨越发展。

第一，联合打造旅游产品，形成产品互补、线路串联，创新发展天津津派文化休闲、主题购物、邮轮度假

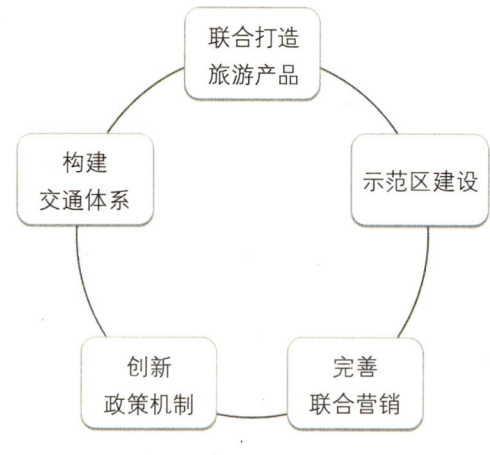

图 9-3 京津冀协同发展五大重点领域

等特色产品。

第二，通过优化区域集散系统、创新自驾支持体系等手段，优化交通，形成无缝对接。

第三，创新政策机制，在政策创新、机制协调、金融创新三大方面，重点推进"十二项"举措的实施。

第四，整体营销，推出六大重点举措，构建统一营销、游客互送的局面。

第五，示范区建设，共建三大合作示范区。打破区域界限，破除交通瓶颈，整合旅游资源，提出共建"京东休闲旅游示范区""运河旅游合作示范区""滨海旅游合作示范区"三大合作示范区，在京津冀旅游业协同发展上，形成示范带动效应。

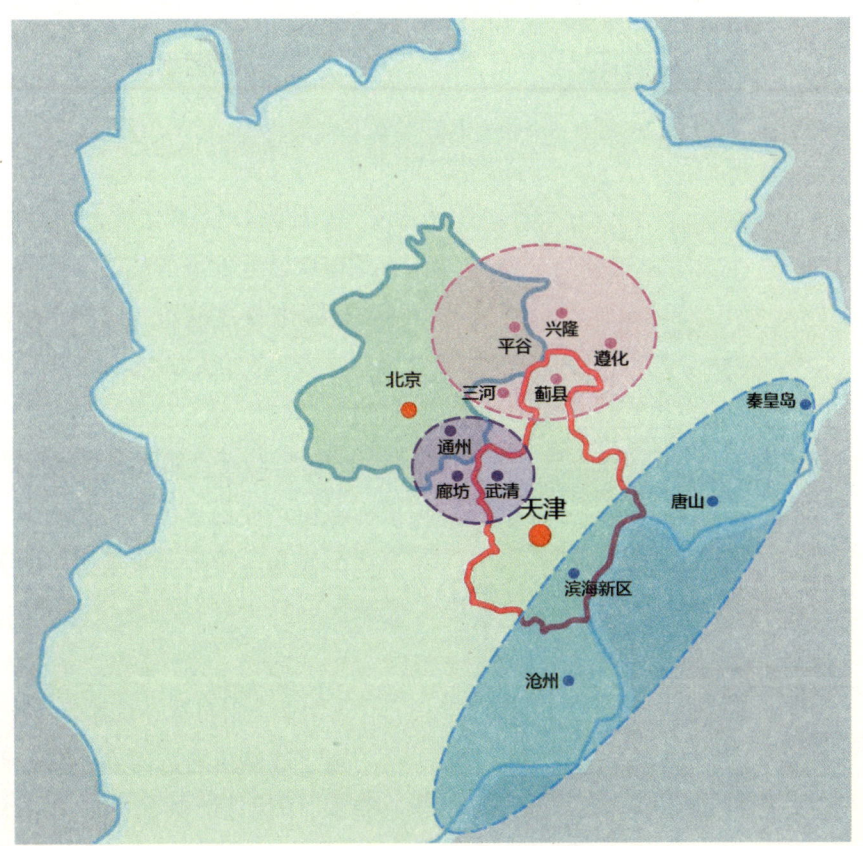

图9-4　三大京津冀合作示范区示意图

2. 创新资源体系，提炼核心价值

在天津"十三五"独特价值分析过程中，《规划》打破原有以景区、景点数量分析为主的资源分析方式，融合传统的资源分类方法，结合旅游"十三五"规划的特殊性质、天津独特的优势及如何延续城市的文化特色、立足旅游产品发展的基础，承接国家战略规划,创造性提出并提炼"国门港城、国际都会、津派文化、北国水都"核心资源价值。"十三五"期间重点在四大资源上持续发力,创新发展,使之成为目标支撑、产品打造的基础载体。

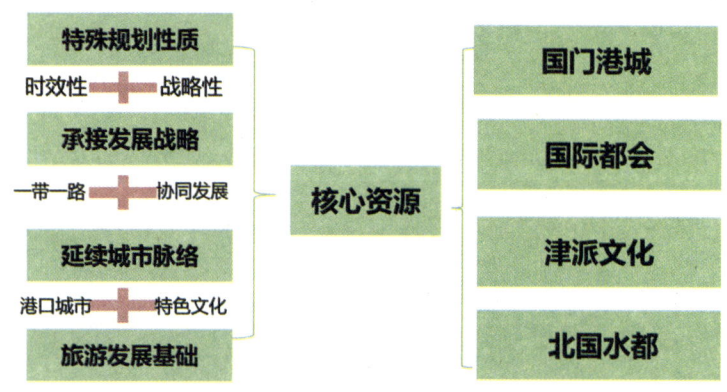

图9-5 四大核心资源提炼路线图

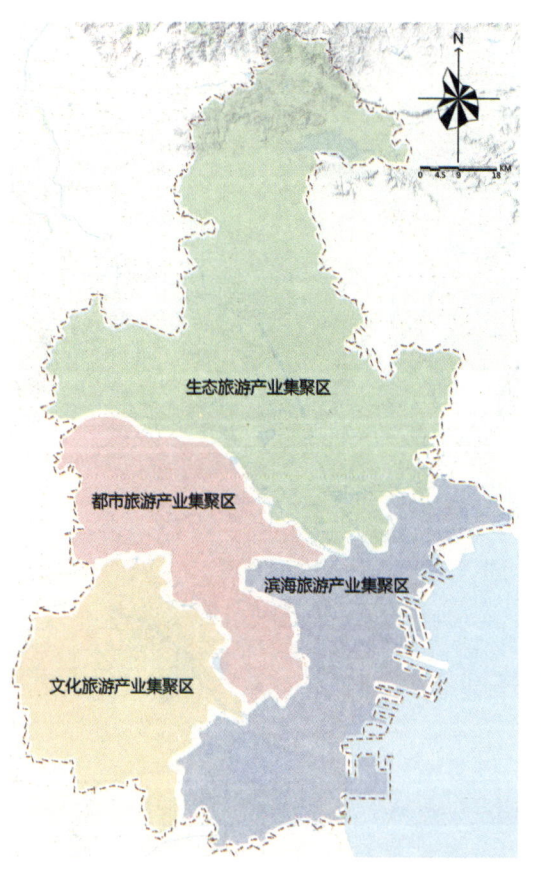

图9-6 核心资源构建四大产业集聚区

根据核心资源分析,梳理概括了天津市旅游业发展的核心发展战略。即"强国际港口之枢纽、建世界休闲之都会、立天津文化之根本、塑北国水都之特质"。同时,结合特色资源,"十三五"期间,逐步形成"都市旅游产业集聚区、滨海旅游产业集聚区、文化旅游产业集聚区、生态旅游产业集聚区"四大产业集聚区。

3. 对接发展目标,创新产品抓手

通过战略机遇的研判,结合天津核心资源,《规划》创新性提出五大龙头项目(核心产品),即国际邮轮母港旅游区、休闲购物综合体、京津汽车露营基地、"天津记忆"文创公园、津派水岸休闲区等五大创新性龙头项目,并使之成为天津"十三五"期间,实现"国门港、世界城"战略目标的核心支撑。

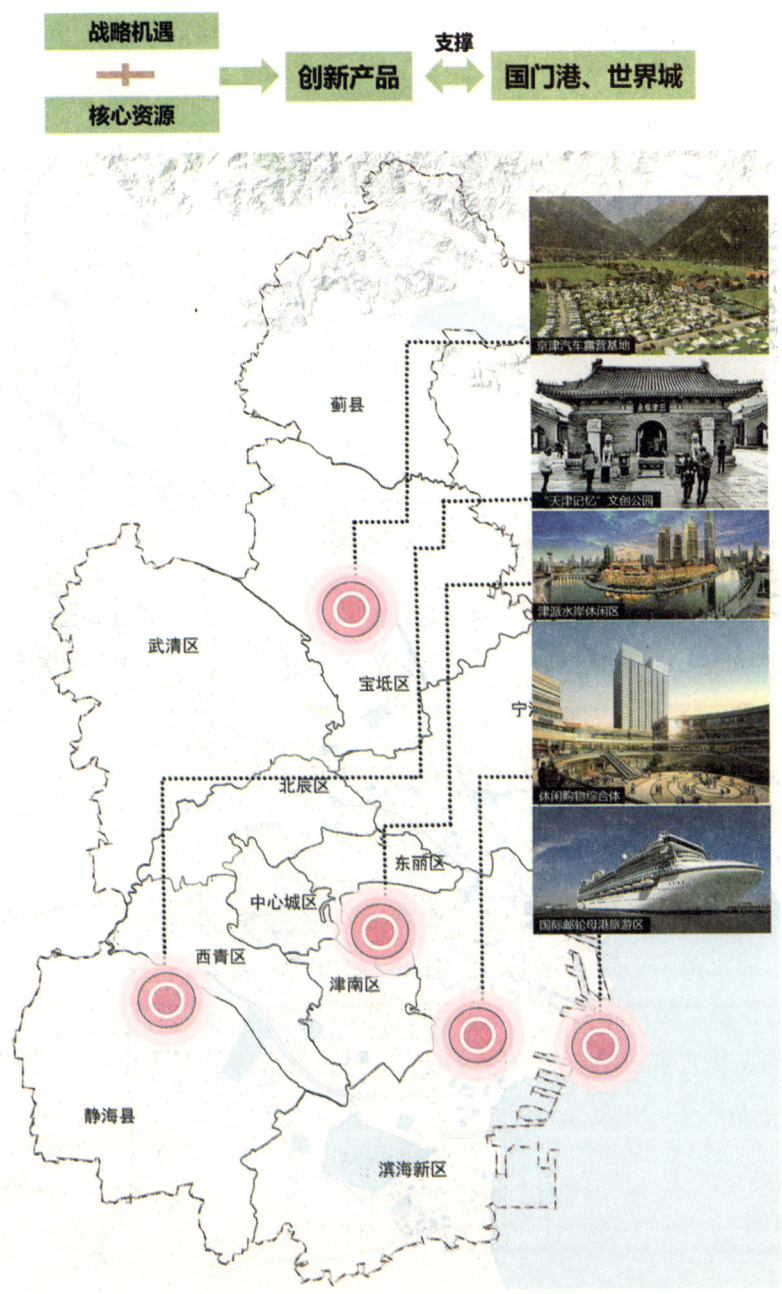

图 9-7　天津"十三五"期间五大龙头项目分布图

（1）国际邮轮母港旅游区

打造以国际邮轮旅游度假为核心的购物休闲、滨海娱乐和商务会展等产品，培育天津邮轮企业、组建区域性邮轮旅游联盟，通过集散体系、产品体系、产业体系、区域性邮轮旅游联盟服务体系的构建，形成以邮轮母港为核心的旅游增长极。

图 9-8　邮轮母港旅游区发展模式图

（2）休闲购物综合体

加强旅游、餐饮、娱乐多种休闲业态集聚发展，并延伸发展现代服务、服装定制、文化创意产业链条，打造一站式的国际化商业旅游综合体；以滨海第一城建设为契机，大力发展免税购物业态，带动旅游经济的发展，成为天津"国际都会"旅游新业态增长极。

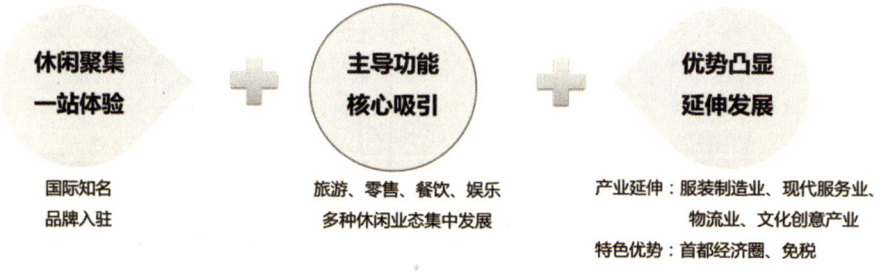

图 9-9　休闲购物综合体发展模式图

（3）"天津记忆"文创公园

以天津记忆文创公园为核心，辐射带动杨柳青古镇、精武门·中华武林园两大重点项目。整合相声、快板、小品等津派文化资源，融合音乐、美术、微电影、摄影等现代文化艺术传播形态，凝聚成可知可感可传播的"天津记忆"，打造传统文

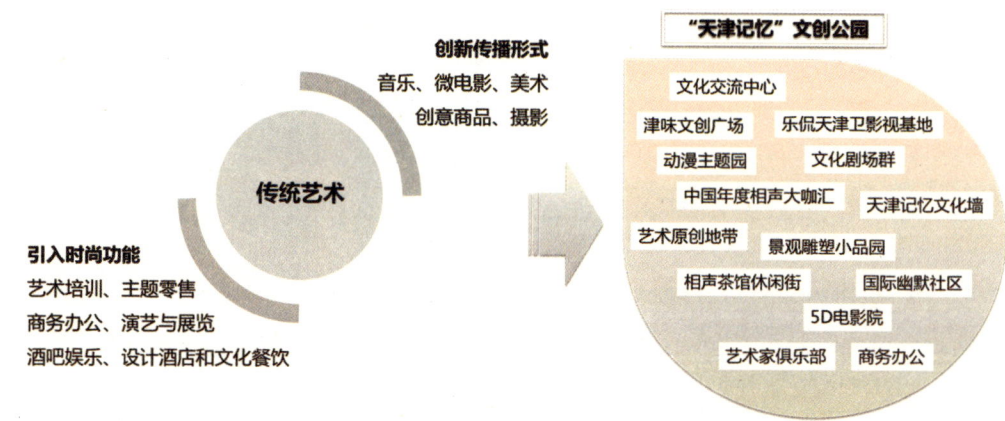

图 9-10　"天津记忆"文创公园发展模式图

化与创新艺术相交融的多元文化园区,使之成为对接现代化、国际化的天津文化创意产业高地。

(4)津派水岸休闲区

整合资源,多点串联,极化发展,丰富业态,强化夜间消费、完善标识体系、多种交通体验,塑造津派水岸休闲区。

图9-11 津派水岸休闲区发展模式图

(5)京津汽车露营基地

依托北运河、潮白河两条水带,串联北京、天津沿岸旅游节点,以点促线、以线带面,形成交通集散型、景区型等类型多样的星级汽车露营地。

4. 融入城市发展,优化空间体系

把旅游业作为促进城市发展的主要抓手,把城市、社会、生态、文化资源纳入"大旅游"范畴,一体化统筹提升旅游与相关产业竞争力,落实城市空间战略。在"十二五"旅游规划空间的基础上,创新一个空间组团,即滨海旅游综合改革试验组团;调整两个组团:原大黄堡组团调整为武清新城购物娱乐组团、原天嘉湖组团调整为津南历史文化组团,"十三五"期间,形成"一带三区九组团"的新格局。

图9-12 汽车露营基地分布图

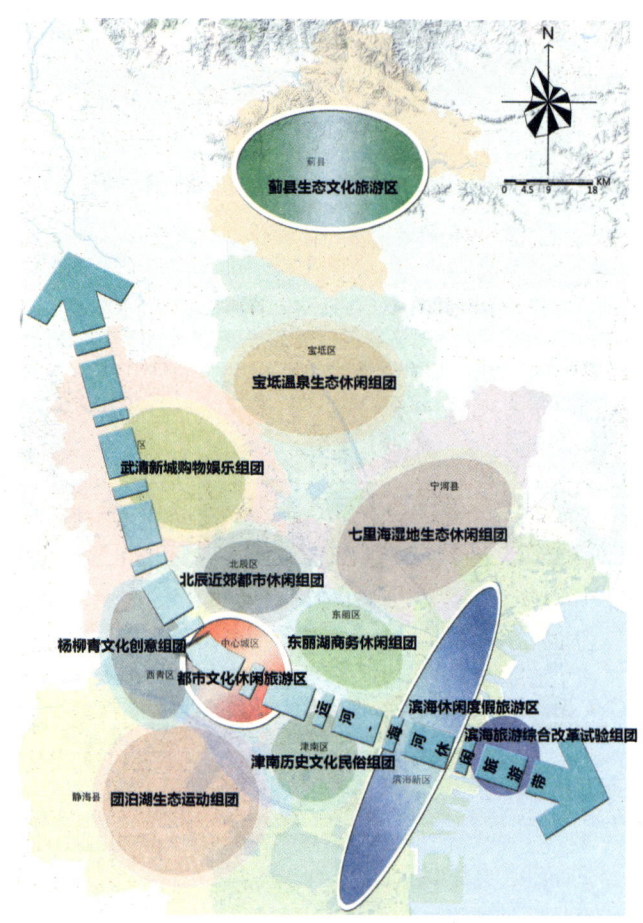

图 9-13 天津市旅游"十三五"规划空间布局

5. 创新项目序列，支撑全域发展

"十三五"期间为实现天津"国际旅游目的地"旅游发展总体目标，以各区县上报的项目库为内容依托，结合天津自贸区建设对滨海休闲、休闲购物的需求，融合 31 号文件的新要求，对接全民休闲、自驾游、养生养老、乡村旅游、文化旅游发展的新趋势。

综合考虑天津市旅游发展格局与项目发展潜力，按照"龙头带动、特色引领、差异互补、提档升级"的布局原则，以五大龙头项目为带动，形成"新增一批、拟建在建一批、整合提升一批"三大类别，组建天津"十三五""三个一批"重点项目体系，作为"十三五"期间支撑旅游业全域发展的核心载体。

6. 国际品牌引领，落实核心吸引

以"国门港世界城"作为总体形象，提升天津"十三五"旅游发展的新高度，将天津旅游推向全世界;持续发挥"天天乐道、津津有味"品牌影响力,通过"四味天津,六乐津门"的发掘打造,丰富"天天乐道、津津有味"品牌内涵与丰厚度。

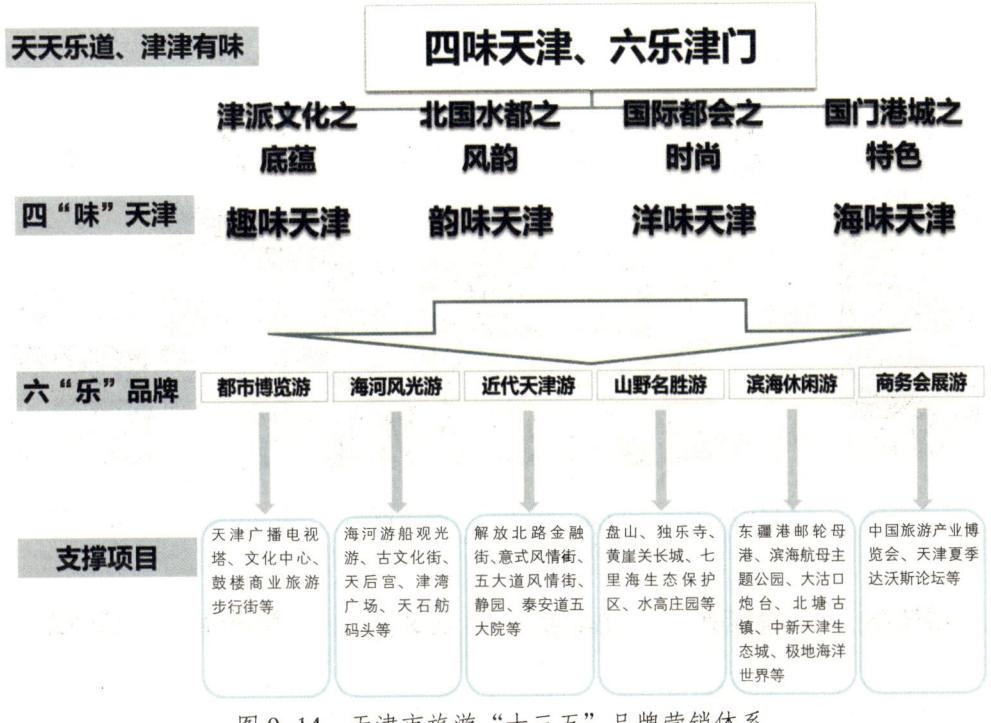

图 9-14 天津市旅游"十三五"品牌营销体系

7. 节庆活动推动,强化营销推广

对接国家战略,结合"一带一路"规划对天津的落位活动,通过六大节事活动的举办,提高天津旅游的知名度和影响力。

"一带一路"对天津的落位活动:2016年三大活动,"一带一路"民俗风情节,"一带一路"旅游产业博览会,"一带一路"旅游、酒店投资与文化产业发展国际论坛;2017年两大活动:"一带一路"美食文化节、"一带一路"民间艺术精品博览会。

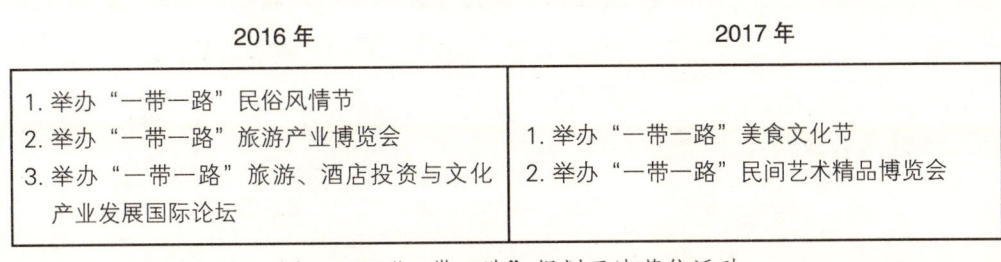

图 9-15 "一带一路"规划天津落位活动

结合天津的实际情况,提出举办"天津记忆"文创嘉年华、"北国水都"世界房车露营大会、"海通天下"邮轮产业发展大会、"五大道"国际风情旅游节、"合作共赢"中国旅游产业博览会、"国际都会"国际免税购物旅游节六大节庆活动。

图9-16 天津"十三五"六大旅游节事驱动

8. 注重规划时效,开展近期行动

作为旅游发展战略规划及未来五年旅游发展的部署规划,注重规划的时效性,《规划》提出"十三五"期间近期开展的行动计划:以2015—2017年为行动期限,统筹考虑全市旅游空间格局,重点从旅游产品建设、旅游公共服务、旅游品牌营销和旅游综合改革四个方面,明确近期具体措施和工作抓手,重点推动智慧旅游建设、一体化试点建设、市场秩序管理、体制机制改革、新业态产品发展、旅游公服体系建设、政策落实、旅游交通直通车建设、旅游安全保障体系建设、重大项目建设十大行动,进一步推进落实"十三五"规划提出的发展思路和具体构想。

四、项目重要成效

1. 专家评议

由南开大学旅游系教授李天元、天津财经大学商学院副院长梁智、南开大学旅游学系主任徐虹、天津商业大学商学院副院长王庆生等四名旅游专家构成的评审组对《规划》给予高度评价和充分肯定，认为《规划》具有高度的前瞻性和创新性，结构思路明确清晰，对天津旅游业发展的优势和劣势分析非常到位、准确，将对引领天津"十三五"旅游业发展起到至关重要的作用。同时，针对《规划》初稿，从资源分析、载体建设、空间优化、市场分析、品牌宣传等角度提出建设性意见，为进一步完善指明方向。

2. 甲方评价

天津市旅游局阳局长代表甲方表示：对项目组《规划》总体框架非常肯定，感谢项目组的辛苦付出，感谢对天津"十三五"旅游业发展的智力支持，殷切希望项目组结合相关专家的建议，形成更为完善的研究成果，助力天津"十三五"期间打造国际著名的旅游目的地和集散地，实现旅游业快速、跨越式发展！

案例二：21世纪海上丝路再起航，提振宁德旅游创新升级
——《宁德市旅游发展总体规划》

1898年清政府（清光绪二十四年）设立福建三都福海关，宁德三都澳正式对外开埠，英、美、德、俄、日、荷、西班牙、葡萄牙等13国20多家公司在此开设了分公司与洋行。其中茶叶为贸易大项，年茶叶贸易总值达148.8万海关两，占所有贸易总值的98%，**三都澳成为中国东南沿海的国际物流中心**，也成为福建乃至中国**茶叶贸易的一个重要港口**，被誉为中国近代东南"海上茶叶之路"起点，闽东茶叶便直接从这里漂洋过海，进入欧美市场。清末到20世纪30年代初，从三都澳"福海关"出口的红、绿茶年平均在11万担以上（一市担合50公斤），占福建茶叶出口量的40%至47%。直至抗战前，天山绿茶的年产量已达32 000担，占闽东茶产量的20.74%，占福建省的13.06%，在国际茶叶市场占据一席之地，是世界唯一以茶叶为主的通商口岸。

"一带一路"旅游创新发展

审图号：GS（2008）1394号　　　　　　　　　　　　　　　2008年6月 国家测绘局制

图9-17　宁德市在"海上丝绸之路"中的文化区位示意图

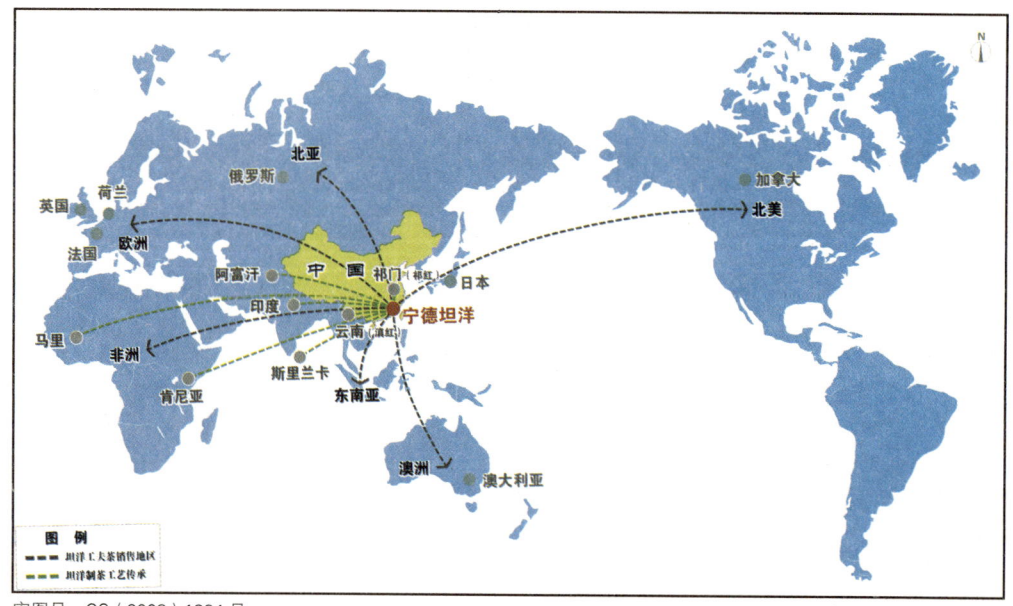

审图号：GS（2008）1394号　　　　　　　　　　　　　　　2008年6月 国家测绘局制

图9-18　宁德市坦洋工夫红茶在全世界的文化传播路径示意图

由此可见，深入挖掘"海上茶叶之路"的历史文化内涵，积极对接福建省21世纪海上丝绸之路核心区建设，创新海丝文化系列旅游产品项目，推动宁德旅游在全省乃至全国旅游发展大格局中地位不断提升，成为当前及今后一段时期宁德旅游发展的重要课题。

一、海丝再起航，宁德旅游时代到来

1. "一带一路"提出，开拓中国旅游发展新空间

2013年9月和10月，"一带一路"构想提出，拉开了21世纪海上丝绸之路旅游发展的新篇章。习近平在访问中亚四国和印度尼西亚时，分别提出建设"丝绸之路经济带"（简称"一带"）和21世纪"海上丝绸之路"（简称"一路"）的构想，随后"一带一路"纳入了中央经济工作会议全年工作任务中。2015年3月28日，由国家发改委、外交部、商务部联合发布了《推动共建丝绸之路经济带和21世纪海上丝绸之路的愿景与行动》，提出："利用长三角、珠三角、海峡西岸、环渤海等经济区开放程度高、经济实力强、辐射带动作用大的优势，加快推进中国（上海）自由贸易试验区建设，支持福建建设21世纪海上丝绸之路核心区"。

2. 福建省成为海上丝绸之路核心区，宁德迎来新契机

为了响应政策指示，福建进一步明确海上丝绸之路具体要求。根据《推动共建丝绸之路经济带和21世纪海上丝绸之路的愿景与行动》指示精神，福建将建设21世纪海上丝绸之路核心区。《福建省建设21世纪海上丝绸之路核心区实施方案》（初稿）提出："福建将发挥福州、厦门、泉州、漳州、莆田、宁德等沿海城市港口优势，完善集疏运体系和口岸通关功能，积极打造海上合作战略支点。"这成为宁德旅游发展的重要契机，宁德正努力建设成为福建海洋旅游新名片和联通东盟、对接台湾、辐射内陆的21世纪海上丝绸之路核心区的重要支点城市。

二、中国梦、海丝梦、宁德山海梦扬帆起航

1. 科学定位，谋划宁德旅游发展

◇ 总体定位：

中国著名的山海休闲旅游目的地

立足大区域格局"做不同"。 对接"一带一路"历史机遇，寻找宁德在中国旅

游发展格局中、在区域格局中的地位与后发潜力，以"做不同"为思路理念，错位发展，高起点、强特色打造世界级、国家级品牌名片，推进若干龙头项目和重点片区，做出市场轰动效应，全面提升宁德旅游产业的驱动力、创新力和竞争力。在福建目前休闲度假氛围不浓、服务配套不强的阶段，宁德应跳出传统观光瓶颈，走向"特色观光+休闲+度假"的复合型发展之路，在休闲度假产品开发和服务品质方面强化比较优势，打造福建旅游新增长极。

山海共拓大突破。放大宁德山海相连的优势，从"传统做山"转向"山海共拓"。对接21世纪海上丝绸之路旅游发展机遇，瞄准全国海岸线上具有竞争力的渔家生活，建设"中国渔家海岸"等引爆项目，形成海的强力突破，发展成为全国海洋旅游新名片和21世纪海上丝绸之路核心区的重要节点。加强沿海与山区的通道建设，通过通道带动、线路联动等，实现沿海功能辐射与山区经济承接的互动发展，走出"山海共拓大突破、生态为基大引领、文化注魂大升级、产业融合大推进、服务提升大夯实"的创新发展之路。

打造生活旅游目的地。围绕宁德"生活性、原真性、触动性"等城市特质，以生活化的休闲资源、特殊的生活方式为底蕴构建渗透性更强的旅游目的地体系。深挖海上丝绸之路中坦洋工夫茶等历史文化内涵，提升城市文化感、休闲感和旅游感，全面形成以"渔家海岸、文化茶山、高山人家、畲乡田园、清新运动"等为特征的旅游吸引物体系，大力营造主客共享的高品质生活空间和休闲环境，打造个性化、特色化、有魅力的山海休闲度假目的地，做成福建乃至全国休闲体验旅游的新典范。

◇ **品牌形象：**

山海梦想，自在宁德

山海梦想："山海"是宁德山海相连的最大特点，呈现山海共拓大格局的想象空间，尤其突出对接21世纪海上丝绸之路的海洋旅游再起航之意。"梦想"一是巧妙植入习近平总书记提出的中国梦，寓意中国梦的发源；二是传递宁德的自然美、人文风、生活情，以及回归山海怀抱、触动梦想的收获；三是代表百姓富、生态美的发展梦想。**自在宁德**：高度提炼和概括宁德的特质，表达渔家、高山人家、茶、畲族村寨等健康、原真、养生的生活意象和意境；另一方面传达自由自在的山海生态与人文体验，高度契合旅游者畅享自然、回归本真的需求状态。

2. 树立龙头，为山海梦想寻找突破路径

对接海上丝绸之路核心区建设，申报福建省重点旅游项目，以中国渔家海岸为品牌，打造未来世界文化遗产

图 9-19　明确发展方向和路径

将"中国渔家海岸"打造成为 21 世纪海上丝绸之路核心区的重要支撑内容。积极对接福建省 21 世纪海上丝绸之路核心区建设战略，加强福海关旧址、天主教堂、修道院等历史文化资源的修缮保护力度，力争与泉州港、闽海关、厦门关等共同申报海上丝绸之路（中国段）世界文化遗产。推进建设三都澳"海上茶叶之路文化交流中心"（海丝文化科技体验、海丝文化旅游纪念品等）。加快开通三都澳与福州、厦门、泉州三地的精品旅游航线，共同推出"海上丝绸之路邮轮之旅"。

三、铸梦成真，宁德旅游 4 大创新举措全面出击

1. 争取进入全省打造 21 世纪海上丝绸之路核心区的大盘子

紧抓全省"加快建设自贸区，打造 21 世纪海上丝绸之路核心区"的战略机遇，深入挖掘福海关、坦洋工夫红茶、茶博物馆等文化资源，以三都澳、坦洋村为先行发展区，霞浦、福鼎等县（市）特色化联动，以项目驱动、节事拉动、宣传推动等

为工作抓手,从全市层面打造"海上茶叶之路",加强与福州、厦门、泉州、漳州等地的联合推广,进入全省打造 21 世纪海上丝绸之路的大盘子。

2. 从福海关、茶、海上航线三大方面切入,大力突破

加强福海关旧址、天主教堂、修道院,以及坦洋村等历史文化资源的修缮保护力度,力争与泉州、福州、漳州、厦门等地共同申报海上丝绸之路(中国段)世界文化遗产;政府主导,大力推进"海上茶叶之路"博览馆(福海关修缮扩建)、"海上茶叶之路"文化旅游演艺等项目建设;创新 PPP 模式,引进万达、中信、港中旅等大型旅游企业,加快推进中国坦洋工夫红茶第一村、"海上茶叶之路"国际文化交流中心(蕉城区)等项目建设;引入安曼、悦榕庄等酒店集团,加快建设以坦洋工夫红茶、福鼎白茶为文化载体的主题度假庄园;开通与福州、厦门、漳州、泉州等地的海上旅游航线,加强国际合作,共同打造"海上茶叶之路"国际邮轮之旅。争取 2～3 个项目进入全省海丝文化旅游示范行列,实现项目驱动。

图 9-20　福建省积极融入国家战略

3. 积极举办海丝相关节庆、会议,做热系列活动

立足大福州都市圈,全力争取与省旅游局联合申办"21 世纪海上丝绸之路博览会""海上丝绸之路国际旅游节"等活动;与省旅游局、省文化厅等部门合作,邀请海内外专家学者,组织"21 世纪海上丝绸之路——山海梦想·自在宁德"文化旅游发展研讨会;以坦洋工夫红茶、福鼎白茶、霞浦国际滩涂摄影、宁德特色海产品等为依托,组织参加全省"中国海上丝绸之路国际品牌博览会";组织国内外专家、学者、旅游记者等开展"海上茶叶之路——山海梦想·自在宁德"采风活动;与携程网、途牛网、蚂蜂窝等旅游网站合作,推出"海上茶叶之路——山海梦想·自在宁德"为主题的自驾游、高铁游、家庭游、修学游等活动;与"海上茶叶之路"沿线的东南亚、欧盟等地区的旅游城市结为"友好城市",开展"友好年"系列活动,实现节事拉动与宣传推动。

第九章 市级规划案例

图 9-21 海丝之夜等主题活动

4. 依托福建自由贸易试验区建设，以旅游开发作为切入点，申请政策支持

依托于国务院颁布的《中国（福建）自由贸易试验区总体方案》，以及国家旅游局发布的《关于支持中国（福建）自由贸易试验区旅游业开放意见》，宁德以建设三都澳国际旅游港为切入点，积极向省里争取政策支持，加强对外贸易的创新发展，探索与 21 世纪海上丝绸之路沿线国家和地区在旅游方面交流合作的新途径。在建设投资方面，放宽外资准入，减少和取消对外商投资准入限制，提高开放度和透明度，先行选择与旅游关联较为密切的航运服务、商贸服务、文化服务、社会服务等领域扩大对外开放，积极有效吸引外资。在游客出入境方面，在三都澳国际旅游港实行对部分国家人员实施入境免签政策，实施启运港退税试点政策。在对台旅游方面，允许台湾导游、领队经自贸试验区旅游主管部门培训认证后换发证件，在三都澳国际旅游港执业；加快落实台湾车辆在三都澳国际旅游港与台湾之间便利进出境政策，推动实施两岸机动车辆互通和驾驶证互认，简化临时入境车辆牌照手续，推动三都澳国际旅游港－马祖游艇、帆船出入境简化手续。

案例三：都市休闲引领时尚，海上强港聚焦发展
——《宁波旅游业发展规划》

新时期是宁波旅游业实现新一轮大发展的重要机遇期，谋划旅游业提升发展的关键期，也是推进旅游经济强市建设的攻坚期。长三角地区交通新格局和持续增长的休闲旅游需求对旅游目的地发展带来了新的挑战；在推动区域旅游一体化发展的同时，宁波市旅游业面临的市场竞争也将更加激烈；宁波市加快打造国际强港、加

第三篇 实战需求下的科学创新规划

快构筑现代都市和加快推进工业升级等战略的实施,虽然为旅游业的发展带来新的动力,但也对旅游项目用地、资金带来了更大的压力,必须通过更深层次的改革和更大力度的创新才能推动宁波市旅游业实现又好又快的发展。

一、规划要点·优化创新

1. 全力发展都市旅游、海洋旅游两大战略产品

（1）都市旅游产品

以城市规划和都市经济社会发展为依托,将城市整体作为旅游目的地进行旅游产品开发和营销推广。完善城市内外交通,优化城市景观,提升城市游憩和公共服务功能,延伸都市休闲消费,塑造以"书藏古今·港通天下"为城市文化特色、以"三江交汇、海上宁波"为城市景观风貌的现代都市旅游形象,面向国内外市场,建立并强化宁波旅游产品体系的核心吸引力。

在空间格局上以三江风情文化长廊为纽带,以三江口中央游憩区、东部新城中央商务区、海曙历史文化街区集群为主体,以鄞州新城区、镇海新城区和江北姚江新区为支撑,以东钱湖旅游度假区、北仑东部滨海新城为联动,以高速公路联结的环城游憩带及其周边区域为延伸,构建内部统筹、辐射联动、节点清晰、交通畅通的都市旅游大格局。

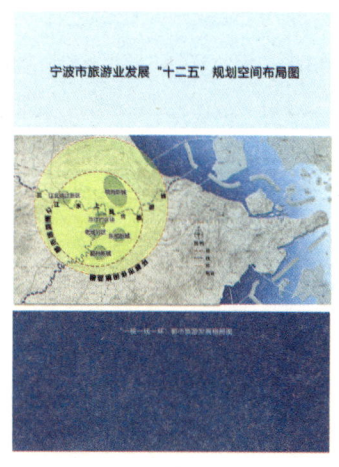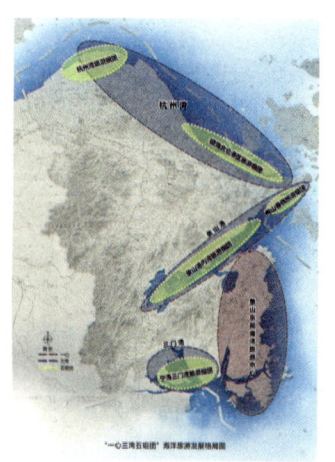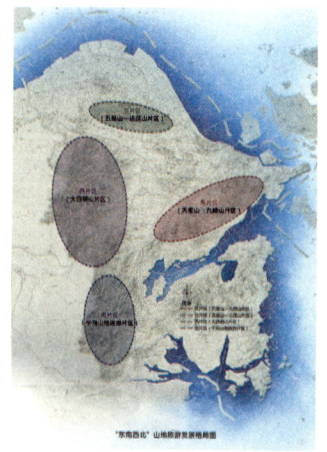

图 9-22 区位分析图

在产品功能上全面发展集都市商务休闲、文化观光体验、餐饮购物、酒店住宿、夜间娱乐、城郊山水度假功能于一身的序列化都市旅游产品。重点提高三江六岸风情游和夜间水上游的品质档次,丰富中央游憩区、历史文化街区的旅游休闲业态,加快建设都市休闲商业综合体和城郊休闲旅游综合体，创新发展中央商业区、新城、创意园区的旅游休闲要素，进而通过复合功能的产品发展做强宁波都市旅游业，兼顾满足本地居民生活休闲和外来游客旅游休闲的需求，建设"宜居宜游宜业"的都市旅游目的地，开拓"城旅一体"的可持续发展局面。

（2）海洋旅游产品

围绕宁波加快打造海上丝路国际强港的战略部署，充分发挥宁波海洋海岛资源和港口城市经济的区域性优势，整合全市海洋自然资源和历史、民俗、现代文化资源，加快构建大众休闲产品与高端度假产品结合、港口滨海旅游产品与海上海岛旅游产品结合、休闲渔业产品与游艇邮轮产品结合、海洋特产购物与海洋康体运动结合的海洋旅游产品系列，并带动周边景区、乡村旅游等关联产品的深入开发，拓展宁波旅游业发展空间，推动宁波旅游业转型升级。

持续、深入构建完整的海洋旅游发展空间体系。以滨海旅游带为轴线，以象山海洋旅游目的地为核心，以杭州湾、象山港、三门湾为板块，形成杭州湾片区、镇海北仑片区、梅山春晓片区、象山港片区、松兰山－大目湾片区、石浦－大塘港片区、宁海三门湾片区等一批海洋旅游产品聚集区，并与舟山海洋海岛旅游实现协同发展，合理调控产品布局，联动建设长三角地区及浙江省海洋旅游核心区。

稳步提升现有海洋旅游产品品质。引导新开发项目走差异化发展道路，重点针对商务休闲游客和长三角地区休闲度假游客，采取国际一流标准，创新开发海洋文化体验、滨海与海上运动、海岛休闲产品，形成滨海旅游城镇、滨海旅游度假区、滨海渔业休闲基地、休闲旅游海岛、旅游港湾一体化的海洋旅游大格局。统筹大众休闲游客和中高端度假游客需求，优先发展游船旅游，适度发展游艇旅游，适时发展邮轮旅游，逐步开发长三角区域和东南沿海近海邮轮旅游产品。利用宁波举办中国海洋经济投资洽谈会，申报世界海洋博览会的契机，全面提升海洋节事活动产品，打造全国著名的海洋主题节事品牌。

2. 提升发展六大特色精品产品

提升发展山水休闲旅游、人文聚落旅游、农业乡村旅游、宗教旅游、温泉旅游、红色旅游六大特色精品产品。以资源和环境保护为前提，深入挖掘宁波自然和文化旅游资源价值，坚持走内涵发展和功能整合的路子，从散点式开发向集约化、集群化开发转变，持续提高特色旅游产品品质，打造一系列精品景区和线路，将资源优势转化为市场优势。

3. 加快发展五大产业融合产品

结合宁波产业结构优势特色,实现产业融合和业态创新,扩大旅游产业外延,创新发展会议会展、文化创意、商贸购物、康体运动、生活度假五大产业融合产品,加快建设一批主题形象鲜明、功能关联密切、客源市场清晰的现代时尚休闲旅游项目,持续做大新型产品的发展规模,积极培育旅游消费热点,提高宁波旅游业可持续发展能力和旅游经济综合贡献水平。

二、规划要点·提升保障

1. 积极推进旅游市场营销

牢固树立全城营销、全局营销的发展理念,把旅游目的地营销和城市形象宣传结合起来,把旅游产品营销和旅游要素开发结合起来,把旅游公共营销工作和旅游富民、旅游惠民措施结合起来,通过旅游整合营销,推动提升宁波的城市品牌营销水平。着力扩大目标客源市场规模,不断优化客源市场和旅游消费结构,深入拓展和优化本地和长三角区域市场,深度开发珠三角、"海西"地区市场潜力,持续延展中西部地区市场范围,着力扩大入境市场规模,合理引导出境市场,加快培育会议会展奖励旅游、自驾游自由行、老年旅游、青少年旅游及高端旅游度假等细分群体市场。

2. 重点提升旅游产业素质

坚持走内涵式提升、质效化发展的道路,加快提升宁波旅游产业的国际化水平,重点提高旅游产业要素组合能力,推动旅游产业聚集,培育旅游产业集群,鼓励社会资本更好更强地参与旅游投资建设,充分发挥市场经营主体对旅游资源的基础性配置作用,促进企业加强分工合作,建立良性的行业竞合局面,共同构建具有全国市场竞争力水平的现代旅游企业体系。树立"旅游业推动经济社会统筹发展"的新理念,顺应现代产业融合发展趋势,打破旅游产业传统边界,通过要素的链接与各相关产业相互渗透,推进旅游产业与其他产业融合发展,根据宁波产业发展特点,拓展旅游新领域,发展旅游新业态,并使旅游新业态成为带动相关产业发展的直接体现。

3. 统筹协调区域发展格局

提高都市旅游核心区的集聚发展水平，依托旧城改造和新城建设，扩大都市旅游核心区发展范围，对内推进各片区细分功能、互补发展，对外加强辐射联动、线路协调，带动宁波形成统筹发展的新格局。

东部沿海休闲度假翼全面融入城市海洋经济发展规划，建立海洋旅游网络化、多组团空间布局，与都市旅游核心区融合发展，加快建设海洋旅游目的地，突出各片区核心吸引力，提高协调共进的产业活力。

西部人文山水旅游翼融入城市生态经济持续发展全局，深入发展人文旅游，稳步发展山水旅游，结合全市山水旅游产品体系化、山地景区空间序列化的发展要求，主动衔接都市和海洋经济发展空间，形成环绕都市、顺接滨海的多片区发展格局。

加快统筹各县（市）区旅游业发展导向，建立各具特色的品牌形象和产业竞争力，鼓励按照区域性旅游目的地发展目标建设，实现功能衔接、产品互补、线路连通、市场共享，推进宁波建设城港一体、山海协作的旅游总体空间格局。

4. 加快建立智慧旅游系统

围绕宁波加快创建智慧城市的总体战略部署，结合旅游业发展需求特征，以旅游信息化服务系统建设为基础，逐步建立智慧旅游管理体系、营销体系和运营体系，基本构建形成覆盖全市、全行业的智慧旅游系统，初步建设成为具有全国示范效应的智慧旅游目的地城市。

三、规划行动·六大工程

1. 都市海洋战略引擎工程

围绕宁波建设现代化国际港口城市的总体定位，以都市旅游和海洋旅游为宁波建设旅游目的地城市的两大战略支撑和发展引擎。构建"一核一线一环"内联外拓的都市旅游发展格局，优化都市旅游环境，完善都市旅游公共服务和公共休闲系统，开发都市旅游线路体系，重点推广都市旅游品牌，巩固提升商务旅游名城形象；全面实施全市海洋旅游规划，加快推进重大滨海旅游项目，有序推进海上旅游项目，突破推进海岛项目，适时推进邮轮旅游项目，逐步构建系统化、序列化发展空间格局，重点面向长三角地区和中西部城市群推广宁波海洋旅游产品形象，确立海洋旅游名城地位。

2. "1030" 休闲载体开发工程

加快健全、突破创新休闲旅游产品体系,以商务会议休闲、康体运动休闲、山水人文休闲为主体,以宗教文化休闲、温泉养生休闲为特色,以文化创意休闲、商贸购物休闲、休闲农业旅游为亮点,构建覆盖全市、多类型、多业态的休闲旅游功能空间格局。大力建设休闲旅游功能载体,力争形成10个年游客接待量超过100万人次、过夜游客20万人次、旅游收入超过5000万元的综合型休闲旅游目的地;建成30个业态新颖、特色鲜明、具有较高知名度的专项休闲旅游基地。

3. 六大精品线路联拓工程

依托宁波丰富多元的山海景观及人文资源,结合主要的休闲旅游目的地、景区景点、旅游度假区,以及自驾车营地设施的开发建设,以旅游交通为纽带,设计组织团队游、自驾游、自行车骑游、户外徒步游、水上游六大类精品旅游线路,突出线路型旅游产品的序列化、动态化特色,并保持向周边延伸联动的发展形态,推动各节点项目、旅游片区实现功能细分,互补发展,成为宁波休闲旅游的示范性线路。

4. "千亿" 项目建设工程

推进扩大旅游项目建设规模,全面提高投资发展水平,着眼旅游市场发展新需求,加快建设一批旅游度假综合体项目、突破建设一批新型业态旅游项目,协调建设一批高端休闲旅游项目,持续建设一批旅游公共服务项目。全市力争安排项目建设超过200个,项目计划完成投资超过1000亿元,着力推进10个单体投资超50亿元、30个超10亿元的重点旅游项目建设,争取主要项目列入全省、全市重点建设项目和全省服务业重大项目,积极争取2～3个项目列入国家旅游重点建设项目。

5. 强企龙头工程

推动国有旅游企业改革重组,支持社会资本积极参与旅游发展,重点培育一批以宁波本土经济为主导的大型旅游集团,全力培育宁波南苑集团股份有限公司、奉化溪口旅游集团有限公司等一批龙头企业继续做大做强,持续提高投资产出水平,扩大全国旅游市场竞争力。继续培育一批新兴旅游龙头企业,力争覆盖旅游产业全领域,力争形成10家年经营收入超过5亿元、40家超过1亿元的龙头骨干企业,带动宁波旅游市场主体的总体实力全面提升。

6. 游客满意度提升工程

全面开展游客满意度提升工程，巩固宁波游客满意度位居全国前列的地位，努力将宁波建设成为游客满意度最高的休闲旅游目的地城市。重点强化旅游市场监管力度，建立由旅游行业和相关行业相结合、行业内部相结合、专家和媒体舆论相结合的旅游服务质量社会监督体系，并加快建设现代网络监管系统，着力加强旅游服务质量和市场秩序监督管理，加强公共服务信息发布和反馈，引导旅游市场健康发展。继续健全旅游行业诚信体系建设，积极开展"旅游放心单位""优质服务旅游商店"等承诺活动，加强旅游行业精神文明建设，引导旅游企业注重质量、品牌和形象声誉，鼓励旅游全行业深入开展人性化服务活动。建立以游客满意度为核心的服务质量管理体系，继续加强旅游投诉电话和旅游质监网络建设，完善旅游服务质量公报制度，全面提高各级部门、各旅游企业、各行业要素主动提高游客满意度的工作积极性。

案例四：建设东方神话之都，实现旅游转型升级
——《连云港市旅游发展总体规划》

一、三个角度重新审视

1. 发展背景看机遇

通过对上位规划和相关政策的分析，连云港市旅游发展面临多重发展机遇，旅游业处于黄金发展阶段；江苏沿海地区发展上升为国家战略，国家东中西区域合作示范区建设发展等，都将有力地促进连云港市旅游的发展。

2. 发展条件看优势

连云港市旅游区位优势突出，交通便捷，旅游资源丰富，且周边城市经济发达，市场潜力大。

3. 产业现状看不足

连云港市旅游产业发展虽然已经有了一定的基础，但是旅游产业发展水平在江苏省还处于中等水平，存在着旅游发展远景目标需进一步明晰、旅游产业规模亟须提升、重大带动项目严重缺乏、旅游整体特色不足、空间上缺乏有效整合五大问题。

二、三个方向重新定位

1. 结合方向明确发展目标

近期利用连云港作为江苏沿海地区发展龙头和苏北振兴核心城市的特殊地位，使连云港在江苏新干线、江苏新三角的合作中发挥重要作用，确立其沿海地区旅游发展引擎、苏北旅游发展龙头的地位。

中期继续巩固连云港在区域旅游中的核心地位，同时加强与东北亚及新亚欧大陆桥沿线城市在旅游方面的合作，进入同上海、宁波、青岛一样的国家重点打造的国际旅游城市序列。

远期成为东北亚和新亚欧大陆桥东部的重要旅游目的地，跻身国际海港名城行列。

2. 明晰特质找准发展定位

明确连云港市旅游发展方向，总体定位为以独具特色的海洋海岛旅游资源、山岳旅游资源、东方国际大港优势及西游记文化特色为依托，以**海洋旅游、文化休闲体验和国际商务旅游**为主要功能，带动都市休闲旅游、温泉养生旅游、山水生态旅游发展，成为**具有东方神话特色的国际知名、国内著名的旅游目的地**。

突出连云港市旅游品牌，提出新的形象定位：东方神话之都、黄海休闲港城。

3. 规划路径提出发展战略

为实现连云港的发展目标和定位，规划提出五大发展战略：

（1）国际化发展战略

充分认识连云港的各种发展机遇对旅游业的重大意义，同时以国际化视野和国家级标准重新定位连云港旅游目标和方向，最大限度地促进旅游业的快速发展。

（2）精品景区带动战略

重视两方面内容：

一是要甄选一批重大带动项目进行重点策划，率先转型。抓住国家旅游度假区重新评定等契机，创建几个国家旅游度假区和各类国家级，乃至具有世界级影响力的旅游品牌。

二是景区在自身提升的同时，按"大区小镇"的发展模式，带动景区周边区域的发展，设计休闲、度假项目，形成旅游产业的集聚区。

（3）产业融合促进战略

大力推动旅游业与相关产业的相互促进和发展，使旅游业在连云港市经济发展、城市建设及精神文明建设等诸多方面发挥更大作用。

（4）文化品牌提升战略

对连云港的文化及文化与旅游的结合方式进行专门的研究，并通过旅游项目和产品设计展示城市品牌和城市特色，特别要注重包装连云港国际海港城市和海洋旅游特色。

（5）蓝色旅游崛起战略

整合海岛、海滩、海鲜、海港、海洋民俗及海洋传说等海洋资源，建设海洋旅游精品项目，设计海洋黄金游线，借助"海洋旅游主题年"的机遇，打造黄海风情海岸品牌，带动海洋经济整体发展，以贯彻国家建设"海洋强国"的要求。

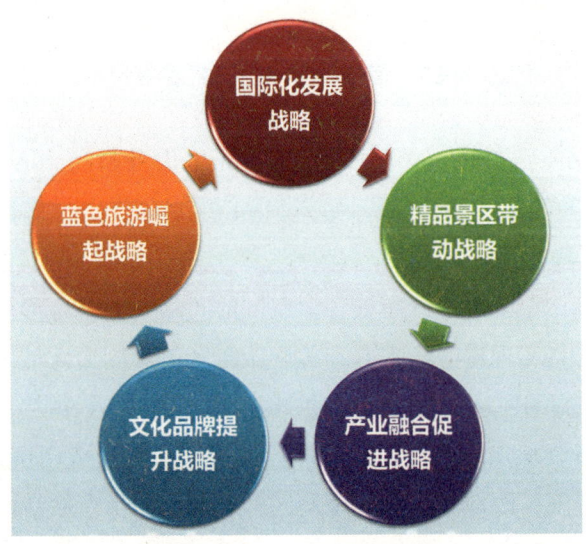

图9-23　五大发展战略图

三、三大布局重新谋划

1. 空间重构布局

根据向东重点发展、整体协调发展、分期有序发展的布局原则,连云港市旅游发展空间布局为"一心、两轴、五区"。

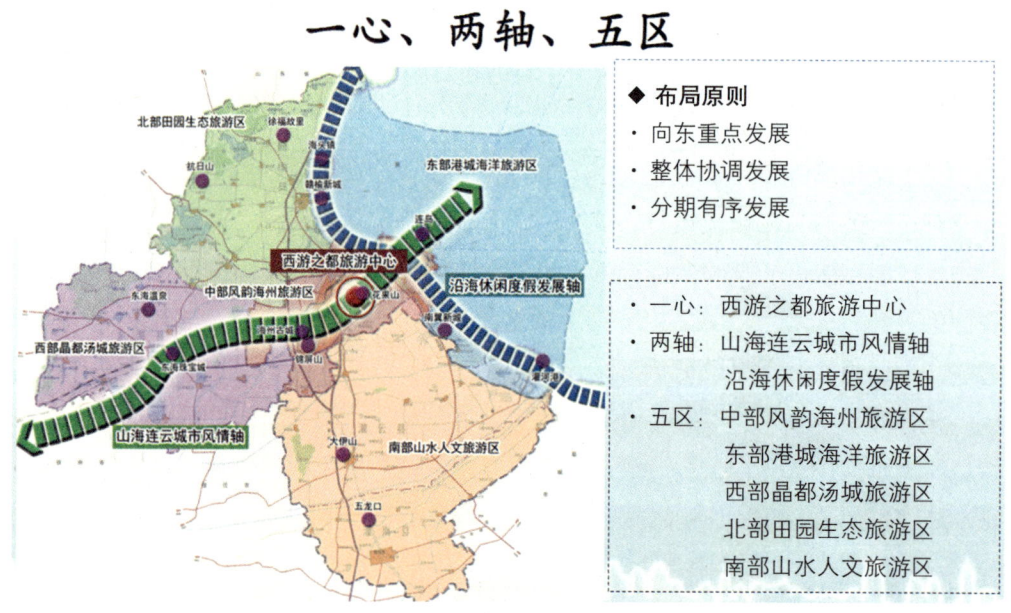

图9-24 连云港旅游空间发展布局图

近期空间布局重点打造"一心,两轴"(花果山及新浦中心城区、沿陇海轴、沿海轴),以交通为纽带,通过重点区域和核心项目的提升,打造国家级旅游品牌旅游区,提高核心吸引力。

中期发展阶段,在"一心、两轴、多点"的布局空间整合形成的基础上,连云港市旅游发展布局将实现进一步提升,核心旅游区带动周边区域发展,建设旅游产业集聚区和旅游项目组团,同时加强各组团之间的互动和合作。

远期发展阶段,从点线旅游向板块旅游发展,最终形成中部风韵海州旅游区、东部港城海洋旅游区、西部晶都汤城旅游区、北部田园生态旅游区、南部山水人文旅游区的五大分区。

2. 产品层级布局

项目驱动。按照项目体量、投资总额、独特性、唯一性以及对区域的支撑、带动、辐射能力的大小，实行连云港市的旅游项目三级分类：重大带动项目、重点支撑项目和其他增长项目。

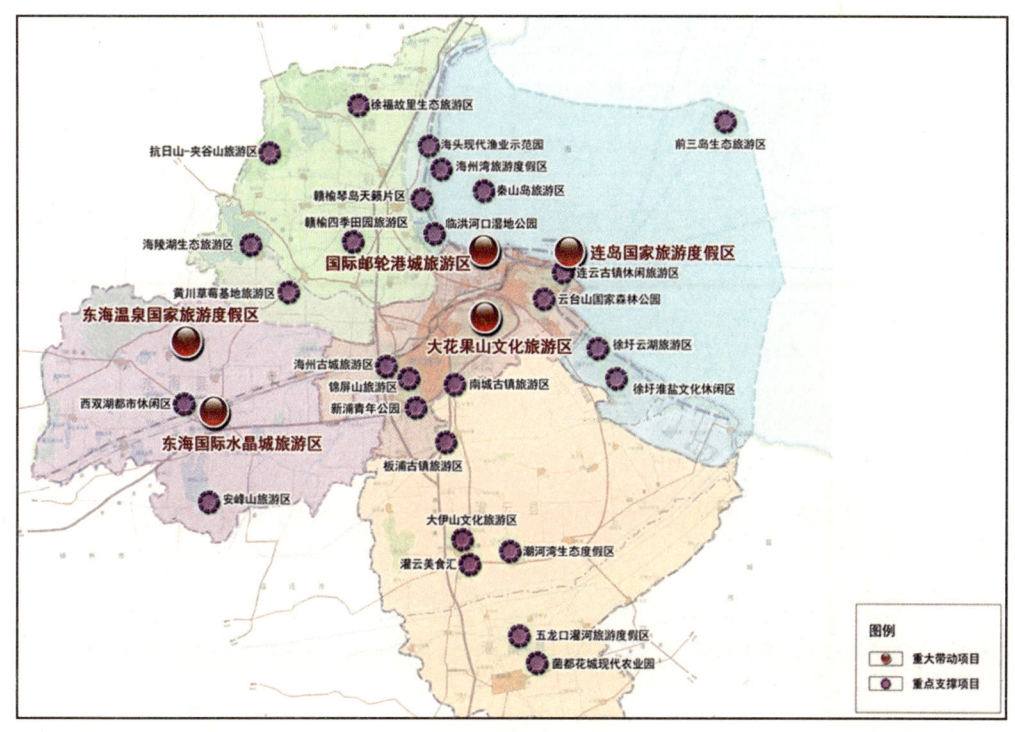

图 9-25　旅游项目三级分布图

连云港市在规划期内提出大花果山文化旅游区、国际邮轮港城旅游区、连岛国家旅游度假区、东海国际水晶城旅游区和东海温泉旅游度假小镇 5 个重大带动项目，以及 27 个重点支撑项目和 28 个其他增长项目，项目主次有序，合理布局。

产品布局。根据连云港市资源特点、空间布局特征、功能分区格局等，整体构建能够支撑旅游总体形象、具有市场卖点与眼球效应的"3+1"产品体系。包括三大常态产品（观光产品、休闲度假、商务旅游产品）和一大专项旅游产品及主题产品体系，形成"西游圣地""休闲港城""风韵海州""田园渔村""山海故事"五大系列特色主题旅游产品。

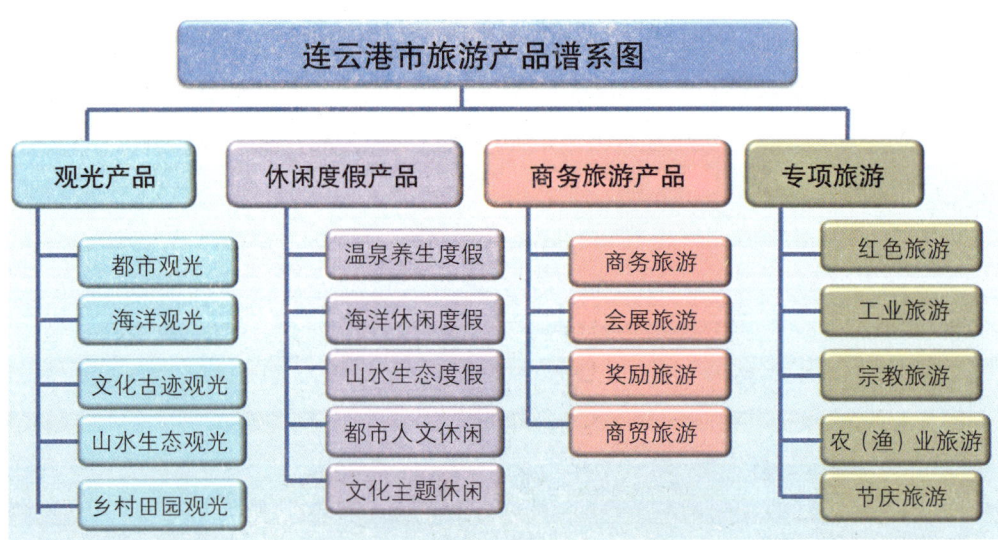

图 9-26 "3+1" 旅游产品谱系图

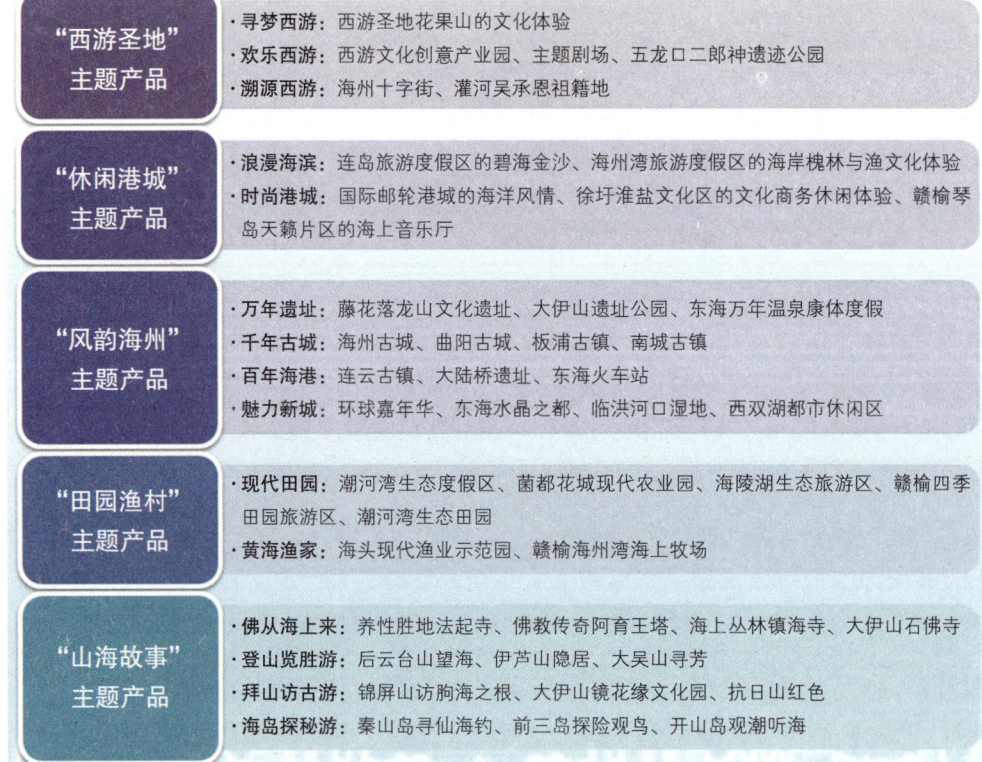

图 9-27 五大特色主题产品图

3. 产业提升布局

旅游业在国民经济发展中占有越来越重要的地位，旅游业与其他产业的融合与促进作用愈来愈强。连云港旅游产业的提升包括三方面内容：

一是提升基础产业要素。是食、住、行、游、购、娱等一系列旅游产业要素的提升，主要包括构建旅游公共服务体系，形成较为完善的旅游公共服务体系；争取进入国家旅游局的旅游公共服务重点工程。构建智慧旅游体系，改善游客体验、提升企业经营能力和政府公共服务能力，以及旅游景区规划，住宿设施规划，购物、餐饮和旅行社规划等。以开发优质精绝旅游产品为主体，使食、住、行、游、购、娱六大要素开发成一条龙配套，形成完整体系，充分调动各地区、各部门、各行业，积极发展旅游产业。推动旅游宾馆、旅游购物、旅游商贸、绿色食品加工业、旅游娱乐业、传统手工艺、交通运输与旅游人才培养等全面发展，形成旅游综合生产力，延长游客停留时间，延长消费链条。

二是建设一批产业集聚区。主要包括花果山文化旅游产业集聚区、海州湾海洋旅游产业集聚区、国际港城旅游产业集聚区、汤城晶都商务度假产业集聚区、大伊山文化旅游产业集聚区五大旅游产业集聚区；在本土文化的基础上，向纵深拓展。发挥旅游产业功能，完善旅游产业体系，从多业态集群的思路来考虑大旅游、大休闲、大产业。

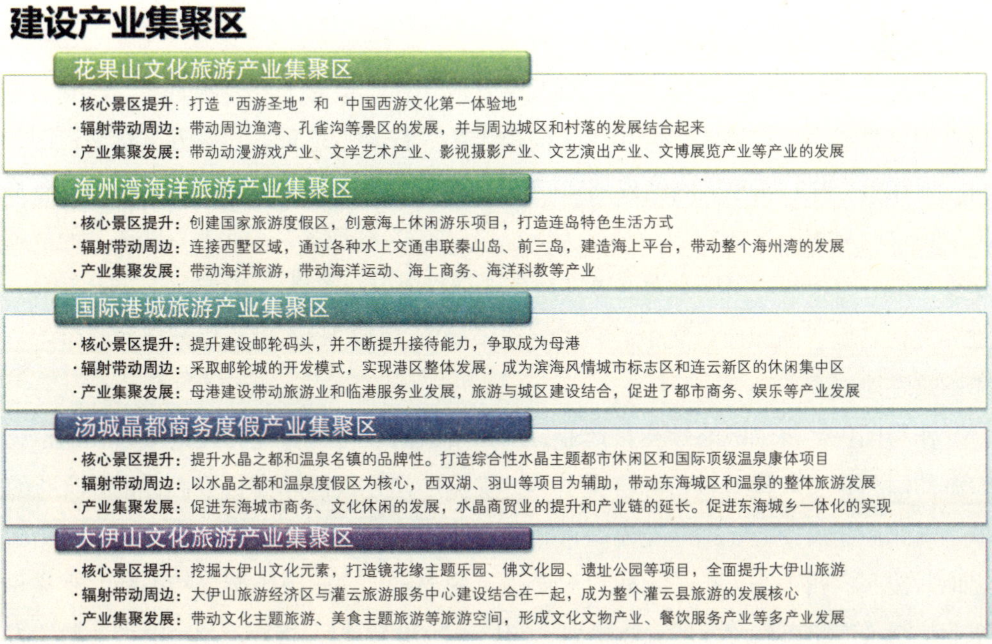

建设产业集聚区

花果山文化旅游产业集聚区
- **核心景区提升**：打造"西游圣地"和"中国西游文化第一体验地"
- **辐射带动周边**：带动周边渔湾、孔雀沟等景区的发展，并与周边城区和村落的发展结合起来
- **产业集聚发展**：带动动漫游戏产业、文学艺术产业、影视摄影产业、文艺演出产业、文博展览产业等产业的发展

海州湾海洋旅游产业集聚区
- **核心景区提升**：创建国家旅游度假区，创意海上休闲娱乐项目，打造连岛特色生活方式
- **辐射带动周边**：连接西墅区域，通过各种水上交通串联秦山岛、前三岛，建造海上平台，带动整个海州湾的发展
- **产业集聚发展**：带动海洋旅游，带动海洋运动、海上商务、海洋科教等产业

国际港城旅游产业集聚区
- **核心景区提升**：提升建设邮轮码头，并不断提升接待能力，争取成为母港
- **辐射带动周边**：采取邮轮城的开发模式，实现港城整体发展，成为滨海风情城市标志区和连云新区的休闲集中区
- **产业集聚发展**：母港建设带动旅游业和临港服务业发展，旅游与城区建设结合，促进了都市商务、娱乐等产业发展

汤城晶都商务度假产业集聚区
- **核心景区提升**：提升水晶之都和温泉名镇的品牌性。打造综合性水晶主题都市休闲区和国际顶级温泉康体项目
- **辐射带动周边**：以水晶之都和温泉度假区为核心，西双湖、羽山等项目为辅助，带动东海城区和温泉的整体旅游发展
- **产业集聚发展**：促进东海城市商务、文化休闲的发展，水晶商贸业的提升和产业链的延长。促进东海城乡一体化的实现

大伊山文化旅游产业集聚区
- **核心景区提升**：挖掘大伊山文化元素，打造镜花缘主题乐园、佛文化园、遗址公园等项目，全面提升大伊山旅游
- **辐射带动周边**：大伊山旅游经济区与灌云旅游服务中心建设结合在一起，成为整个灌云旅游的发展核心
- **产业集聚发展**：带动文化主题旅游、美食主题旅游等旅游空间，形成文化文物产业、餐饮服务产业等多产业发展

图 9-28　五大产业集聚区图

三是促进旅游与多产业融合。 包括旅游产业与文化产业、临港产业、农（渔）产业、商贸商业、特色工业等产业的融合发展。

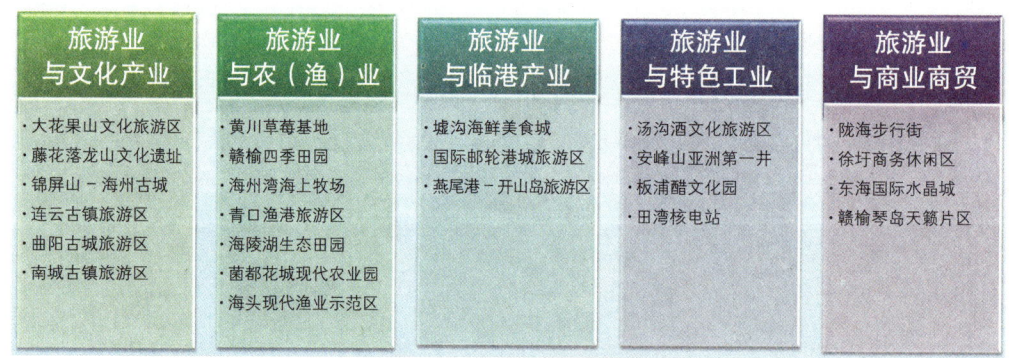

图 9-29　产业融合发展图

案例五：重塑"亚太之心"，再造"世界之城"
——《广州市旅游发展总体规划（2013—2030 年）》

一、项目背景

从延续千年的海上丝绸之路，到改革开放年代"世界工厂"的码头，再到影响世界的贸易盛会，广州一直是中国走向世界的先行者，是东方与西方文化交汇的舞台。但在整个珠三角地区高速发展 30 年后，广州既要面对香港的巨大竞争，又正迎来周边"明星城市"的有力挑战。为此，广州有必要围绕"国家中心城市"的战略定位，以广州旅游的国际化发展提升城市综合竞争力，支撑广州建设国际商贸中心、世界文化名城、国际性会展中心和国际花园城市，使广州在世界级城市的竞争中立于不败之地。

作为国民经济的战略性支柱产业，广州市旅游业将对标世界先进城市，以广州旅游的国际化发展提升城市综合竞争力，支撑广州建设国际商贸中心、世界文化名城、国际性会展中心、国际花园城市，使广州在参与世界级城市的竞争中立于不败之地。按照广州市委、市政府建设旅游强市的部署，广州市旅游局特委托北京巅峰智业编制《广州市旅游发展总体规划（2013—2030 年）》，指导广州市旅游业健康发展，推动广州新型城镇化进程，探索建设一座"更好的城市"。

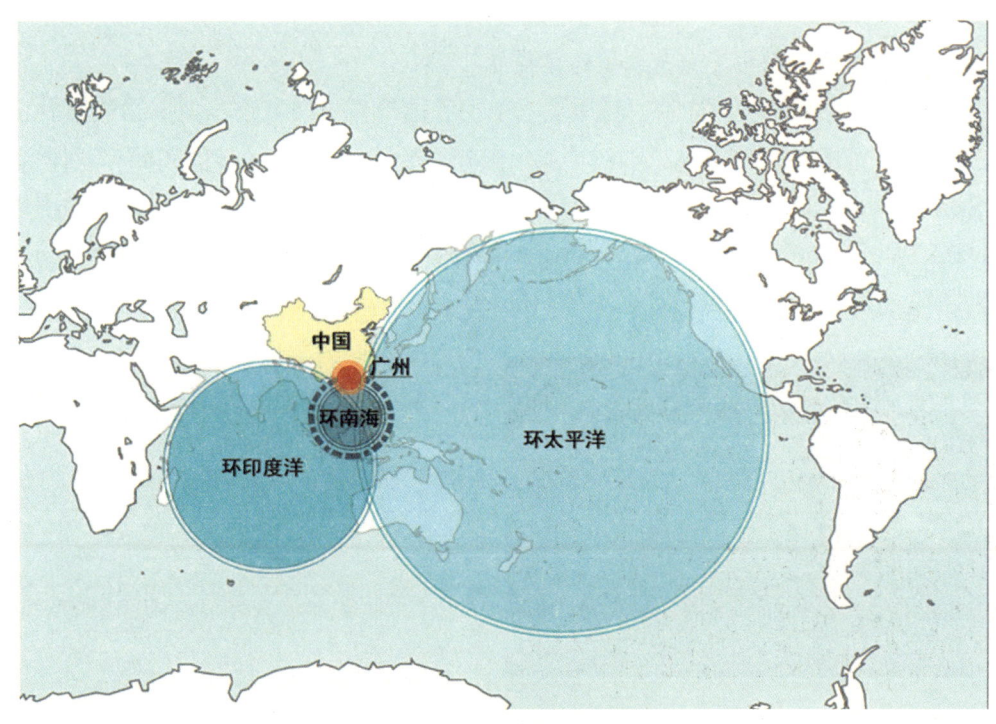

图 9-30　广州在世界的区位

二、核心创意

《规划》结合广州市建设世界级城市、参与国际高端竞争的雄心壮志，将广州旅游业升格为构筑世界级竞争力的重要手段，提出将广州建设成为立足华南、协同港澳、服务全国、面向世界的**亚太国际旅游中心城市**。

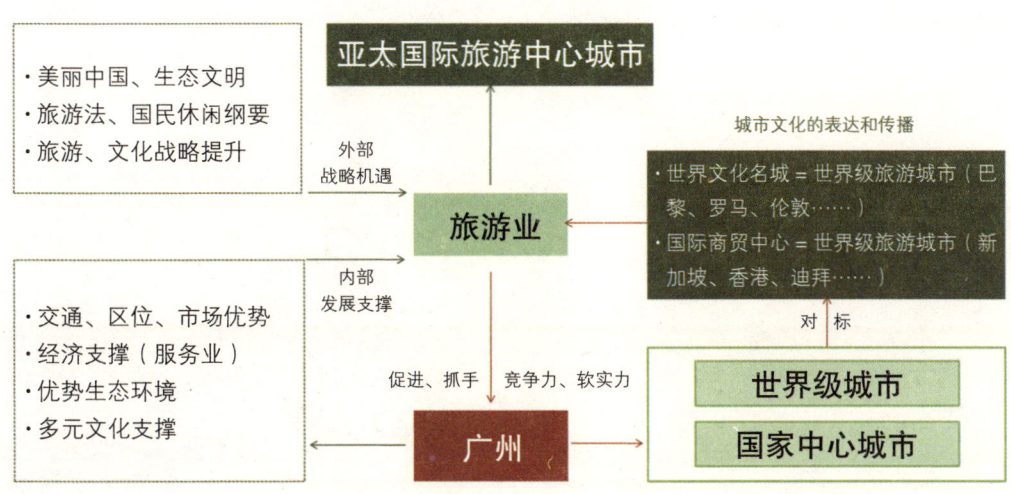

图 9-31　广州市以旅游业构筑世界级城市竞争力的思路结构图

1. 对标世界级城市，全系统国际化提升

《规划》对标东京、首尔、新加坡、中国香港等世界级城市，把广州旅游放在全球化的大背景下进行审视，围绕"亚太国际旅游中心城市"的目标定位，创新应用国际旅游中心城市的评价体系，通过5大门类23个指标定量解析、定向指导广州从"完善旅游公共服务体系、提升政府主导力度、树立整体文化形象"入手，建设国际级旅游中心，以旅游国际化放大城市文化表征，进而支撑广州城市国际化发展。

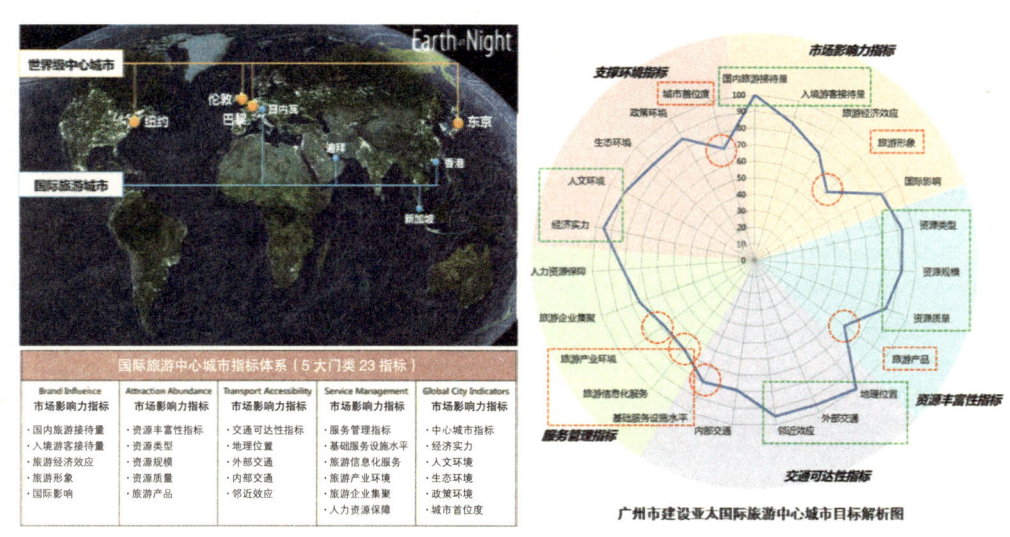

图 9-32 广州市建设亚太国际旅游中心城市目标解析

2. 展开全国竞合，积极联动港澳

深入剖析上海、北京、天津、西安等国内旅游强市驱动力，提出决定国际影响的文化主导、商业主导两大典型模式，为广州旅游指明一条"对内挖掘文化潜在优

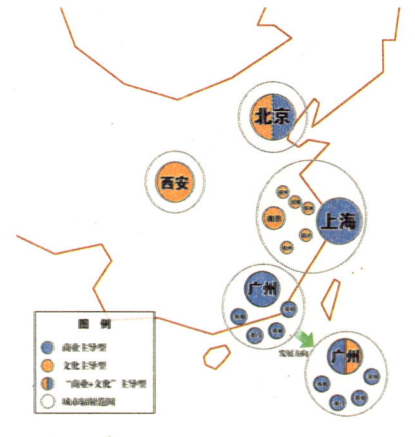

图 9-33 国内典型旅游城市发展模式图

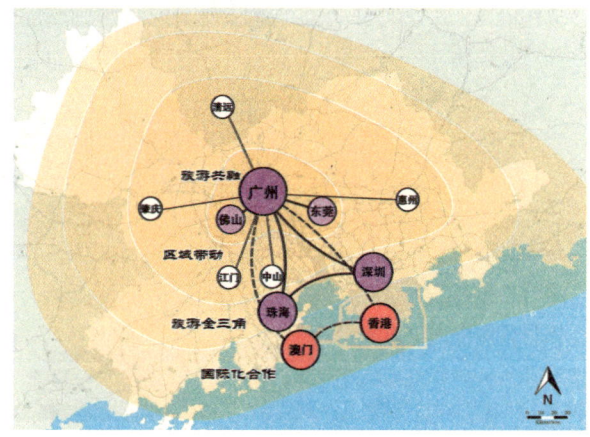

图 9-34 珠三角地区区域旅游联动格局图

势,加快推进产品与服务升级,对外联动港澳深珠,加强城市旅游目的地品牌"的"城市+文化"新型增长路径,构建了以广州为中心的大珠三角区域"四圈共赢"合作格局,推进粤港澳旅游合作。

3. 对接城市发展,建立空间体系

把旅游业作为促进城市发展的主要抓手,把城市、社会、生态、文化资源纳入"大旅游"范畴,一体化统筹提升旅游与相关产业竞争力,落实城市空间战略,对接省市相关规划,实现"空间布局、项目体系、配套设施"三个方面的多规融合。建立"一心,一轴,四区,五廊"空间体系,构建有利于部门合作、资源共享的大旅游格局。

图 9-35 广州市旅游空间布局图

4. 结合城市肌理，构建休闲片区

城市休闲片区（Urban Recreation District，URD）作为一个以休闲为主要功能的新型城市功能区，具备生活化、旅游化和功能复合化特色，不但吸引着外来旅游者、本地居民，而且对提升城市形象、增强城市国际综合竞争力有着异常重要的作用。

培育城市休闲片区主要有"核心景区带动"和"休闲片区拉动"两种模式。前者围绕一个相对明确的核心吸引物（如重要景区、文化活动设施、会议会展设施等），外围空间承接核心价值外溢，通过功能要素的完善，丰富核心吸引物的功能性欠缺，构建商旅结合、与景区功能互补的外围休闲游憩片区；后者主要依靠知名街区或商圈的人气基础，拉动周边散落的景区景点、文化线索、活动设施、餐饮娱乐等综合性内容协同发展，共同构成整体休闲吸引力，其中最大的特色在于全功能性，可满足不同客群的不同需求。

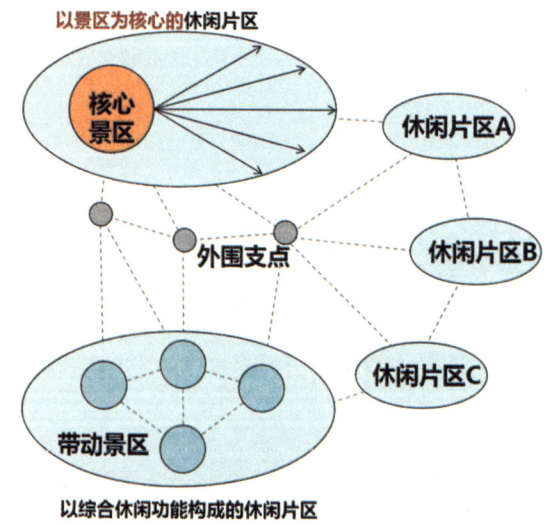

图9-36 城市休闲片区发展模式图

规划中提出购物休闲、都市观光、文化休闲、商务休闲、娱乐休闲五大主导类型的16个城市休闲片区，均在《北京路文化核心区总体规划》《广州南站地区控制性详细规划》《番禺大道五星商旅带规划》等16个重要的城市功能区规划的基础上进行旅游要素构建，极大地强化了旅游规划的落地实施，推动了城市和旅游共同发展。

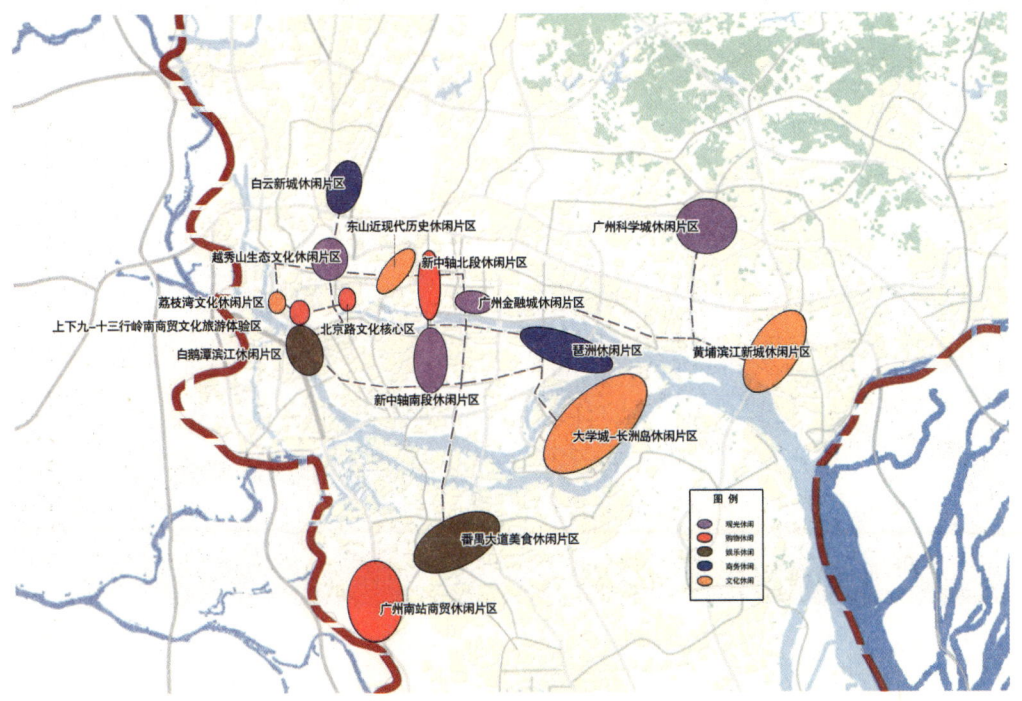

图 9-37　城市休闲片区分布图

广州市将重点打造都会区 16 个城市休闲片区,与广州市重要的城市功能区规划衔接,强化旅游吸引和城市功能的空间共生,推广"食在广州"所代表的休闲生活态度,精致化打造文化、购物、娱乐、夜游等多层次消费性休闲产品。其中,历史城区重点建设博物馆体系、文物步径、岭南生活体验区,推广历史建筑修复和活化利用,打造"有故事的新型城市"。

5.国际品牌引领,落实核心吸引

打造"花城广州""海上丝路""食在广州"三大世界级旅游品牌,建设城市观光、文化体验、城市休闲、生态度假、特种旅游五大特色产品体系,落实建设"世界级江河新体验——全景珠江游""世界级文化商街——北京路文化核心区""世界级美食娱乐聚集区——番禺大道五星商旅带""亚太花卉旅游产业 CBD——花地生态城"等十大精品项目,支撑构建广州旅游的世界级旅游吸引。

图9-38 "广通天下，花誉九州"的品牌营销口号

6. 创新国际服务，便捷通达亚太

建设琶洲国际旅游服务中心、白云国际空港服务中心、南沙国际邮轮码头服务中心三大国际级旅游服务中心。在功能上，首先要强化亚太旅游产品咨询功能，在进一步放开外资旅行社等方面寻求试点，引进全球十大旅行社品牌，促进全国智慧旅游公共服务平台经由广州向全球辐射；其次要展开与亚太地区知名的旅游目的地、景点、酒店的合作，建设跨国旅游产品的销售平台；再次要利用广州的交通枢纽地位和便捷的内部交通，构建联动亚太的旅游交通枢纽网络。在建设上，三大国际旅游服务中心要充分运用岭南文化元素，凸显广州城市文化特征，打造重要的城市文化传播和城市形象展示窗口，进而带动建设广州市旅游集散中心，全面构建旅游公共服务体系。

7. "美丽乡村"突破，尽享岭南乡情

广州市"乡村游"项目按发展动力因素分析，分为沿途节点型、景区伴生型、目的地型三类，各自拥有独特的发展模式。

广州市旅游发展，将促进有利于广州近郊地区新型城镇化的财政、金融、土地等方面的政策出台，带动一批乡村度假示范项目、一批休闲农业和农家乐示范项目建设。

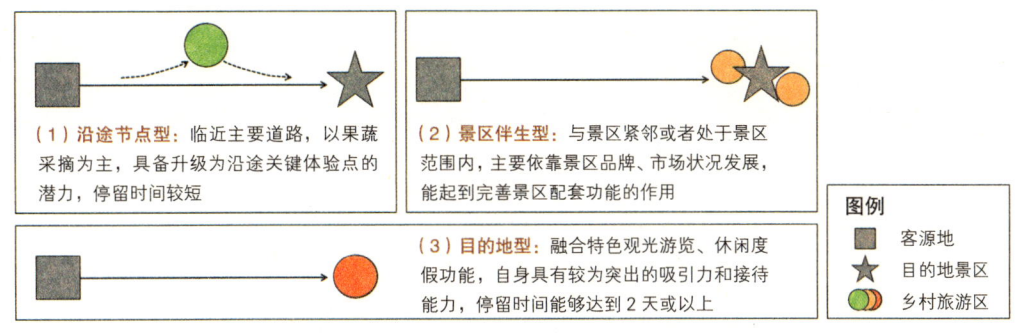

图 9-39　广州市"乡村游"项目类型示意图

具体通过创建国家级美丽乡镇，建设红山村、小洲村、霞逕村等若干个国家级美丽村庄，加快推动广州市近郊区县的"休闲度假型"新型城镇化进程。以开展以现代农业、科技农业为特色的深度体验为基础，鼓励乡村为临近景点、森林公园配套建设休闲服务区，适量引入政府指导、企业投资，规模化开发、高水平经营的乡村俱乐部和度假村项目。进而围绕乡村度假项目、休闲农业项目，建立乡村旅游产业化集群，形成13个"美丽乡村"新型城镇化片区。

图 9-40　广州市"美丽乡村"新型城镇化片区规划图

8. 提升南沙新区，打造优质生活

2012年9月6日，国务院正式批复《广州南沙新区发展规划》，南沙新区成为继兰州新区后的第六个国家级新区，承担了对外开放、深化粤港澳合作、"打造一个新广州"、建设宜居家园等重要任务。在旅游方面，南沙新区将依托国家战略，重点建设国际热点的邮轮码头、游艇基地等外向型旅游项目，大力发展湿地生态旅游和岭南水乡特色的生态农业旅游，举办以妈祖文化为中心的系列海洋文化主题活动，着力将南沙区建设成为国际化、生态化的港口新城旅游区和广州旅游新名片。

重点打造南沙国际邮轮码头。近期启动南沙两个15万吨级大型国际邮轮专用泊位建设。建立完善与邮轮产业相关的法规、政策和规划，吸引国内外大型邮轮公司在广州的挂靠，争取成立将总部设在广州的邮轮公司，逐步扩大国际邮轮的接待和输送能力。

大力发展游艇服务业。着力推进游艇码头和接待服务设施的建设和完善，以南沙游艇基地为龙头，打造游艇度假服务基地，开辟广州至东部沿海地区、台湾地区的游艇线路。制定实施游艇跨区域停靠及航行管理规定，推进粤港澳游艇自由行。

配套建设新型宜居城市。围绕邮轮码头建设南沙海港城，打造粤港澳居民共享的疗养度假中心，配套完善以高端医疗、休闲度假、体育健身、特色金融、商贸会展为主的复合产业体系。开发滨海沙滩、海滨浴场、海上渔乐城等休闲度假产品。设置直升机、水上飞机等低空飞行旅游项目。

三、项目成效

承担着振兴中国"第三城"旅游业的重大使命，《广州市旅游发展总体规划（2013—2030年）》（以下简称《规划》）这一力作在2013年横空出世，巅峰智业在珠三角这个中国经济和旅游的前沿阵地落下了浓墨重彩的一笔。经过项目团队、专家领导及商务人员倾力协作，项目成果获得甲方的高度认可，被认为是广东省旅游规划的巅峰之作，体现出"国际视野、国家高度、巅峰水平"，为巅峰智业开拓华南、布局全国的企业战略奠定了坚实基础。此外，在被誉为"中国旅游奥斯卡"的旅游投资艾蒂亚奖评选中，本规划荣获"中国最佳旅游规划设计奖"提名奖，充分体现了业内人士对《规划》水平的肯定和赞誉。

在规划实施一年后，广州市旅游工作成绩可喜，旅游综合实力和影响力显著提升。2014年，广州市接待游客量、旅游业总收入再创新高，其旅游业总收入仅次于上海、北京，位居全国城市第三位，旅游业增加值占全市GDP比重上升至6.4%，旅游对经济社会发展的带动作用不断增强。同时，广州的城市形象更加深入人心，培育了以"山、水、城、花"为内涵的全方位、多层次旅游产品体系。2014年，广州市还成为全国第三个副省级以上的旅游综合改革试点城市，成功连任亚太旅游振兴机构（TPO）会长城市，据《2014年中国旅游业发展报告》显示，广州市的旅游综合竞争力位列全国副省级城市第一。

案例六：以游客为市民，打造全新消费空间载体，铸造一体化机场城市

——《西咸新区空港新城城市中心区发展策略研究及修建性城市设计》

一、背景

西咸新区作为西咸国际化大都市建设的关键支撑，包含空港新城、沣东新城、沣西新城、秦汉新城、泾河新城五大组团。西安咸阳国际机场，是中国西北地区最

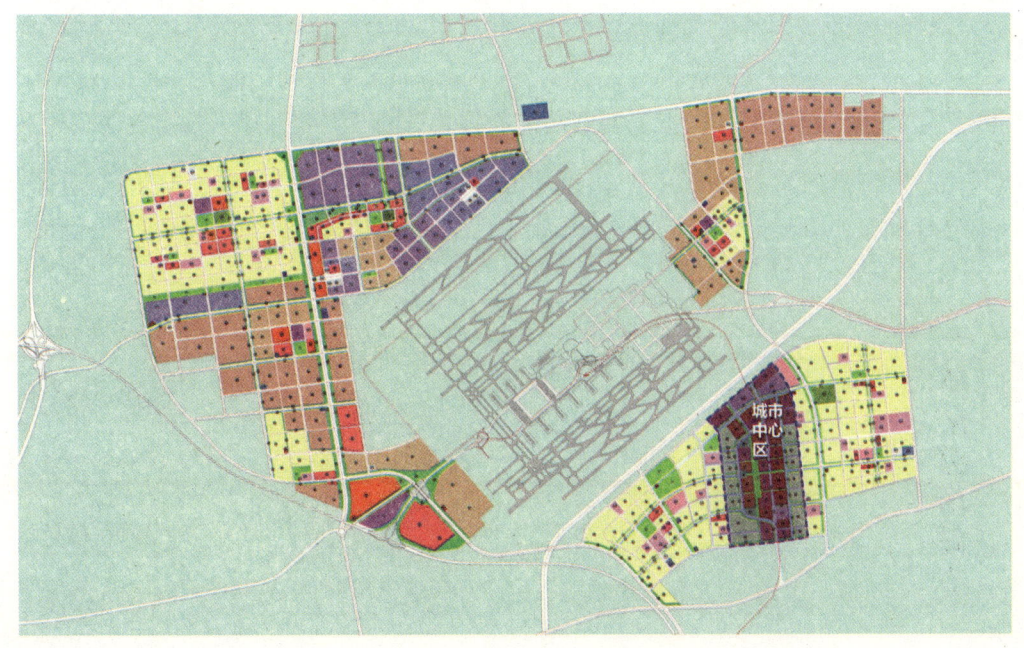

图9-41 城市中心区区位图

大的空中交通门户,也是联结西北地区与全国其他区域的中心枢纽,作为中国第五大机场,2011年旅客吞吐量已超过2000万人次。空港新城以咸阳国际机场为重要依托,肩负着打造国际空港城市、西咸新区产业先导引擎、大西安城市门户的战略使命。

空港新城城市中心区位于空港新城南部核心地带,规划面积约3.14平方公里,具备得天独厚的发展优势。中心区是整个空港新城配套设施最完善的区域,最具条件成为新城高端产业公共服务中心与消费服务中心。

二、破题

机场与城市空间的融合演变,经历了航空港、临空产业区、空港城等发展阶段。空港规模的不断扩大,要求配套服务、综合消费日益完善。但机场内核承载力有限,难以提供消费服务所需发展空间,功能向机场周边区域溢出将成为必然趋势,机场由传统的"枢纽集散区"发展成为面向未来的"功能型城市区"。

以旅客消费服务为核心,复合型消费服务功能为外延,体现生态化、智能化、特征——第四代机场城市正是在此种背景之下提出的全新发展理念,其空间模式表现为"机场枢纽+机场城市"的多组团格局。在这样的城市格局中,临空产业区和居住配套生活区共同围绕着两个核心——机场交通枢纽集散核心与机场城市综合服务功能核心,前者聚焦于交通枢纽,后者聚焦于功能外溢与服务提升,二者通过交通、服务、管理、空间环境等途径紧密融合。因此在规划上需要构建起一套相互关联、相互支撑的策略体系,实现服务拓展功能外置之后的"空间分离、功能一体"的全新模式,即所谓"一体化战略"。分解来看,可以归纳为五个一体化:以消费功能的

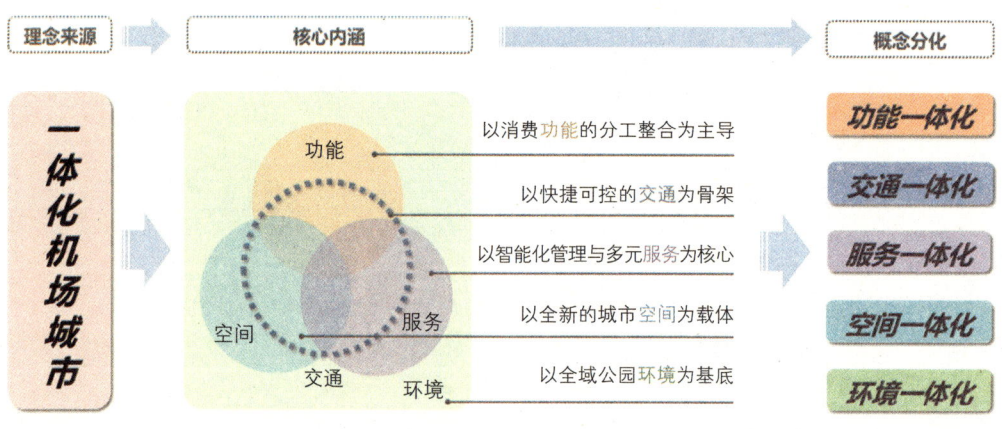

图9-42 机场城市一体化理念示意图

分工整合为主导的"功能一体化"、以快捷可控的交通为骨架的"交通一体化"、以智能化管理与多元服务为核心的"服务一体化"、以全新城市空间为载体的"空间一体化"、以全域公园环境为基底的"环境一体化"。

1. 功能一体化

遵循"以游客为市民"的原则，把消费服务和游客进出港行为高度融合，打造机场旅游消费目的地。针对机场城市理念下衍生的各类功能需求，规划构建四大板块体系：西部自由港（空港服务核心板块）、西北会展之都（国际会展会议板块）、世界文化之窗（都市文化旅游板块）和空港未来城（城市绿色生活板块）。依托交通便捷性与使用关联度，功能板块在空间上采用圈层化构建，使得相关核心引擎空间充分耦合。

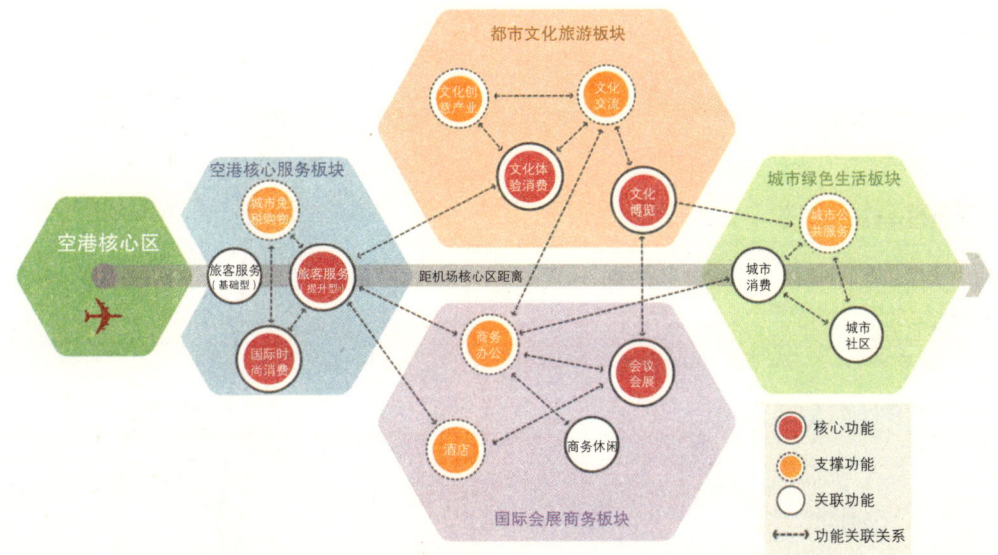

图 9-43 功能板块与核心引擎空间逻辑关系图

2. 交通一体化

改善基地对外交通条件，健全完善内部交通系统，是高起点建设空港新城核心区的先决条件，更是空港与新城一体化规划的实现途径之一。在宏观层面，完善机场高速与城市快速道路系统，强化轨道交通的带动效应，有效导入西安主城区和周边城市群的消费客流。在中观层面，更需要搭建中心区功能节点与机场之间的便捷通道。规划方案中，城市主要干道将下穿跑道直接联系扩建中的航站楼，除了城市轻轨之外，远期还将平行建设一条小型地下轨道交通专线，从而实现自由港综合体与机场航站楼的无缝接驳。在中心区内部，则规划环状立体 PRT（Personal Rapid Transit）轨道系统，灵活轻便的个人快速交通穿梭于城市街区、广场与建筑之间，为一体化机场城市提供支撑保障。

3. 服务一体化

以信息化、智能化为技术手段，实现空港核心区流程管理服务、消费服务与机场内核的全融合。通过对空港过境客群、旅游客群和都市目的地消费客群的消费方式研究，策划并构建了以人为中心的机场城市生活与生产性消费服务体系。这里将诞生一座智慧型机场城市，在智能化管理运营系统下，不仅提供综合候机服务，更是覆盖了会议会展、商务、博览、文化体验、文化消费等环环相扣的多元化服务内容。

图 9-44　核心引擎项目布局图

4. 空间一体化

城市中心区的定位与轨道交通的导入势必要求较高的城市空间密度，而噪声和净空限制是机场周边区域发展的限制要素。规划提出"城市综合体集聚区"的空间概念，将中心区主要项目由南至北分解成五个相互关联的核心引擎组团——城市综合体。城市主要路网骨架则根据引擎组团的布局要求，调整优化并减少核心区域的地面车行穿越而改为道路下穿，使得地面空间得以形成开放连续的公共步行区。结合航空限高与地形特征，鼓励地上与地下的空间联动开发，使得机场城市在平面与垂直空间上实现一体化，立体街区、紧凑街区与巨构建筑也将营造出全新的机场城市风貌体验。

图 9-45　城市综合体集聚区

5. 环境一体化

设计的目标在于营造和机场核心区域具有相同特征的、富有魅力的、舒适的、体验统一的场域环境。这也是机场城市给予使用者最直接的感受，其中包含两层含义：一是机场城市的环境是机场航站楼环境的外置化表现；二是规划范围内的建筑与城市环境体验的统一。在城市设计上主要着力于实现慢行空间与景观的结合、开放空间与建筑空间的互动，以及多维度立体化的城市自然环境。得益于路网优化，地面机动车穿行减少，创意休闲港片区成为"一体化全域公园"设计理念的最典型示范——车辆在地下一层进行接驳，游客通过地下商业街的一系列中庭垂直交通与下沉广场，可自由攀升进入地面文化商业街区、开放绿地与演艺广场尽情休闲、消费、体验。连接建筑、城市广场与高架轻轨站点的空中连廊系统亦是本次设计的另一大特色。以北侧站点为例，连廊自站厅层向南可达城市客厅广场，向北则延伸到自由港综合体内部，在建筑群构筑的"山谷"内蜿蜒穿梭，最终融合成商业内街的一部分。环境一体化设计，从人的角度加以考量，模糊了城市开敞与专属区域的空间界面，最大限度地提升整体空间品质和核心项目的吸引力。

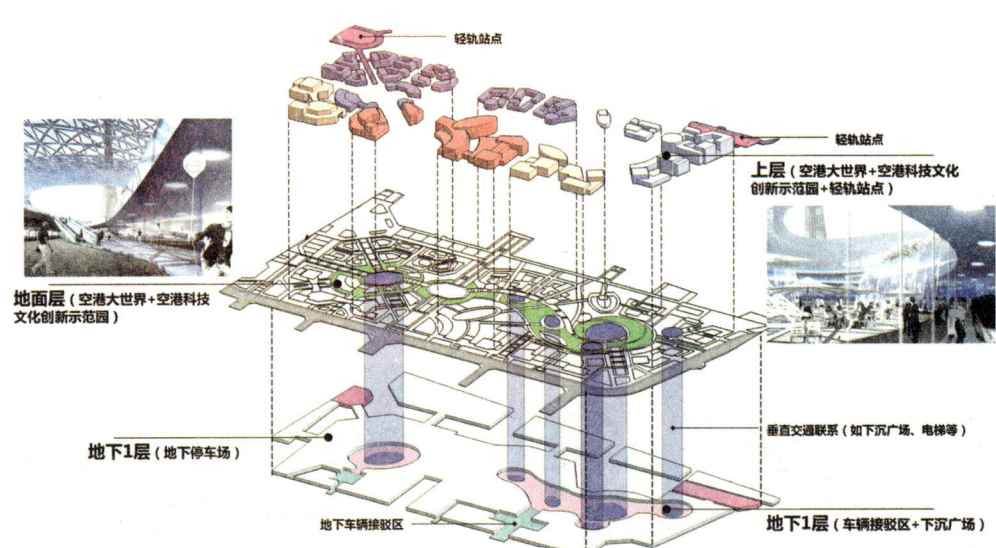

图 9-46　创意休闲片区空间分析图

图 9-47　自由港综合体空中连廊意向图

三、结语

随着西安咸阳国际机场扩建工程的实施，旅客吞吐量将大幅上升。在西咸新区建设快速推进的背景之下，空港新城城市中心区的核心引擎作用和都市门户效应日益凸显。项目团队通过对功能、交通、服务、空间和环境的一体化策略研究与规划设计，使得"一座以旅客为市民的一体化机场城市"的蓝图梦想得以实现。

图 9-48 城市中心区全域鸟瞰图

案例七：中国阳光康养产业试验区，城市产业转型升级典范
——《中国阳光康养产业试验区旅游发展规划》

一、攀枝花，一个从"挖地球开矿"到"种花卖阳光"的城市

图 9-49 攀枝花风貌

传统工业城市经济过于依赖不可再生的资源，为实现更长远的可持续发展，必然面临城市自身产业结构的调整。在这一过程中，选择何种产业进行发展将是诸多传统工业城市需要解决的问题。在这一背景下，攀枝花开始积极创建中国阳光康养产业试验区，大力发展养生养老旅游，契合了当前中国老龄化社会发展的需要，符合中国经济社会发展的阶段性要求，具有示范意义。

攀枝花市力求通过规划编制，找准攀枝花旅游发展的突破点与上升空间，明确攀枝花旅游发展方向和思路，构建攀枝花产业转型发展的总体框架，科学制定攀枝花旅游业发展目标，谋划战略布局，包装一批阳光康养项目，提出相应的支持和保障体系，进而指导和促进攀枝花在全国树立大三线城市转型的标杆，建设"中国阳光康养产业试验区"，成为中国城市产业转型升级的典范。

二、工业城市如何实现战略转型，巅峰助力再创新辉煌

1. 核心思路

（1）品牌为王，产业共融

以"阳光康养"为复合统领和动力引擎，把握"健康""养老"双核驱动，以养老、养生、医疗、体育、旅游五大核心领域为切入点，有机融合生态农业、文化创意、金融保险、科技信息等，高起点、强特色、谋产城、做示范，实现阳光康养相关产业的集群式发展。突出阳光和冬季康养优势，大力推进千亿级康养项目、国家级试点（国家级养老服务标准化试点、医养结合创新试点等）、特色化康养产品和产业集群、网络化阳光康养交通、品质化公共服务、川滇区域性合作等实施和建设内容，建成复合效应显著的"中国阳光康养产业试验区"，努力将攀枝花打造成经济结构多元、生态环境优美、康养服务突出的国家级康养基地，以及具有国际水准的阳光康养和休闲度假胜地，使之成为资源型城市转型和康养产业集群化发展的典范。

（2）三大模式，全面指引

以国家政策指引、市场需求趋势、资源本底支撑、产业发展诉求、康养业态耦合为依据，将阳光作为攀枝花的独特卖点，构建攀枝花阳光康养有机发展总体模式，注入阳光精神，利用攀枝花"花"文化升华内核灵魂，提升核心竞争力。发展三大模式，即注重对市场主体（企业）的培育，为其形成集聚化的发展创造良好的环境；整合梳理区域资源特色，筛选出最能够彰显区域特色、形成差异化卖点的核心要素，并以此开展相应的项目打造；注重产业发展的关联带动效应，通过与诸如旅游产业的融合发展，构建纵深连横的产业链条，确保未来实现可持续发展。

——产业集聚的"度假型阳光康养模式"

针对康养群体的流动特征,把握康养时代和休闲度假时代耦合发酵背景下的流动化、生态化、产业化和高端化趋势,努力探索从碎片化康养向度假型阳光康养升级。积极引进大型企业,支持并鼓励康养产业集聚化发展和连锁化经营,创新异地养老养生、"候鸟式"养老养生、生态养老养生等新模式,与其他城市形成产业联动,努力形成"一卡通"候鸟式康养模式,搭建适合中高端康养群体的生活平台,形成家庭、社区、市场化康养并存的局面。

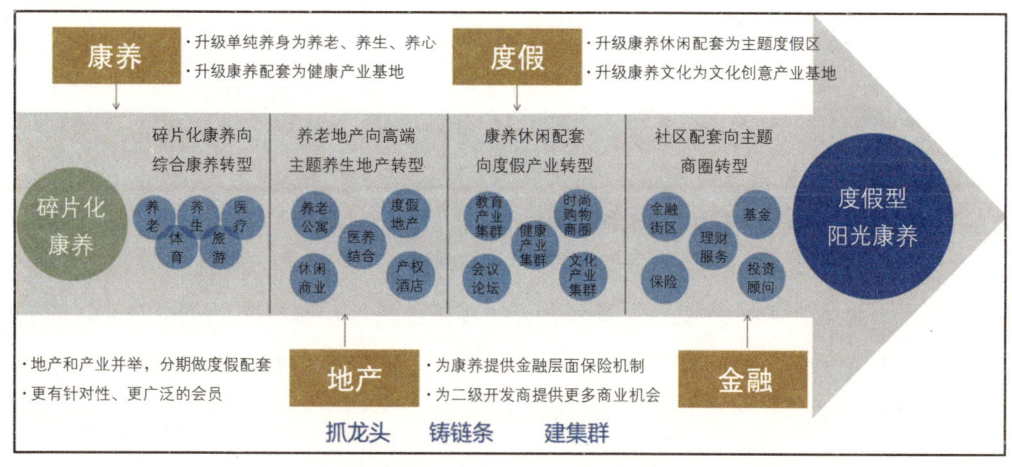

图 9-50 度假型阳光康养模式

——创新激活的"SF 双因子模式"

阳光为攀枝花的独特卖点,但文化等方面的康养元素相对分散,缺乏代表性的载体。基于文化资源分析、城市精神解读等,攀枝花是全国唯一以花命名的城市,"花城一体"具有唯一性,"攀枝花"等观赏花最能够代表攀枝花的文化脉络和精神内核,故选择将"花(Flower)"作为激活因子注入。

图 9-51 SF 双因子模式

图 9-52 以木棉花为例说明如何注入花魂

——旅游与康养结合的"游养模式"

在中国阳光康养旅游城市建设背景下，依托阳光、山水、旅游、体育等特色条件，主要针对中青年、年轻老人、健康老人（即身体健康、精神活跃的乐龄人士）等客群，创新实施"边旅游边康养"的"游养"模式，突出攀枝花有别于丽江古城、西昌、成都等地的怡养产品。以充沛的阳光、冬暖夏凉的气候、丰富的物产、独特的生态资源为依托，以促进参与者身体健康、精神愉快为目的，在康养线路整合、景区景点建设、项目设计、活动组织中，以运动、健身、休闲、度假、养生、养老功能为核心，辅之以优美的城市环境和配套的服务设施，引导人们时尚健康的生活方式，达到人们悠然疗养的生活目的，面向国际打造以阳光、休闲、运动、养生、度假为主题的游养环境和核心吸引物。

图 9-53 旅游与康养结合的"游养模式"

2. 三大重构，开拓攀枝花康养新局面

（1）重构空间格局："一核一轴五板块"

基于对攀枝花交通基础设施、三次产业发展布局、旅游产业发展格局，以及相关上位规划等的综合研究，考虑"中国阳光康养产业试验区"建设和产业发展的特殊情况，**构建"一核一轴五板块"的"115"空间格局**。

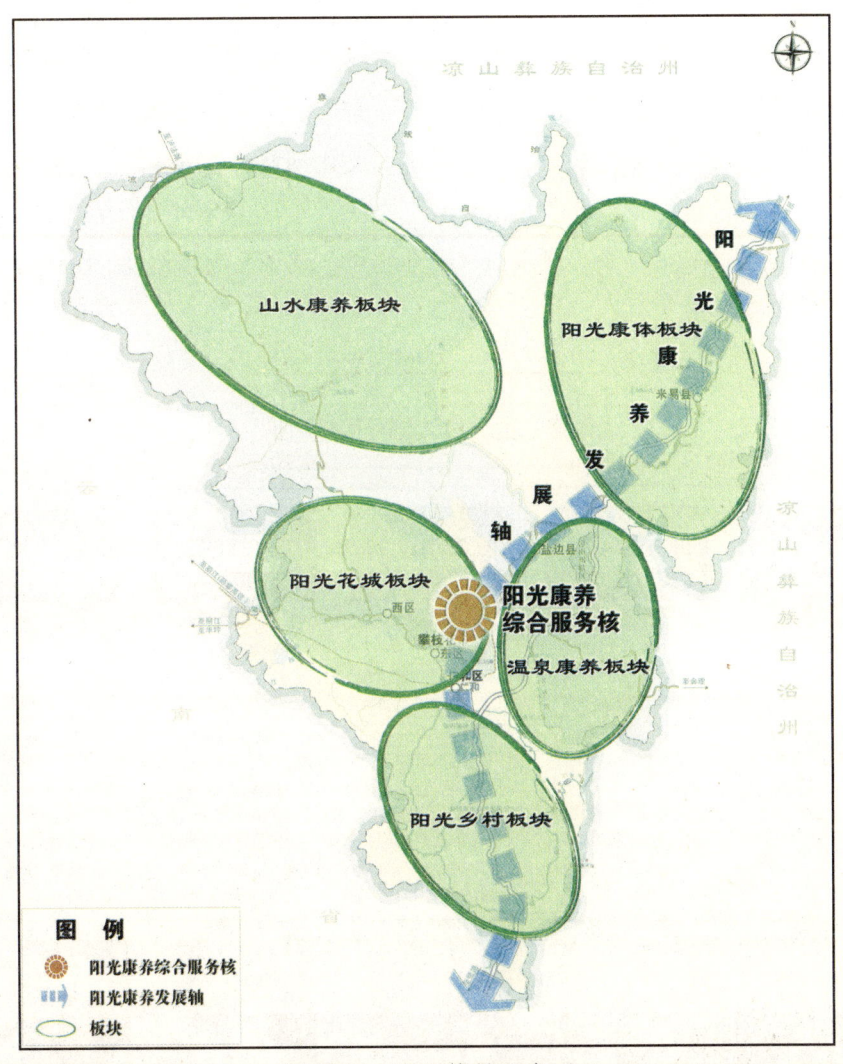

图 9-54 空间格局示意图

（2）重构产业体系："5+N"阳光康养产业体系

以大产业、大集群、大项目推动经济大突破，增强攀枝花可持续发展的实力和后劲。从产业融合的角度出发，结合养老、养生、康体、旅游、医疗等市场需求，扩大产业面、延展产业链，开发建设一批资源基础好、配套条件优、市场潜力大、组合能力强、带动作用显著的特色康养产业集群。落地实施一批精品龙头项目，形成阳光康养产业试验区建设的可操作性抓手，引领全市产业转型升级，提升城镇居民生活品质，强化攀枝花市核心竞争力，构建攀枝花"阳光攀枝花·悠然康养城"的特色品牌吸引力。

抓住国家对服务业的扶持政策机遇，有效整合攀枝花市"冬日暖阳""国家体育训练基地""医疗矿泉""国家南菜北调基地（农产品获欧洲市场'准入证'）"等优势康养资源，注重挖掘特色，尤其是特色文化载体，对接养老、养生、体育、旅游、医疗等市场需求热点，构建以养老服务产业、健康养生产业、旅游休闲产业、体育运动产业、医疗服务产业为核心，绿色农业、文化创意、金融保险、科技信息、商贸服务、房地产、教育卫生等产业为支撑的"5+N"阳光康养产业体系。

重点聚焦五大核心产业，延展五大产业链条，建设五个示范性、引领性、带动性强的特色康养产业集群。

图 9-55 五大阳光康养核心产业

在此基础上，积极推进康养产业与绿色农业（花果蔬菜等）、文化创意（移民文化等）、金融保险、科技信息、房地产、教育卫生等产业的融合发展，丰富创新花果养生美容、健康饮食休闲、文化养生体验、康养保险服务与医疗康养服务、养老养生地产、亚健康科普宣传、养老养生信息化服务等康养消费业态。

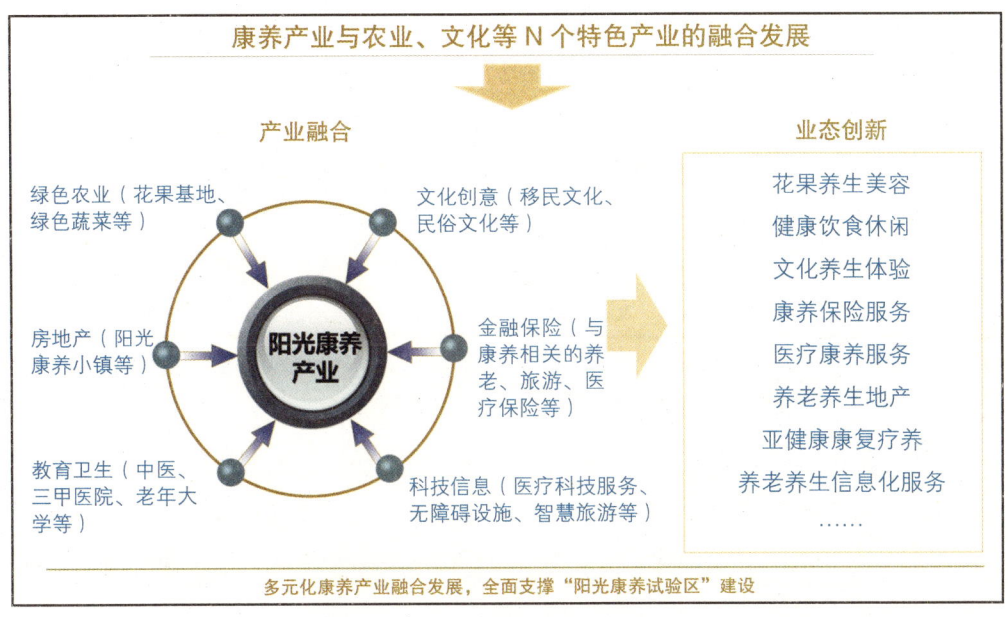

图 9-56　产业融合发展

（3）重构公服体系：五大阳光康养公共服务工程

图 9-57　构建公服体系

阳光康养直通车工程。加强交通运输业与康养产业的融合，提升攀枝花外部交通可进入性、内部交通通达性和服务性及个性交通体验性。通过康养专线专列和包机服务、无缝接驳系统构建、"阳光巴士"畅享服务等主要举措，大力建设攀枝花人性化、无障碍的"康养直通车"服务网络。

康养文化休闲工程。加强文化产业与康养产业的融合，提高攀枝花文化事业发展水平，推动康养文化休闲设施建设。以地域特色文化和康养文化为核心，建设示范性康养文化休闲街区、康养主题公园，丰富提升图书馆、文化馆、专题类博物馆等文化设施，完善阳光康养示范村和社区、社会福利养老机构，规划建设综合体育场馆，为市民和游客提供丰富多元的公共休闲场所及优质的软环境。

智慧康养城市工程。为实现攀枝花康养信息与互联网、物联网的融合和无缝互联，推行"阳光康养一卡通"、城市无障碍信息化、"阳光之家"康养服务站布点、阳光康养紧急救援服务热线等一系列智慧服务举措，为市民和游客提供更便利、更高端、更人性化的服务，实现康养产业的科技赶超。

"阳光服务"品质提升工程。打造和完善服务软环境，大力提升攀枝花康养服务品质。实施医保定点医疗机构前台即时结算费用、"以房养老"中介代理服务、康养保险服务、阳光康养志愿者服务、"全民有礼"活动等举措，为市民和游客提供一流水准的康养服务。

阳光医疗服务工程。为实现攀枝花康养医疗资源的统筹与优化配置，提高医疗服务水平，以满足群众对康养医疗的需求为导向，重点推进《攀枝花市打造区域医疗卫生高地规划》实施、名医名家名院品牌创建、体育康复理疗基地建设、个人健康档案信息化、康养人群"心理咨询辅导"服务建设等举措，确保攀枝花康养医疗事业健康和可持续发展。

三、项目初见成效，阳光康养之路渐行渐近

（1）阳光康养城品牌形象在央视播出推广。
（2）中央、省市领导高度重视，多次提出贯彻落实城市转型、康养产业发展。
（3）2014年12月，中国康养产业论坛在攀成功举办，各级领导、国内外知名专家、百余相关企业集团参会。
（4）本规划即将上报国家报批。

案例八：丝路文旅长廊，神秘瓜城哈密
——《新疆哈密地区旅游业发展规划》

一、项目背景

哈密，丝绸之路重镇，新疆的"门户"，是闻名遐迩的哈密瓜产地。哈密历史悠久，人文、自然景观星罗棋布。旅游资源开发潜力大，自然风光旖旎，人文景观独特。雄伟的天山横贯全境，形成了气候和地理环境迥然不同的两个地区，山北有雪山草原风光，山南有大漠戈壁风光，旅游发展前景无限广阔。

哈密地委、行署对旅游业发展高度重视，把旅游业确定为带动三产快速发展的支柱产业，确立了"大旅游、大产业、大市场"的观念，特别是对旅游发展战略进行了重新定位，制定了旅游发展的长远规划和近期目标。经过近几年的培育，哈密

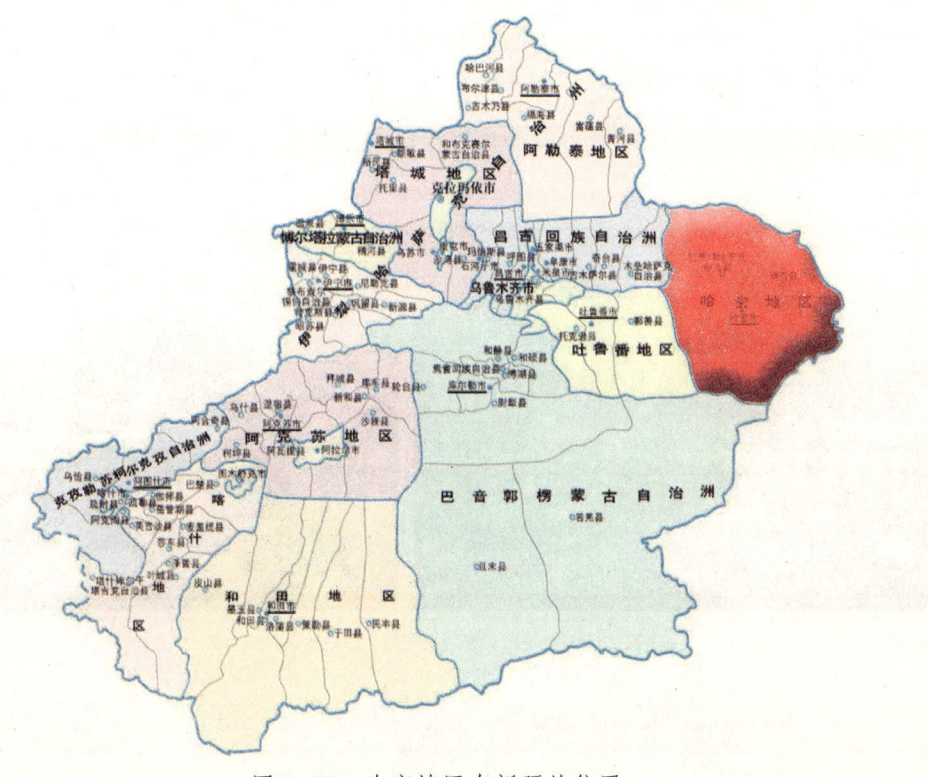

图 9-58 哈密地区在新疆的位置

市旅游服务体系基本形成,并逐渐发展壮大,哈密已于2004年被评为"中国优秀旅游城市"。

为加快哈密地区旅游业发展,全面提升哈密地区旅游业发展总体水平,实现哈密旅游业的跨越式科学发展,落实新疆和哈密地区相关旅游规划,以及各级领导关于加快哈密地区旅游业发展的指示精神,站在未来高度确定旅游业的发展方向,树立跨越式发展观,制定符合自身条件和市场环境的前瞻性的发展战略,本次规划从全局、动态、系统的角度出发,进一步明确了哈密地区旅游发展的方向。

二、核心创意

1. 明确目标定位,谋划哈密旅游发展蓝图

规划根据哈密文化资源禀赋、旅游资源的特性、新疆东部交通枢纽性城市的区位优势和地处敦煌、吐鲁番两个世界级景区之间的辐射条件,以及哈密旅游在新疆旅游格局中独具的特质,将哈密旅游业发展总体定位为"把哈密打造成为新疆风光旅游的盆景;新疆文化旅游的长廊;新疆休闲度假旅游的乐园;最终使哈密成为新疆旅游的游客集散地和目的地之一"。规划明确哈密地区在新疆旅游经济发展中的定位,并为更好地发挥旅游促进地方经济发展、促进生态文化多元协调发展、构建和谐社会的作用,提供战略性指导方案。

通过五年的努力,实现精品旅游名牌建设的重大突破,构筑新疆新旅游目的地,全面提升哈密旅游对外整体形象,实现旅游经济增长方式的重大转变,推动旅游发展走上效益型增长之路,初步实现旅游经济增长目标。

图 9-59 哈密旅游资源丰富

2. 多元文化提炼,构建特色旅游产品体系

规划立足现有旅游发展的基础条件,充分挖掘和整合自然生态、多元文化旅游

资源，注重多元文化的提炼并融入各项旅游项目建设的过程中，遵循扬长避短、因地制宜、重点突破的原则，着重有序地开发具有生命力、吸引力、竞争力的生态观光与休闲度假旅游产品体系，着力打造哈密贡瓜园农业观光和民俗游、东天山风光游、哈密回王历史文化游、巴里坤古城文化游、伊吾河谷休闲度假游、哈密魔鬼城观光探险游，提升品位，展示个性，丰富文化内涵，将现有历史文化名城、名村等特色乡镇建设融入旅游产品建设中，形成旅游业可持续性的发展框架，实现哈密旅游产业快速发展与整体升级。

3.立足城市发展，明晰旅游发展格局

根据哈密地区旅游资源分布状况、交通格局变化趋势、城镇基础设施配套能力及产业经济发展支撑能力，将哈密地区旅游发展格局确定为"一轴，三个集散区，六个特色片区"的空间体系。一轴——天山公路；三个集聚区——哈密市、巴里坤、伊吾；六个特色片区——丝路新北道文化旅游区、沙漠绿洲文化旅游区、哈密荒漠探险旅游区、星星峡文化区、伊吾河谷休闲度假区、三塘湖－淖毛湖奇石文化旅游区。构建全域均衡发展、地域特色鲜明的发展大格局。

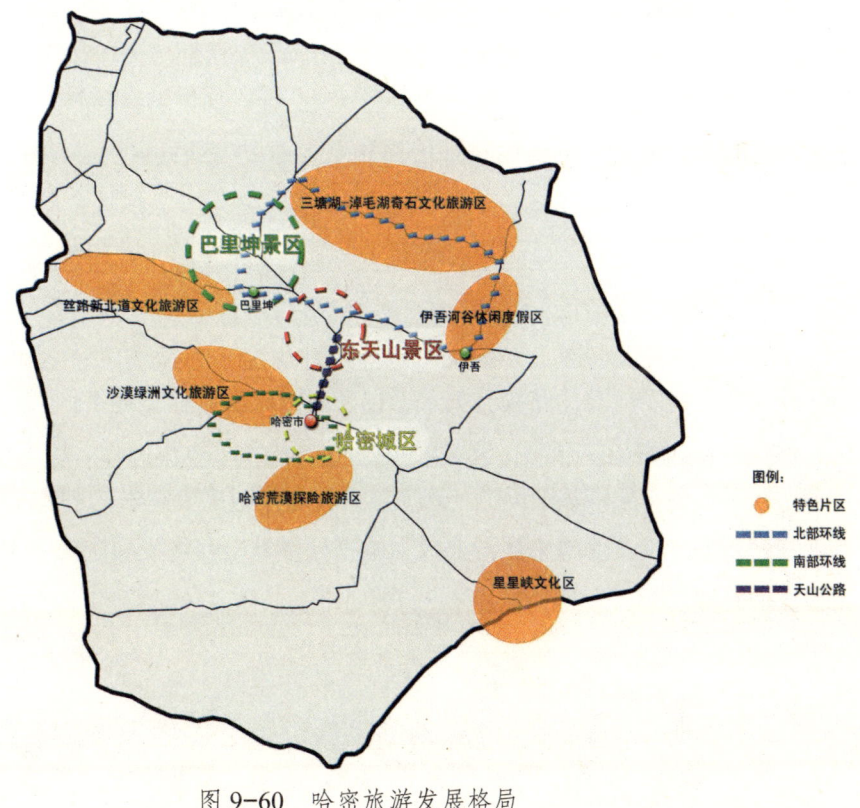

图9-60　哈密旅游发展格局

4. 优化产业要素，促进产业协调发展

规划全面贯彻"健全旅游产业体系，提升旅游产业素质，强化旅游产业功能"的要求，坚持以人为本，创新发展模式，提高发展质量，把旅游发展切实转入全面协调、可持续发展的轨道。优化产业要素，促进产业协调发展，重点提升产业的经济运行效率，加强对相关产业带动能力，改善项目区的民生状况。着力从简单粗放的旅游产品开发阶段转向效益化发展阶段；着力从注重设施建设等硬件因素转向加强服务与环境建设、改善旅游业发展的环境因素。

5. 加强跨区合作，谋求旅游发展共赢

跨区域合作是哈密旅游发展必走的捷径。旅游的跨区域合作，在本质上是市场经济基础上的产业联合与联动，是互利互补与相互竞争相结合的结果。任何行政分割或地区垄断都不可能阻挡游客向交通便捷、景观独特的地区流动，因此旅游的区域合作具有必然性。

从全球范围来看，哈密地区位于欧亚大陆腹地；从全国地域而言，哈密地区地处中国丝绸之路旅游热线的中心地段；在新疆地域范围内，哈密地区地处"三山夹两盆"地貌格局的东部——东天山经济区，构成了向周边辐射的区域旅游圈，是新疆东部的交通枢纽、旅游接待集散地和旅游地，是新疆东部旅游圈的重要组成部分，是一个区域性的旅游中心。哈密地区属旅游产业欠发达地区，必须在已有基础上，进一步积极加强跨区域合作，突破行政区划局限，主动开展区域合作。

三、规划成效

在哈密地委、行署的重视与关怀，以及地区旅游行业全体工作人员的积极努力下，哈密地区旅游局以规划为先导，促使地区观光游稳步增长，休闲游逐步兴起，度假游初露端倪，旅游基础设施日臻完善，管理体制逐步健全，品牌效益全面彰显，产业规模不断壮大，为将来旅游业成为哈密地区社会经济发展中的主导产业，奠定了坚实的基础。

案例九：创新资源观，打造未来文化遗产
——《世界石油文化博览城克拉玛依石油工业旅游发展战略研究》

一、项目背景

图 9-61　克拉玛依石油工业基地

随着国家"一带一路"战略的提出，新疆被定位为丝绸之路经济带核心区。克拉玛依是新中国第一个大油田，作为资源型城市也面临经济产业单一的困境和资源转型的压力，需要在优化产业结构的同时，培育新型产业作为接替产业实现区域的可持续发展。而旅游业作为产业关联度高、综合带动大的产业，成为克拉玛依市的必然选择。从资源和市场的角度来看，石油工业旅游资源是克拉玛依市旅游资源的核心。因此，本研究站在区域发展和资源型城市转型的角度，结合克拉玛依市委市政府提出打造"世界石油城"的战略目标，对克拉玛依石油工业旅游的发展战略进行研究，以期促进克拉玛依市旅游业快速发展，从而加快克拉玛依从资源型城市向综合型城市迈进的进程。

图 9-62 克拉玛依空间区位图

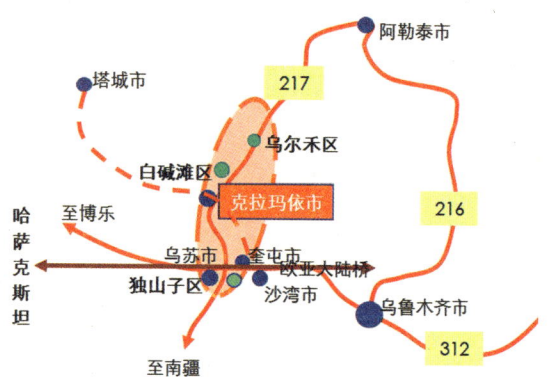
图 9-63 克拉玛依交通区位图

二、核心创意

1. 资源创新，大力发展石油工业旅游

克拉玛依是我国西部最大的油田和我国最大的石油化工产业基地，拥有勘探、开发、炼化、加工完整的石油化工产业链条，整个城市与石油有着密切的联系，是石油城市的典型代表，石油历史文化资源是克拉玛依市所独具的差异性旅游资源，认知程度比较高，具有较大的开发价值。因此，以石油为特色的世界级旅游目的地是克拉玛依打造"世界石油城"的重要组成部分和支撑条件，是克拉玛依市构建世界级石油城市的重要内容。规划以创新资源观为指导，研究国内外资源型城市转型的实践经验，以克拉玛依石油文化、石油遗址遗迹、石油工业生产和石油城市作为核心吸引物，并与其他资源联合形成完善的旅游产业、产品、保障体系的石油工业旅游体系，通过石油工业旅游来整合众多的旅游资源，培育持续的旅游吸引力，拉动克拉玛依市旅游又好又快地发展。

2. 遗产打造，构建旅游核心吸引物

克拉玛依石油工业发展是特定的时代产物，为克拉玛依烙上了深深的工业文化的印记，过去、现在及未来，克拉玛依都将承载这一特色。通过旅游的保护与发展理念，以一种保护未来遗产的理念对每一个石油工业依存物等工业历史遗迹进行保护；用集成创新的思路去创造未来文化遗产，利用由石油工业延展出来的资源进行再创作，迎合市场，形成核心吸引力，在业界形成强大的示范作用和导向意义。具体策略包括保护工业遗迹、打造工业文明、保障过程完整。

保护工业遗迹：保护石油工业发展所沉淀下来的具有特色与历史价值的遗迹遗

址。主要包括黑油山、沥青矿、石油工人俱乐部、矿史陈列馆、石油管理局大院、白碱滩窑洞等。

打造工业文明：采用集成创新的思路，通过引入世界后现代工业文明的人文思想、引入世界现代主义艺术，用艺术的手段去打造石油工业旅游体系，从而真正展示石油工业背后的工业文化。也就是统一以包豪斯建筑风格打造石油工业标志性建筑、工业园区、标识系统等城市功能载体。通过建筑设计与国际大师联手创意城市形态，通过城市后现代工业文明风格的确立与国际接轨，与国内城市形成差异。

保障过程完整：成立由旅游局牵头的遗产保护委员会，制订克拉玛依遗产保护行动计划，全面负责遗产保护、宣传及开发利用管理工作。

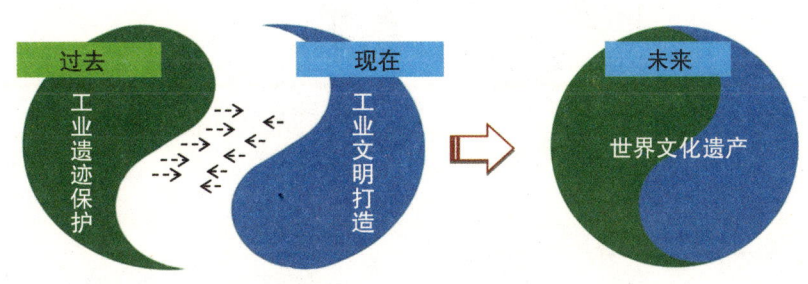

图 9-64 遗产打造战略图

3. 区域联动，构建新疆最有价值游线

克拉玛依市与喀纳斯景区、那拉提景区、伊犁地区及塔城、乌苏、沙湾、石河子等县市共同构成了目前新疆面积最大、资源特色最为丰富的旅游资源集聚区域。区域内集戈壁沙漠、高山河谷、森林草甸、湖泊河流、民族风情、工业景观、特色城市等多种旅游资源，通过区域联合，能够打造成为综合性的旅游目的地区域，实现优势互补、集聚发展。

从资源上来看，新疆北线及中线主要以森林、湖泊、草原、山麓等自然旅游资源为核心资源。克拉玛依市旅游资源包括荒漠、雅丹地貌、石油遗迹、石油工业、石油文化等资源，明显与新疆旅游资源形成反差和互补。

从城市基础设施上来看，克拉玛依市基础设施较周边城市更为完善，品质更高，具备提升要素组合度的条件。

因此，在这样的格局下，克拉玛依石油工业旅游就成为北线旅游产业结构升级的重要抓手，成为打造新疆顶级游线的核心要素。规划战略提出区域联合共同构建新疆最有价值游线——南有"丝绸之路"，北有"神秘之旅"。在产品上联动三大旅游景区，与区域喀纳斯、那拉提及伊犁地区形成区域旅游产品差异化发展，共享客源市场，打造区域互补型旅游产品；在品牌上联动两大旅游品牌，与喀纳斯、天山两大世界级旅游品牌联合，打造新疆新型旅游目的地集群，借助其品牌效应，开拓客源市场；在功能上联动两大旅游集散地，克拉玛依市与乌鲁木齐市、伊宁市合作，打造北疆旅游集散中心体系，提升区域旅游品质；在营销上联合国内石油城市及周边区域，共同推动石油工业旅游发展。

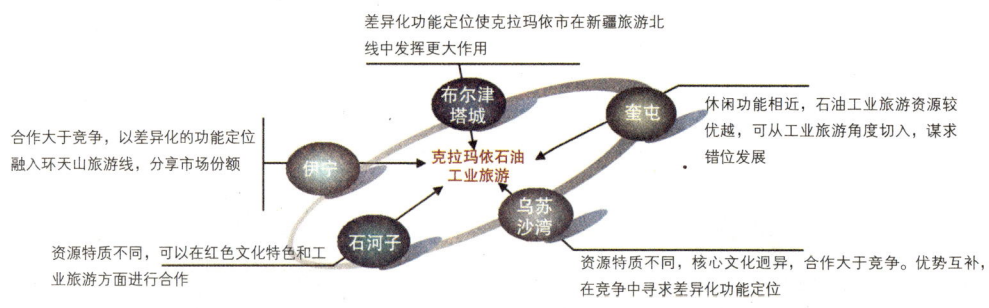

图9-65 克拉玛依区域联动关系图

4. 精品带动，做大做强旅游产业

打造能够承载石油圣地的典型项目，奠定及弘扬共和国石油之子的知名度及内涵，依托现有黑油山资源优势，建设世界石油博览园，打造具有良好市场前景和可操作性的旅游项目，引入大型旅游企业投资建设，形成克拉玛依石油工业旅游核心吸引物和精品项目，通过大项目建设，以龙头景区支撑龙头企业，龙头企业支撑旅游产业，充分释放克拉玛依品牌价值，推进克拉玛依市旅游产业做大做强的步伐，提高经济收益，全面带动克拉玛依市旅游业快速发展。

5. 多管齐下，打造城市旅游目的地

克拉玛依城市的每个角落都可以讲述关于石油工业的文化与故事。基于这种特征，通过几条关键性的形式线索对整个城市进行梳理，以克拉玛依石油文化为主题内核，以黑油山、沥青矿为核心吸引力，联动相关石油工业资源，融合区域风情及城市综合服务功能共同构建世界级石油工业旅游目的地。通过以下方式进行打造：

- 统一的视觉识别系统
- 特色的城市形态构建
- 石油工业遗迹的保护
- 城市公共环境的打造
- 城市功能配套的完善

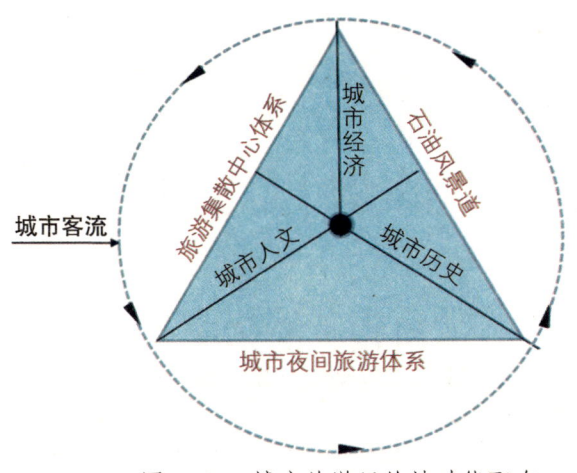

图 9-66 城市旅游目的地功能配套

6. 深入市场，组建石油工业旅游同盟

克拉玛依所属的区位特征决定了克拉玛依石油工业旅游的发展对整个新疆旅游格局的依赖性，再加上石油工业旅游的专项性，两大条件决定了其品牌营销的关键在于新疆旅游推广力度与自身营销思路的转变，主要是联合疆内品牌区，与周边品牌景区如喀纳斯、天山天池、那拉提联合营销，将其纳入新疆北线旅游目的地的核心品牌区进行推广；深入主要客源地，珠江三角洲、长江三角洲、环京津冀等热点出游市场；组建石油工业旅游同盟，与国内石油工业旅游城市联合，整体营销石油工业旅游。

三、项目展望

以打造克拉玛依旅游核心吸引物和完备的石油工业旅游产品体系为总体发展宗旨，并在特色旅游、精品先行的指导思想指引下，克拉玛依市石油工业旅游规划发展要尤其认真、细致地确定未来数年的工作重点和项目抓手，从而通过项目的陆续落地，以快速形成克拉玛依市的独特旅游形象和国内外知名度，进而实现克拉玛依市旅游产业的飞跃。

第十章　景区规划案例（以文化为主线串联）

案例一："高起点、高科技、高体验、高人气"打造世界佛禅文化圣地
——《南京牛首山文化旅游区总体开发策划及总体规划》

一、文化背景

牛首山位于南京市南部，是佛顶骨舍利的供奉地、牛头禅宗的发源地，佛教文化底蕴深厚，兼具郑和文化、江南文化和自然生态等条件，旅游资源十分丰富。同时由于其区位优势明显，休闲旅游功能诉求也日益升温。

本次策划充分把握其核心资源——"佛顶骨舍利"这一具备吸引全世界佛教信徒的条件，坚持生态基底为牛首山之本，依托牛首山独特的山水春色景观，将旅游资源与智慧创意结合，将其定位为集宗教朝拜、观光、养生、度假、休闲、体验于一身的世界佛禅文化圣地和国内一流的山地文化休闲度假胜地。

二、核心创意

1. 高起点

佛顶骨舍利是世界佛教圣物，是世界级的佛教旅游资源，具有世界佛教朝拜和佛教文化观光、休闲、度假、体验旅游的号召力，应充分发挥这一资源优势，站在世界的高度，策划、规划南京牛首山佛教文化旅游区。

规划总体定位：世界佛禅文化圣地。以佛顶骨舍利为核心，牛首山生态为基底，整合南京佛教文化、禅宗牛头宗文化、郑和文化、江南文化等，打造集宗教朝拜、观光、养生、度假、休闲、体验于一身的世界佛禅文化圣地。

图 10-1　牛首山整体效果图

2. 高科技

打破传统佛教文化旅游静态观光方式，充分运用现代科技手段，全方位、立体化展示佛教文化。

规划设计的地宫利用原有矿坑整体构架，使地宫与山势融为一体，人工造出一片"补天阙"的西峰奇观。以巨型莲花托起佛顶发髻的摩尼穹顶，其上罩以菩提树状的大穹顶，如同直入云霄的天阙，重新矗立于牛首峰峦。到了晚上，灯光效果打出的"三色袈裟"，铺天盖地，大小穹顶，交相辉映，远远望去，显现出映照大千三界的佛光圣影。

图 10-2　舍利大殿效果图

佛顶宫包含千佛大殿、世界禅博物馆及舍利博物馆等，通过顶礼卧佛、借花献佛、聆听禅音、瞻礼舍利四个场景，实现供奉圣物、保护文物、展示宝物的功能。最具创意的是顶礼卧佛。由于地宫中建设的是天井式的上下直通空间，佛涅槃的卧像是悬空的，通过升降，在中段让游客瞻礼与供奉。瞻礼卧佛的同时，清妙、动听的禅音也会响起，让游客内心空灵，向往莲花佛国，得到心灵的安宁。

图 10-3　佛顶寺效果图

3. 高体验

"拾级寻佛宗，观阙沐梵穹。会朋聚牛首，流连悦春浓。"规划提炼"圣、幻、雅、春、古"五大主题，以佛顶宫、天阙小镇、南唐二陵等板块为主体，配套宗教朝拜、佛学禅修的体验，文化休闲度假、主题商街、生态观光、南唐怀古等五大亮点项目，穿针引线，全面覆盖各类文化元素，多角度打造"金陵佛都"。

除了佛禅文化这一亮点，还巧妙地把郑和文化、江南文化融入，注重细节、营造氛围，从菩提花落、般若文海等细节着手，在五大主题之下，打造二十一项支撑项目，使游客在山水休闲之际，也能体会到禅的底蕴和佛的庄重。

4. 高人气

旅游区的成功与否取决于人气的高低。规划结合功能布局和项目体系设置，强调四大类产品提升人气。以文化体验产品为核心吸引、以大众休闲产品提升人气、以高消费产品提高收益、以市场稀缺产品填补空白，即文化体验产品——核心吸引：以礼佛朝圣、佛学研修、禅修会所和佛教节事为代表内容；大众休闲产品——提升人气：以主题公园、创意博览、休闲商街、民俗度假村和大型主题演艺为代表内容；高消费产品——提高收益：以交流会议中心、艺术拍卖、高端度假酒店和运动休闲基地为代表内容；市场稀缺产品——填补空白：以佛疗养生基地和景观度假基地为代表内容。

佛韵山水，牛首禅心。牛首山规划站在世界级旅游资源高度，利用国际领先的陈列展演，结合牛首烟岚的江南情怀，以高起点、高科技、高体验和高人气的方式，打造中国佛禅文化产业项目标杆和世界佛禅文化旅游胜地，实现文化、产业和品牌三大方面的高度融合和统一，未来必将成为中国佛教朝圣地、中国佛教文化中心和中国佛教艺术中心。

案例二：秦时明月城：六百年秦源文化的全线研究，中国寻秦之旅的必游胜地
——《陕西宝鸡陇县文化产业园总体策划及概念性规划》

一、文化背景

项目地位于宝鸡市陇县，与甘肃、宁夏接壤。陇县因地处陇山山脉的东部而得名。远在6000多年前的新石器时期，先民就在千河谷地繁衍生息。陇县建制较早，是秦人重要的发祥地。

陇县地处陕西关中地区最西部，距离省会城市西安200公里，距离受辖市宝鸡62公里，远离关中城市群，受陕西省城市能量的辐射较弱。随着宝（宝鸡）天（天水）平（平凉）城市圈的形成，陇县作为区域几何中心的优势将日益凸显，未来将会形成以陇县为连接点，对接宝鸡、天水、平凉三大旅游目的地城市的"宝天平旅游圈"，陇县成为区域旅游集散地指日可待。同时，陕西"寻秦"文化旅游线逐步向西延伸，以"法门寺""麦积山""崆峒山"三大旅游景区为核心吸引力，依托于"宝天平城市圈"的西线文化旅游片区逐步形成。陇县融入区域旅游圈，需要一个

项目来承担地域文化的展示窗口。由此,本案承担着陇县城市旅游新的增长极、陇县旅游的服务核心、地域文化的展示窗口等历史使命。

图 10-4　项目地理区位图

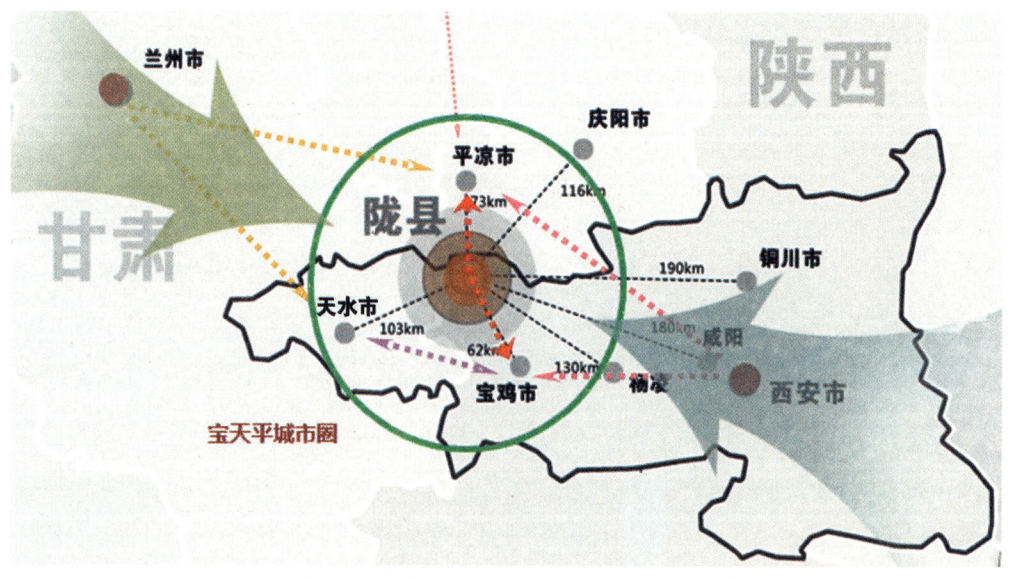

图 10-5　宝天平城市圈

二、核心创意

1. 文化铸魂，六百年秦源文化的全线研究

通过文化脉络梳理，构建筛选因子指标体系，对陇县核心文化因子进行筛选，最终将陇县文化定位为：以"秦源文化"为主线，并辅以秦陇文化及道教养生文化辅助依托。秦朝作为中国第一个统一的多民族中央集权封建国家，从政治、经济、军事、文化、思想等方面影响了中国数千年。无论是在历史或当下，人们往往对"盛秦时代"关注更多，却忽略了形成这一伟大成就的积淀过程，而这一过程是厚重的、悠久的、包容的、充满魅力的。这一过程我们称为广义上的"秦源文化"。

我们所打造的"秦源文化"，不是仅以"秦都汧邑"为限定范围，而是以陇县作为秦人重要发祥地为源头而引发的宏观战略上的思考，是对秦文化的从发源至鼎盛的全线研究。

图 10-6　影视拍摄地

2. 模式塑形，中国寻秦之旅的必游胜地

本案通过对国内文化旅游综合体常见的五种开发模式 [基于文化保护的文化（文物）展示模式、文化主题公园开发模式、文化旅游地产开发模式、文化创意产业园开发模式、创意策划包装的艺术开发模式] 进行比对筛选之后，根据五种开发模式的开发特征，结合其模式运用的制约条件，以及文化旅游地产在区域的市场前

景等综合因素考虑，确立本案应以文化旅游地产开发为主导模式，即融合文化展示、文化体验、文化创意于一体的文化旅游综合体开发。在开发理念上，以秦源文化为载体，在继承秦文化的基础之上融汇现代化功能元素，以"建筑形态、布局理念、风土人情、生活方式、功能业态"等文化表现方式予以体现，注重文化传承与创新性，通过旅游项目的创意传达出大秦精神内核。

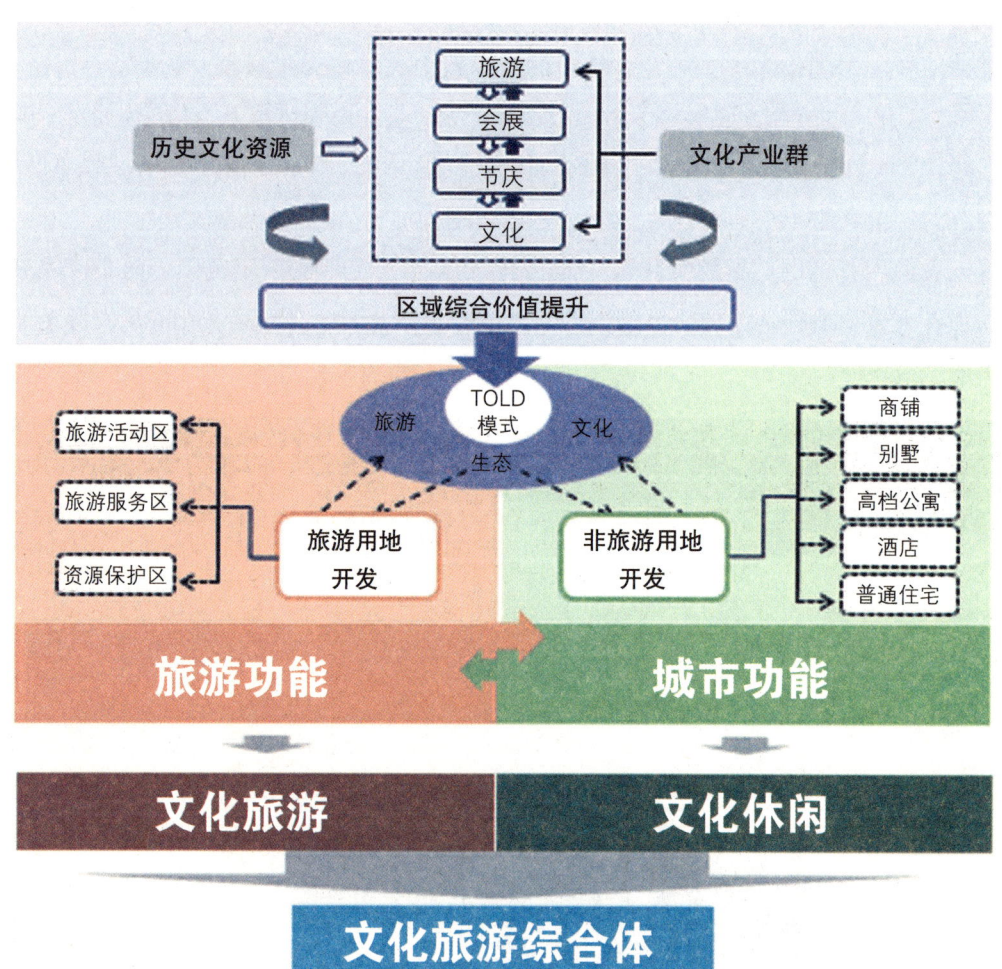

图 10-7　开发模式图

案例三:铸就云南旅游桥头堡,打造昆明城市新名片
——《滇池西岸国家级文化产业园概念性规划》

图 10-8 滇池西岸国家级文化产业园概念性规划

一、项目背景

昆明滇池西岸国家级文化产业园位于云南省昆明市滇池西岸,西山风景区以南,东临高海高速公路,距昆明中心城区 25 公里。项目总规划面积 42 平方公里,拥有水库、山体、耕地、村落等自然资源。

在"十八大"关于"努力建设美丽中国、坚持走中国特色新型城镇化道路、建设社会主义文化强国"的发展战略指引下,项目紧抓昆明城市发展、市场突破、文脉传承三方面的需要,依托自身区位和资源优势,通过产品建设及文化产业、旅游休闲度假产业及生态农林业的融合发展,推动昆明新型城镇化建设,促进当地经济社会更好更快的发展和民生水平的不断提升。

二、核心创意

1. 战略承接，文脉传承

滇池西岸国家级文化产业园以城市战略发展需求和文脉传承需要为突破口，紧密承接云南"桥头堡战略"和昆明建设"世界知名旅游城市"、世界知名"中国春城"的战略目标，立足滇池山水生态文化和悠久历史文明，打造"滇池五百里，往事三万年"的文化主题，将滇池山水文化、度假文化、音乐文化、儒释道文化等八大文化类别，转化为生态休闲、高端度假、创作演绎、禅修养生等服务功能，构筑复合型产品体系，形成具有国际视野和高度的文化集聚，推动昆明由过境地向旅游目的地的转型升级。

2. 绿色新城，山水田园

规划紧密承接昆明建设世界知名"中国春城"的战略目标，以"绿色新城、山水田园"为发展理念，未来将项目地建设成为"中国春城"落地实现的核心载体、最贴近春城生活方式的深度体验地。

◆ "绿色新城"理念

依托项目地优美的自然生态环境，开发中坚持生态环境的保护，**紧密结合新型城镇化战略，走生态、低碳、环保、节能的可持续发展之路**。即在现有的自然生态基础上，加强生态景观和生态建筑建设，通过控制建筑朝向、密度等手段，减少能耗和碳排放量，同时，将开发用地与周边农田、水系联系起来，增加绿量，增强碳吸收能力，形成网络状的生态安全格局，保护自然生态系统。此外，开发中加强新能源、新技术的应用与优化，推行绿色交通，最终实现"绿色新城"的可持续发展。

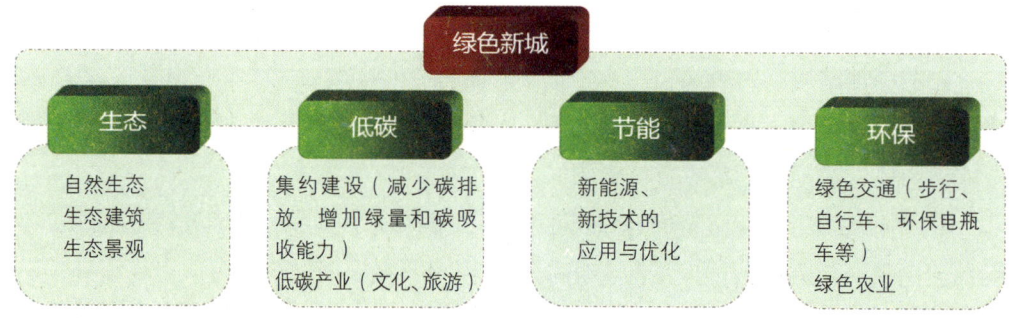

图 10-9　绿色新城特点图解

◆ "山水田园"理念

以各功能单元为核心，生态绿带及轴线将各个功能单元紧密连接构成"轴核同构"的山水田园模式,以此强调区域和谐共生;打造文化、旅游、生态要素相互聚合的和谐片区。以生态"田园"为核心,外围被"城"环绕,再由"城"到"山水"生态的逐层发展的模式,充分体现"山水田园"的理念。

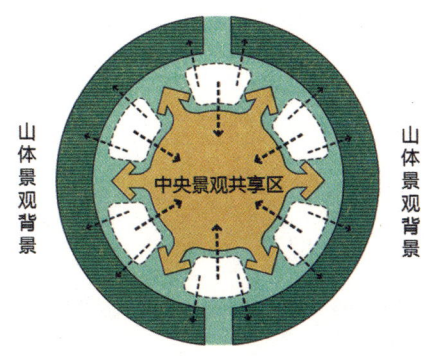

图 10-10　山水田园模式图解

3. 文旅切入,产业驱动

在建设"生态文明,美丽中国"的宏观背景下,昆明滇池西岸国家级文化产业园依托白鱼口片区生态环境特质和滇池文化特色,以文化和旅游为切入点,通过音乐剧之都、国花山谷、儒释道文化区等核心文化项目的建设,形成核心文化吸引,

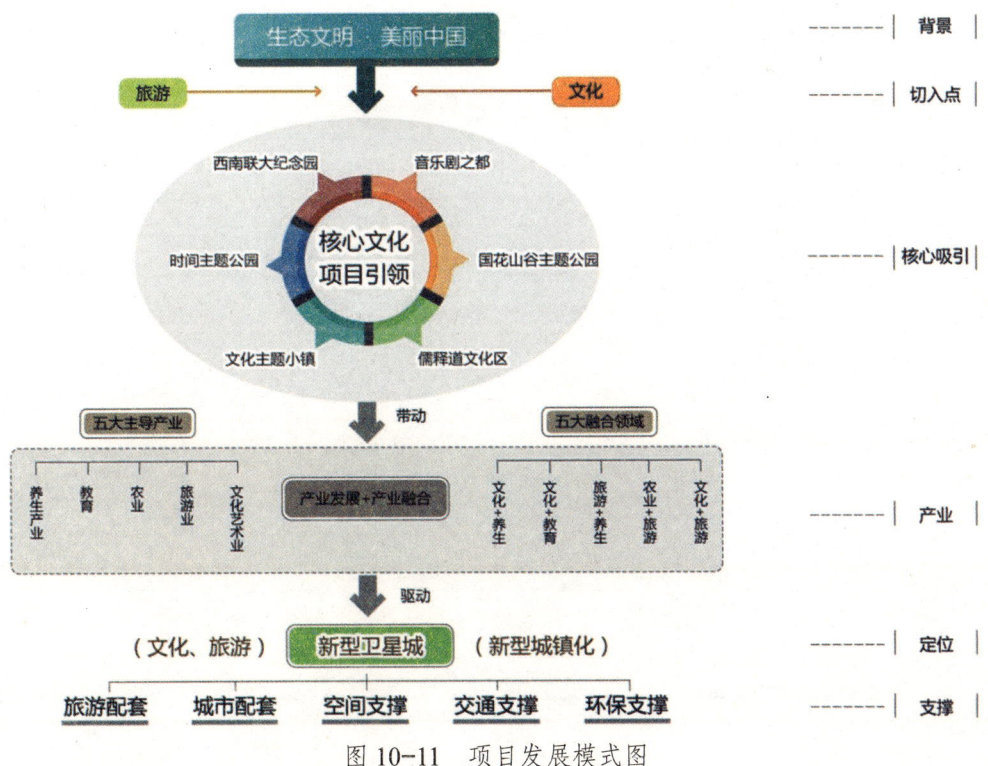

图 10-11　项目发展模式图

构筑集生态观光、文化体验、休闲娱乐、商务会议、养生度假、教育科研等功能于一身的文化产业集聚区。通过旅游业、文化产业、农业、养生产业、教育等多产业间的融合发展，倾力构筑"以文化、旅游产业为驱动的新型卫星城"，打造昆明文化新名片、国家级文化产业园和国际文化产业交流、交易中心。

三、新型城镇化策略

1. 科学布局，复合发展

结合云南"用地上山"试点政策，规划提出"资源共享、集中景观"的空间利用原则，强调项目生态低碳的特点，依山就势进行项目布局，最大限度地保留现有耕地，形成中央花田景观，同时打造中心湖面，构筑服务滇池的水生态净化系统，形成生态景观的视觉中心和亮点。

立足现状丰富的山水地形环境，遵循滇池西岸生态管制要求，构筑"一核、一带、三大板块"的空间格局，即综合服务集核、滨水生态休闲带、山林度假板块、文化创意板块、旅游体验板块，形成二十三大功能分区，重点打造特色文化亮点项目。

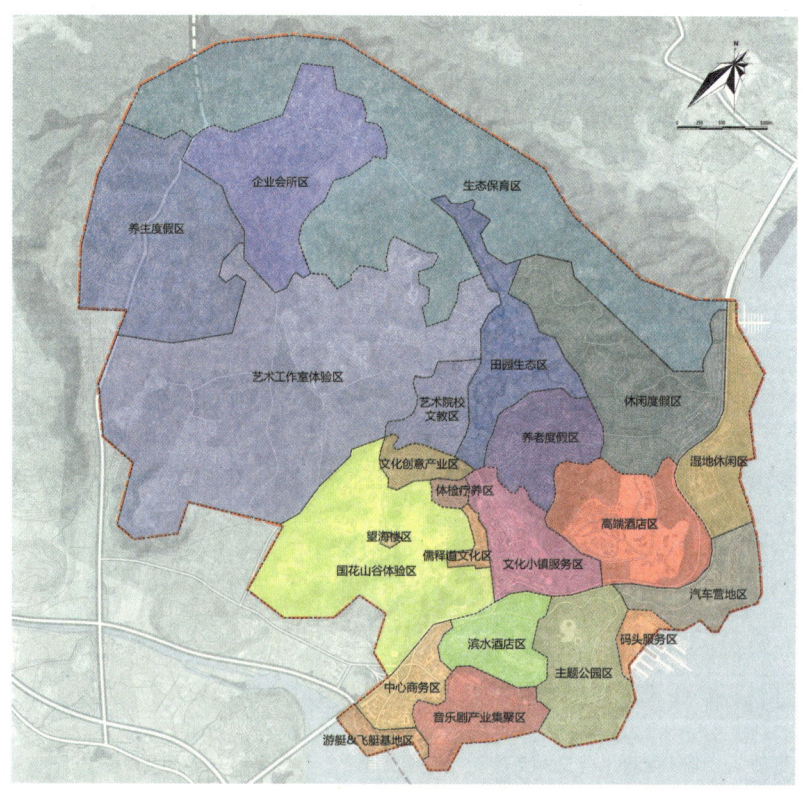

图 10-12　功能分区图

第十章　景区规划案例（以文化为主线串联）

图 10-13　重点项目布局图

图 10-14　重点项目意向图

◆ **音乐剧之都**——将云南厚重的民族和传统文化与音乐艺术相结合，利用当代音乐剧的表现形式，打造中国音乐剧之都，建设音乐剧的原创基地、演绎中心、音乐剧人才孵化中心及产品交易中心等项目，构建中国音乐剧创作产业基地及昆明国际化时尚区域。音乐剧演绎中心以聂耳音乐文化为特色，以中国经典音乐剧和歌剧的演绎为主要功能，未来将成为云南省标志性建筑。

◆ **儒释道文化区**——将道教养生文化、儒家归隐文化、佛教梵呗音乐文化相结合，打造中国宗教文化深度体验地、昆明特色文化地标之一。通过菩提圣灯广场、音乐禅宫、禅修会所、佛艺馆、太极养生堂等项目，提供观光游览、梵呗音乐文化体验、禅修体验、休闲养生体验等服务。音乐禅宫以梵呗音乐文化为主题，推出佛教修养身心活动及大型实景节目"梵呗乐舞"，形成独具特色的核心吸引，构建佛教文化艺术殿堂。

◆ **时间主题公园**——利用昆明充足的阳光，以时间计量文化为依托，以滇池文化为主线，诠释中华日晷文明，建设滇池西岸核心景观工程、文化体验示范项目。如直径66米世界最高的浑天仪系统，旨在打造中国唯一、世界第一、科技与艺术完美结合的滇池西岸标志性建筑。同时建设时间科普馆、国际钟表馆、隧道乐园、时间主题餐厅等，为游客带来全方位、多业态的体验。

◆ **世界国花山谷**——以"万国国花"为主题，打造昆明花海景观示范区、甜蜜度假主题体验区，发展浪漫产业。项目包括世界国花长廊、婚誓天地、摄影基地、蜜月度假小屋、花街小镇等子项目，通过优美壮观的万国花海、风格各异的世界各国婚礼堂、舒适浪漫的蜜月小屋，突出幸福主题，为蜜月客群提供生态观光、婚庆服务、休闲度假、康美养生等服务。

◆ **望海楼**——位于世界国花山谷中央山顶，内有昆明历史文化展示区、文化艺术展览中心、观景茶座等，集展览、收藏、观景、休闲等功能为一身。未来，望海楼将成为昆明标志性建筑之一，是展示昆明文化、滇池文化的窗口。

◆ **湿地植物园**——利用产业园东侧狭长地形，建设湿地科普园、生态休闲公园、生态创意小镇等项目，通过不同功能主题的串联，引入大量云南省独有的珍稀植物物种，形成滨湖浪漫、休闲、健康的城市新兴湿地休闲娱乐区。

◆ **文化主题小镇**——以昆明特色文化为主题，汇集云南厚重的艺术文化及我国特色民居建筑，建设文化主题小镇，打造集旅游综合服务、文化游览体验、休闲娱乐、餐饮购物等功能于一身的文化旅游服务综合体，构筑云南特色文化旅游目的地、昆明文化传承复兴样板地。文化小镇建设游客服务中心、云南名人纪念馆、私人博物馆、艺术品交易中心、金街、银坊、玉宫、木城、奇石馆、淘宝街等项目，通过小镇主要街道向其他功能区延伸，为周边主题板块提供多元化服务。

◆ **西南联大纪念园**——在产业园中部，建设由六至八所院校组成的艺术院校群，引入国内多家艺术名校入驻，以恢复建设"西南联大"的宏伟目标为指引，将项目区域建设成为艺术活力集聚区，带动周边文化产业发展。

2. 产城一体，统筹安置

在项目建设中，坚持实施"产城一体化"战略，以"产"兴"城"，以"城"促"产"，大力推动产业发展与城镇建设互促互融，从而深化城乡统筹发展，推进城镇化步伐，最终实现山水田园城市建设与文化、旅游产业发展的共赢。

在村民安置上，按照"新型城镇化"发展要求，统筹兼顾高海公路沿线旅游项目开发，规划采用就近安置的原则，结合现状村落，适当就地集中新型农村社区，迁村并点，做好农民拆迁安置工作。以产业发展融合为强大支撑，实现农民就业模式转换，多途径、多渠道解决项目区居民就业问题。

3. 生态为基，绿色环保

根据昆明市"十二五"环保规划要求，建立排污控制、垃圾回收控制、噪声隔离控制三位一体的污染控制系统。通过环湖截污工程、"四退三还一护"生态建设、循环生态景观水系打造，有效控制排污；利用昆明低纬度、日照强的环境资源优势，通过风能、太阳能等现代能源利用，为规划区的市政基础设施，以及生态建筑等项目提供能源，带动以节能环保为目的、以绿色科技为主题的新能源产业发展。

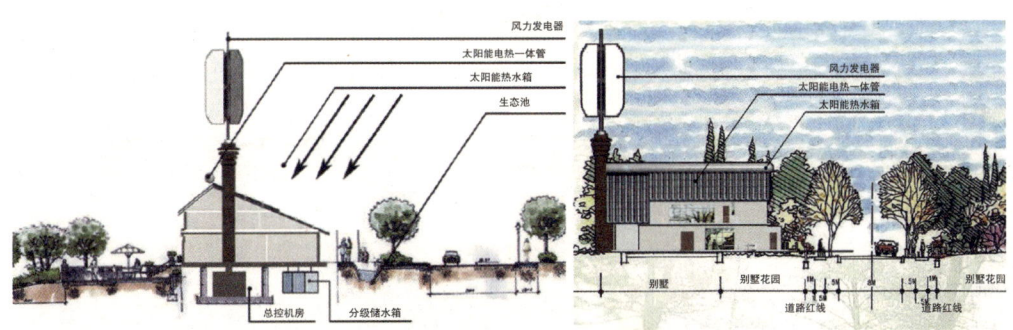

图 10-15 模块化生态环保住宅

图 10-16 新能源社区

滇池西岸国家级文化产业园立足宏观政策背景、区域发展方向及项目地资源条件，从城市发展、市场发展、地脉延续、文脉传承四个维度确立项目的必要性和先导性。通过"绿色新城，山水田园"理念的指导，文化旅游、产业融合、城镇发展三位一体发展模式的导入，全面融入现代新昆明环滇池都市核心区的建设中，打造云南旅游桥头堡、铸就昆明文化新名片。

案例四：寻梦巴比伦，徜徉东方伊甸园
——《寻甸凤龙湾国际旅游生态城酒店及展示中心建筑设计》

一、设计理念

酒店的建设充分考虑基地优越的半岛型地貌环境，平面上采用舒展的布局方式，使酒店的公共空间尽量开敞通透，形成高端品质的服务环境。酒店客房的临水率突破最大化极限，以最多的客房延展面，直面凤龙湾得天独厚的自然山水资源。同时为了加强景观效果，也开拓了酒店中轴线上的内景设计，形成浑然天成的舒适优雅的景象。建筑的风格上，呼应旅游小镇的整体风貌，采用浪漫主义的巴比伦风格的设计。无论从日光还是暮色中，酒店都呈现出其不同气质的脱俗美感。展示中心部分将巴比伦空中花园、立体绿化、流水叠瀑的外在意向应用于建筑设计之中。内部展示空间与室外多元景观交错展开，形成立体绿化的形态特征。以形成"观展于建筑，游走于田园"的游玩心理。充分利用核心景区得天独厚的稀有旅游山水资源，采取层层退台的建筑形式，形成看似不经意，实则有意为之的行动引导，以最简单生动的方式将人引入自然环境与周边景色之中。

二、难点解析

采用多层的建筑方式，高度上局部最高做到五层，屋顶采用局部退台的形式，引入竖向绿化，将空中花园的理念完全引入其中。立面所采用的设计语汇更是将古巴比伦的传世文明，通过现代科学的手法重新剪辑和排布。最终形成更加精致与现代的视觉效果，奇想纵横，庄重而富变化，雄健而不失雅致。

三、项目亮点

■ 酒店周边坡地平缓,整体风貌基本可以做到全方位湖景。湖光山色中,一个宛如童话中的梦幻小岛浑然天成地浮出水面。远望中,仿佛时空穿梭进入了一个迷人的梦境,走进酒店,其细节的雕琢,做工的精致,亦真亦幻的异域风情呈现在眼前。配合环湖的高尔夫球场,快艇码头,温泉叠瀑、景观庭院的怡人胜境,更设有一个可供游客欣赏日落景致的"日落台",打造顶级奢华的度假殿堂。

■ 具有强烈的地域建筑特色,风格明确,形象鲜明。高台建筑,以夸大尺度的入口台阶形式,加强形式感与庄严性,体现作为首发公共建筑的重要意义;梯田式的退台绿化设计,更添"空中花园"的设计韵味;中心穹顶的设计,既应用了经典的"穹顶-鼓座-帆拱"的传统形式,又在设计中采用现代的钢结构来攻克实际结构难点。功能上采用了大空间的设计,更可进一步作为剧场进行使用。

图 10-17 凤龙湾核心区整体鸟瞰

图 10-18 凤龙湾展示中心

图 10-19　凤龙湾度假酒店

图 10-20　凤龙湾度假酒店景观中轴线

图 10-21　凤龙湾度假酒店夜景

案例五：依"阴"做"阳"，皇气浸润，重塑中国汉唐文化宣扬的特色承载地
——《陕西省汉唐帝陵旅游专项开发建设规划》

一、文化背景

陕西是中华文明的重要发祥地，是陆上丝绸之路的重要节点，这里不仅有着汉唐盛世文明，还有 89 位帝王长眠于此，皇气浸润，文脉延绵。陕西帝陵数量和密集度为全国之最，是我国重要的文化遗产，是陕西建设彰显华夏文明的历史文化基地的重要载体。汉的建立塑造了华夏民族的核心主干（源脉文化），唐的兴盛创造了中国古代历史的鼎盛时期（包容文化），汉唐帝陵作为盛世、帝王、陵邑"三合一"的综合性核心文化展现，肩负着深

图 10-22　汉唐帝陵标识

入挖掘文化内涵，通过旅游规划及开发实施更好的保护，成功申报世界文化遗产，带动陕西文化产业和旅游产业的创新升级和接力腾飞的历史使命。

二、核心创意

整体打造，重点推进

汉唐帝陵资源总体能级较高，但内部等级差异非常明显。规划结合各帝陵的总体旅游价值、现状旅游开发基础、市场发展前景等评价指标体系，划分为复合开发型、简单开发型、简单配套型三大类，实现科学高效的分类与分级旅游开发利用。从整体上整合 29 座帝陵资源，对外整体打造汉唐帝陵大概念；从实施层面重点推进，选取资源级最高的"4+4"座帝陵，作为近期旅游开发重点及次重点，其余资源能级较低的帝陵近期不开发或简单开发，或作为远期开发对象。

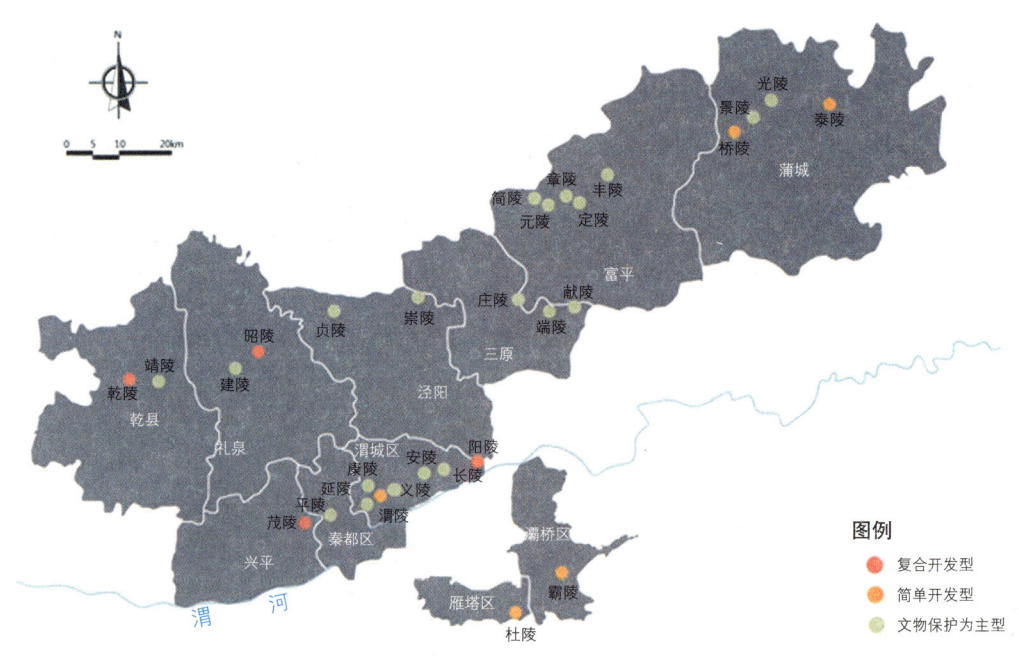

图 10-23　汉唐帝陵开发利用类型分析图

依"阴"做"阳",联动周边

依托帝陵打造旅游产品一直以来是个难题。规划依托帝陵资源但弱化纯粹的帝陵旅游,在保护的基础上,重点挖掘历史文化资源,通过软开发、巧开发、精开发的手

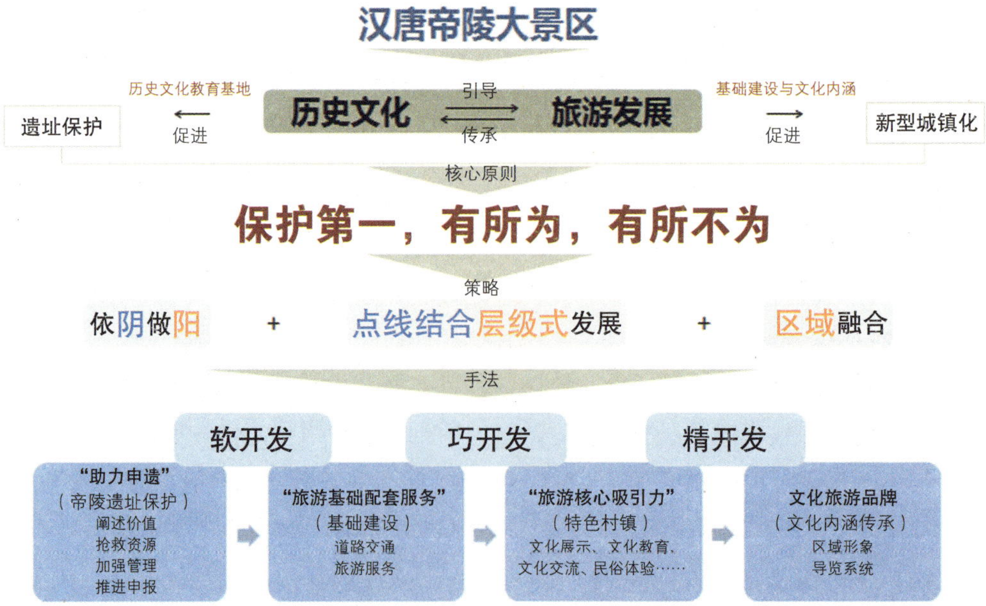

图 10-24　汉唐帝陵开发模式图

法，打造衍生性文化旅游产品。整合、带动周边资源，尤其是特色旅游村镇、特色农家乐及关中民俗文化资源等，在严格控制遗址区域生态景观格局的基础上，沿主题游线构建文化景观廊道与休闲空间，以"城镇——活化的博物馆"为抓手，以发展文化产业为支撑，构建极具历史文化特色的文化产业集聚区、汉唐帝王文化体验区和特色城镇发展区；同时实行以陵带区策略，实现"一陵带一村，一村护一陵"，在旅游发展基础上做到结合村镇形成新的核心吸引，发展精品旅游，促进地区发展。

案例六：创新"8"硬"4"软举措，构筑世界雅丹奇观综合旅游"境"区
——《克拉玛依魔鬼城创5A和景观设计》

在全国大力建设丝绸之路经济带、弘扬丝绸之路文化的大背景之下，新疆克拉玛依世界魔鬼城景区迎来了如何在新常态下展开旅游二次创业的大好机遇。针对该项目，项目组迅速确立了五大方针，即以体系建设为本、5A创建为核，综合考虑创5A的阶段性和发展的长远性、建设的阶段性和设计的完整性、景区建设的局部性和区域发展的完整性，给出满足5A创建要求的、最具操作性可落地的规划景观设计。

一、8硬4软实现5A提升

5A级旅游景区更加注重人性化和细节化，通过服务设施和景区管理的完善，突出以游客为中心，强调以人为本。本规划根据5A级景区的8硬4软标准，结合魔鬼城自身的旅游资源特色，提出了构筑世界雅丹奇观综合旅游"境"区的发展定位，在5A提升过程中，主要围绕8个硬件方面进行规划提升。

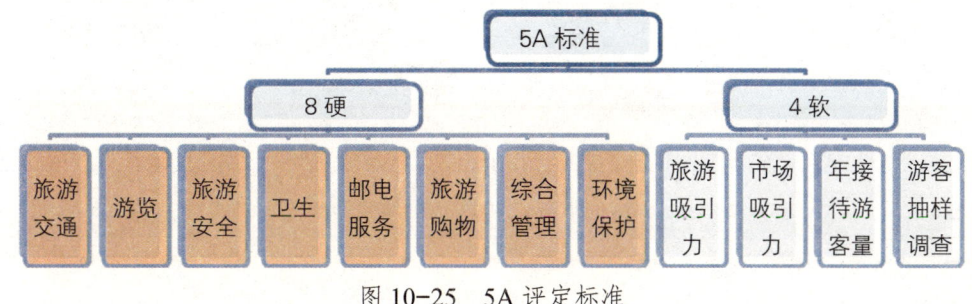

图10-25　5A评定标准

在空间格局上，提出一轴两城三片区，在强化传统观光旅游的同时，引入夜旅游概念，增强景区的体验性，激发消费活力。

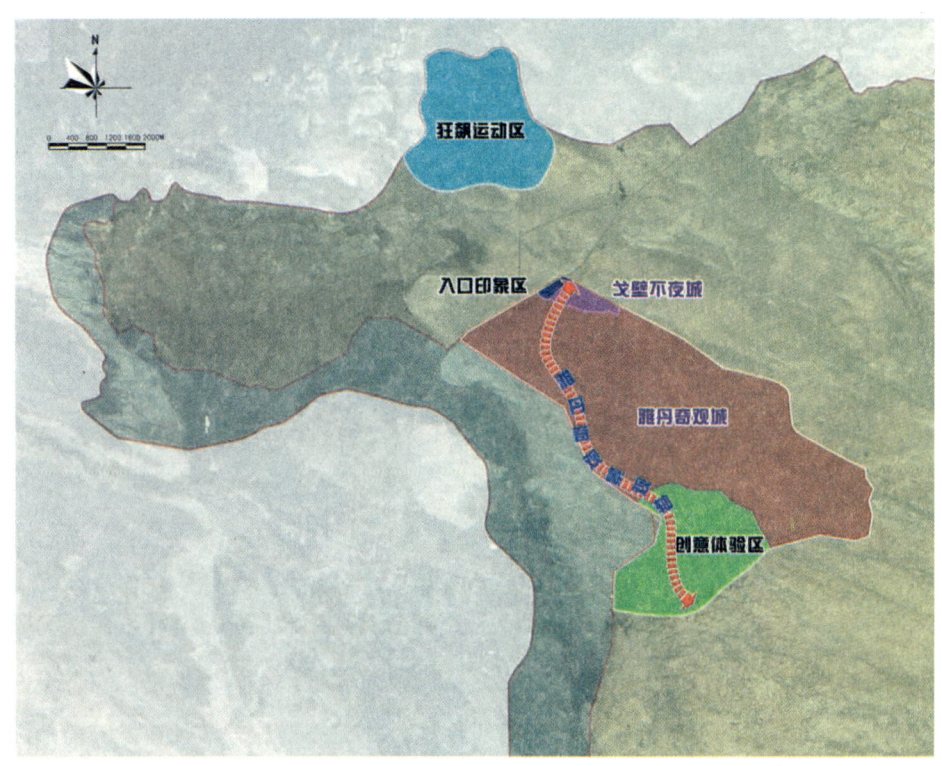

图10-26　区位示意图

在产品体系上，结合项目地为景区雅丹地质奇观游览、科普、体验的核心区和价值高地，通过对雅丹地貌科普、旅游价值的挖掘，采用多样化手段，增加雅丹资源向旅游产品的转化率，构建完善的旅游产品体系，提升景区的整体品质；同时注重参与体验方式，将枯燥的地质遗迹活化，寓教于游、寓教于乐，打造深度体验项目。

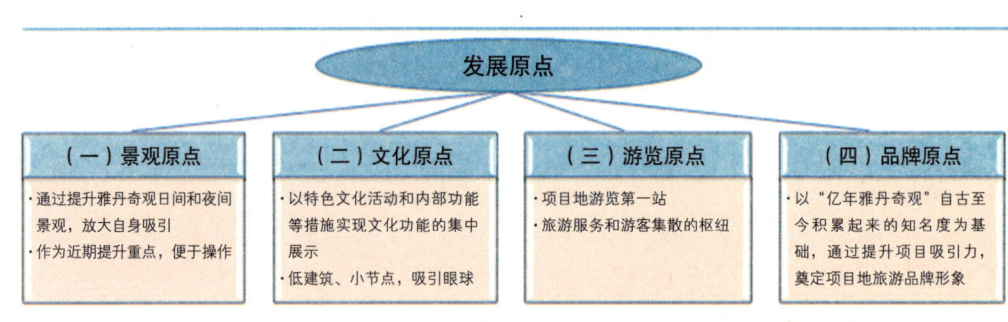

图10-27　旅游产品体系塑造基础分析

二、景观设计凸显文化张力

本规划最大的亮点在于建筑景观的设计,规划通过结合魔鬼城的区域文化,在建筑景观上进行意象化、特色化、本土化的设计。在景观上,凸显与景区内雅丹地貌景观形成隔离,更凸显魔鬼城的概念;在功能上,打造集文化体验、住宿餐饮、商品售卖于一身的文化风情商街;在项目设置上,打造具有主题文化性的魔鬼宝藏主题博物馆、魔鬼城摄影展览馆、克拉玛依非遗展示商街、魔鬼主题旅馆、摄影之家主题旅馆。

设计亮点1:入口区建筑从整体把控,提取雅丹地貌中风化和高低起伏等典型特征,整体打造连绵不绝的恢宏气势。

图 10-28 门区效果图

设计亮点2:建筑风貌为生土建筑,通过建筑屋顶的变化来展示雅丹景观的高低起伏。

图 10-29 入口建筑近景效果图

设计亮点 3：通过建筑材料和色彩的对比来展现雅丹地貌的地层结构特点；通过浮雕来表达恐龙、胡杨林、东归等文化特色。

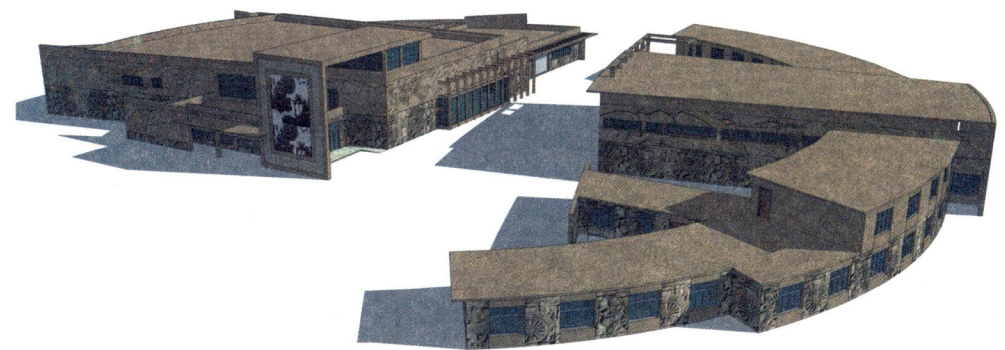

图 10-30　建筑浮雕效果图

设计亮点 4：设计"魔鬼之眼·雅丹之魂"。力求能够强化雅丹印象，以包罗万象的空间变化带来连绵不绝、高低错落的视觉冲击力；让魔鬼城的魔鬼印象得以发挥，空灵、神秘、具备超能力，把不可能变成可能。

图 10-31　"魔鬼之眼·雅丹之魂"大门效果图

案例七：白马驮经成就释源祖庭，创新规划打造佛教圣地
——《洛阳白马寺佛教文化区总体规划》

一、文化背景

"白马西来，旷世因缘，从兹震旦，佛日中天。"东汉永平七年（公元 64 年），汉明帝遣使赴西域求佛法。永平十年（公元 67 年），汉使及印度二高僧摄摩腾、竺法兰以白马驮载佛经、佛像返回洛阳。翌年，汉明帝命于洛阳雍门外建寺院，为铭

记白马驮经之功,命名为白马寺。白马寺建成后,天竺高僧在其内译出我国第一部汉文佛经《四十二章经》。白马寺也逐渐成为中国佛教活动的中心,并被东亚文化区域奉为"释源""祖庭"。

2005年,巅峰智业承接了白马寺佛教文化区总体规划,以"继承与创新"为主题,立足于"释源祖庭·佛教圣地"的总体定位,深入探讨白马寺历史文化与中国佛教发展演变之间的历史脉络,力求在保护佛教文化遗产与弘扬佛教文化传承之间寻找交融点。

二、核心创意

"释源祖庭·佛教圣地:重现历史繁荣胜景,装饰今朝古朴自然。"

图 10-32 文化本底分析示意图

首先,规划提出"衍生与均衡"的规划思路。白马寺佛教文化区的扩展和开发有内在的人文历史根源和较大的空间容量。根据白马寺历史沿革和实际发展需求,以"衍生"与"均衡"作为本次总体规划的基本思路。实现扩建后的佛教文化区与白马寺在承传佛教历史文化、合理开发土地资源、承接汉魏建筑风格等方面的延续和有机生长,同时有效衔接《洛阳汉魏故城大遗址保护规划》的相关内容。

其次,规划提出"规整"与"变化"的空间结构。在寺庙建筑整体布局方面,白马寺佛教文化区在整体布局上采用"对称规整,重点突出"的宫廷式空间格局。

在尽可能保持白马寺宗教空间基本格局或基本维持宗教空间中轴对称的同时，结合具体的地形与景观条件，对中轴线两侧的次要建筑采取不规整的形态布局，构建出白马寺佛教文化区灵活多样的布局形态。

此外，规划还提出"继承与创新"的产品理念。赋予白马寺佛教文化旅游区"佛教朝觐、佛事活动、文化交流、佛教教育、佛教旅游"等各种功能。在突出白马寺佛教文化区作为佛像供奉和进行佛教法事活动的佛寺原有功能的基础上，强调白马寺佛教文化区作为中国佛教义学活动的中心进行"佛教经典、哲学、道德、文化、艺术"等方面的教育、研究和弘扬的功能。

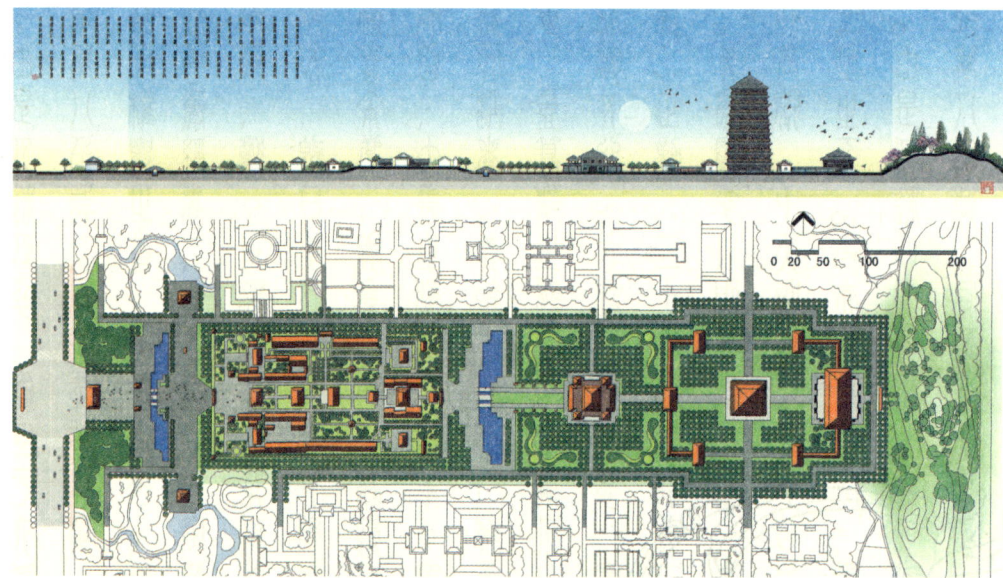

图 10-33　空间布局示意图

图 10-34　规划格局鸟瞰图

案例八：以国际化视野打造金三角区域的口岸型旅游休闲服务基地
——《西双版纳磨憨旅游发展总体策划》

云南在经济、文化方面，一直是我国面向东南亚的口岸，自古便有茶马古道来推动区域的经济文化交流，在丝绸之路经济带的新一轮建设中，依然发挥着桥头堡的重要作用。本案项目地磨憨，依托中国强大的经济背景和口岸区位，连通云南、金三角、老挝、泰国、缅甸等著名旅游目的地，在旅游发展中拥有着区域性的竞争优势，面临多样化、多元化的特色选择。现有镇区选择了较为中庸的地方传统风格，但随着越来越多的时尚化、现代化要素的涌入，"旧瓶装新酒"的模式将会逐渐失去风格，越发"不合时宜"，因此需要在下一步的发展中，找到适合体现自身个性的风格意向。

一、发挥口岸优势，找准发展定位

本案为磨憨"创造"一种创新型的风貌，即将金三角传统建筑元素与现代时尚建筑（材质、结构、形态）结合，打造具有"后现代"意境的"金三角国际风情"，使磨憨成为引领金三角乃至东南亚文化创新的基地。

磨憨旅游的发展思路应以中国与东盟旅游发展为背景，以金三角旅游为平台，依托昆曼大通道及国家级口岸的优势，将磨憨打造成联结云南与金三角旅游、联结中国与东盟旅游的枢纽，形成以休闲度假旅游为主、以综合服务为配套的，**独具金三角文化意向的国际化时尚型旅游小镇**。

二、立足国际视野，打造文化风情

磨憨的文化风情打造是金三角国际风情小镇定位中核心吸引力最为关键的构成部分之一，也是一项复杂的系统工程。以大金三角区域内各种建筑、民俗、音乐、舞蹈、绘画、雕刻、服饰、宗教、美食、工艺、节庆等元素为基础，进行文化的混搭与融合创新。

五大主题建筑风情——在建筑风格上进行分主题统一展示，主要分为东南亚禅意建筑风格主题、热带雨林原始风格主题、中老缅泰少数民族建筑风格主题、金三角战争风格主题和欧美殖民时期建筑风格主题五大类。

立面壁画风情打造——在小镇主要建筑外墙立面和建筑内壁的装饰上大量使用中老缅泰四国的雕刻绘画艺术，形成体验金三角浓郁风情的壁画小镇意象。具体类型可以分为表现佛文化、民族文化、雨林文化、茶文化、傣药文化、泰拳文化，等等。

图 10-35　特色建筑示意图

案例九：变废为宝，构筑酒文化创意旅游综合体
——《山东景芝齐鲁酒地文化产业园详细规划》

一、项目概况

"齐鲁酒地文化产业园"位于山东省安丘市城北青龙山废弃采石场，紧邻潍坊市坊子区，采石场及周边青龙河区域总面积2115亩，东邻现状潍安路、南接建设中的安丘市北二环路，距离安丘城区5公里，距离潍坊市城区20公里，交通区位十分优越。

项目所处地块的青龙山为石质山体，现状为废弃采石场，山体破损严重，覆土较薄，现状绿化率相对较低。山体东、西两侧已形成较大面积的开采坑，最高垂直落差近30米,采坑面积超过10万平方米,其中西侧坑体呈不规则形状,坑体较为开敞,东侧坑体相对规整并存有较大面积积水。青龙山东侧有青龙河水系流入青龙湖,冬季仍然能够听到流水潺潺,环境较好;南侧区域为林地及一般农田,场地相对较为平坦。

图10-36　项目考察图

山东景芝酒业股份有限公司(景芝酒业)是中国重点酿酒骨干企业,位于"齐鲁三大古镇"之首的景芝古镇。1948年集72家烧锅作坊于一身创立国有企业,1993年改为股份制企业。目前,公司已形成了以酿酒为主,热电、酒精、纸箱、蛋白饲料、有机肥、服装加工等多元化发展新格局。近几年随着经济快速增长,景芝酒业已逐步发展成为山东白酒行业的龙头企业,但就全国白酒品牌格局而言,景芝酒业仍处于中国白酒第三军团。景芝酒业希望通过文化的提炼,进一步提升企业形象,突破景芝酒业乃至山东白酒产业发展的瓶颈,使景芝酒业迅速成为中国有影响力的白酒品牌,力求在最短时间内进入中国白酒品牌第二军团(准第一军团),使安丘有能力成为中国白酒文化高地和产业高地。

二、核心创意

图10-37　齐鲁酒地文化产业园鸟瞰图

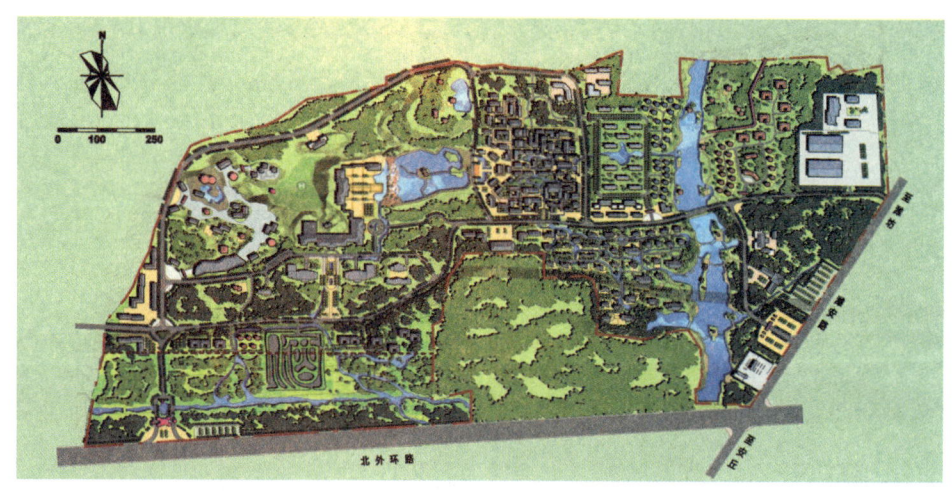

图 10-38　齐鲁酒地文化产业园总平面图

1. 引入技术，修复生态，变废为宝

规划根据基地破损情况，采用现代生态技术。通过生态修复措施、文化景观打造、污染排放控制三项措施，对废弃采石场进行全面治理：

生态修复，完善基础。 规划通过基地现场踏勘及电脑 GIS 坡度分析，根据不同区域坡度大小，采用相应的山体生态修复技术。对于坡度较缓易于草被附着区域，采用客土喷播的方式进行生态绿被种植；对于坡度较大的石壁裸露区域，采用石壁苗木移栽技术对山体植被进行大面积生态恢复。规划通过这两种方案的运用，达到解决该区域山石裸露、植被覆盖率低的环境基础问题，复绿青山，构筑生态基础。

景观打造，营造标志。 针对青龙山东、西两侧采石坑坡度趋于垂直的局部石壁，

图 10-39　采石坑效果图

规划采用景观打造的手法,结合坑体功能,通过摩崖石刻、崖壁瀑布、光影技术结合沿山栈道的形式进行设计打造,配合夜景灯光效果的多彩变换,使坑体无论白天黑夜均呈现丰富多变的视觉效果,构筑园区标志性景观。

规划利用采石坑的自然落差,打造"醉天池"山体瀑布景观,呼应"美酒天来"的酒文化主题。利用视线开阔的平坦崖壁,结合多媒体声光电技术,让天然崖壁形成电影荧幕,增加开采区内夜间活动内容。规划通过一系列景观手法,构筑园区标志性景观,提升项目吸引力,弱化坑体空间落差,衔接坑体上下,丰富游憩感受。在保持区域原有开采肌理的基础上,赋予其文化价值和游憩功能。

排污控制,持续发展。为确保"齐鲁酒地文化产业园"在后期的开发利用中不对空间环境产生二次污染,规划在修复生态、美化环境的同时,重点考虑如何解决开发污染问题。污水排放方面,规划以先进的污水处理技术、雨水收集系统确保一收一排的有效组织。在项目中采用污水土地处理与循环利用相结合的方式,通过土地处理技术的引用,实现污水有效收集处理和再生利用,达到"点滴还田,不入河道"的保护效果。其他排放方面,规划提出建筑节能、垃圾分类、噪声降噪、烟气净化等多种途径,多角度减少后期发展对环境产生的影响,真正做到有效控制环境污染源头。

规划通过生态恢复措施修复环境,景观设计手法优化环境,污染排放控制保持环境,三管齐下,真正实现"齐鲁酒地文化产业园"项目基地从废弃地到绿元宝的彻底转变。切实践行"生态文明"理念,做到变废为宝,为大区域的生态环境优化及下一步项目的开发建设,创造绿色的基础条件。

2. 传承文化,突破瓶颈,明确目标

传承历史,提炼文化。目前国内白酒文化旅游项目大多为依托知名白酒企业的工业旅游,缺乏站在中华5000年白酒历史文化高度规划运营的代表项目。

"齐鲁酒地文化产业园"项目是在依托景芝古镇地缘文化的基础上,结合景芝酒业的企业方向,以名震国内的"景芝黑陶"为底蕴,以景芝出土反映大汶口文化的高级饮酒器——"蛋壳黑陶高柄杯"为线索,提炼景芝镇古镇5000年的酿酒历史。凝聚白酒主题,充分挖掘和拓展景芝古镇酒文化的内涵。主打中国传统白酒文化,提升景芝酒业品牌价值和文化形象,促进景芝酒业的体验渠道和营销拓展模式,达到突破景芝酒业目前的发展瓶颈,创造增长点,提升知名度和美誉度。

图 10-40 蛋壳黑陶高柄杯——齐鲁之冠

借力发展，突破瓶颈。白酒企业在独立发展的同时，各地政府已经认识到产业集群发展的必要性。2008 年由四川省委、省政府提出了"中国白酒金三角"的白酒产业战略构想，其目的是为了弘扬中国酒文化，打造中国的"波尔多"国际品牌。

为此，规划认为景芝酒业要想短期内取得突破性发展，必须借力于具有全国性品牌影响力的青岛啤酒和烟台张裕葡萄酒的品牌优势，站在世界酒文化的高度上，通过啤酒文化、葡萄酒文化、白酒文化的营销共振、产业互动，使山东半岛成为世界酒文化的演绎者、产业引领者。倾力打造"酒文化创意旅游综合体"，突破景芝酒业乃至山东白酒产业的发展瓶颈，提升品牌形象，三地、三企业共同构建"中国的世界酒文化金三角"。

凝聚高地，明确目标。站在世界酒文化的高度，通过与青岛啤酒、烟台葡萄酒的品牌联动，作为山东半岛白酒行业的龙头，景芝酒业则成为占据天时地利的中国白酒代言人。景芝酒业通过"酒文化创意旅游综合体"的构建，在树立中国白酒文化代言人的文化品牌和企业形象的同时，以青龙山项目为平台，深度挖掘企业潜能、不断提升企业形象，实现企业本身的跨越式综合发展。

三、新型城镇化策略

新型城镇化的一个重要方面便是对旧区的功能改造和产业升级，本项目通过对项目地块的提升整合，植入文化旅游产业，同时注重文化、生态、经济和社会四重价值的体现，推进项目地块的新型城镇化进程。

1. 梳理空间联动产业

规划在用地空间一山一河的基础上，提出"一核、一轴、两带、四组团"的空间格局。其中"一核"为依托青龙山所形成的"青龙福地文化旅游核"；"一轴"为依托园区内部主要交通贯穿整个园区的"酒文化体验轴"；"两带"分别为园区东部依托青龙河及沿岸景观所共同构筑的"青龙河景观带"，南部为结合醉田园酒庄及溪流沿线田园景观的"生态酒庄体验带"；"四组团"分别为依托轴线及景观带衔接起来的户外休闲组团、高端度假组团、文化体验组团、休闲田园组团。

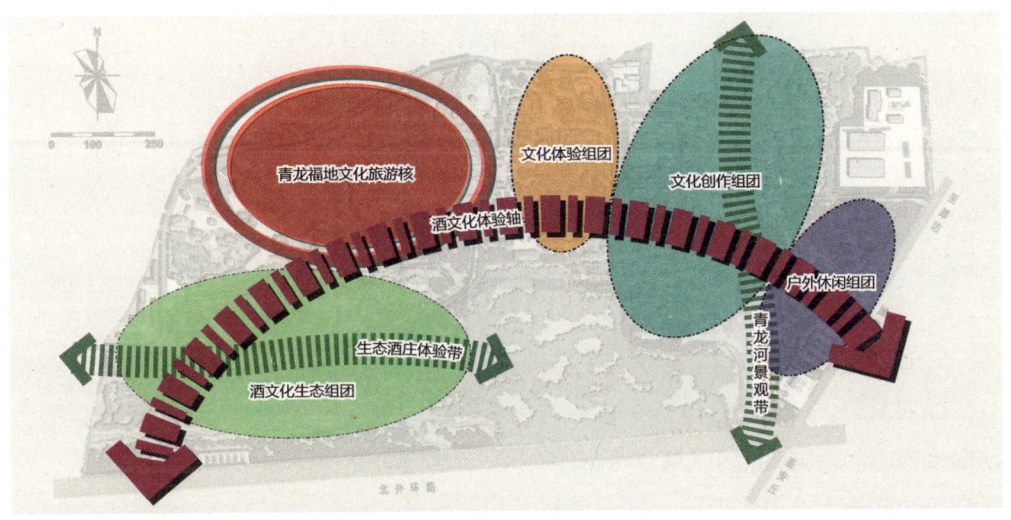

图 10-41　齐鲁酒地文化产业园空间布局图

规划通过园内空间的合理布局，使酒储藏、酒交易、酒展示、酒体验、酒娱乐等多种产业类型有机组合，形成产业联动的发展格局，有效促进资源的优化配置和空间的合理利用。规划在空间模式和产业设置上的创新组合，对于项目的资源节约和环境保护起到良好的促进作用，极大地增强园区可持续发展，使"齐鲁酒地文化产业园"更具有生命力和竞争力。

2. 多维产业融合共生

"齐鲁酒地文化产业园"是在废弃采石场的原址上进行设计布局，因而规划的重点和难点在于规划组需要通过一系列的生态技术，促使矿山开采区的生态得以恢复，同时紧扣国家文化、旅游产业大发展的政策，抓住安丘北进和潍坊南拓的城镇化机遇，以文化为灵魂，以旅游为载体，以休闲地产为支撑，构筑高端休闲度假、文化体验展示、综合服务配套三大体系板块。通过休闲度假、娱乐体验、交流展示、教育传承、生态保护、交易服务六方面，多业态组合，共同构筑"酒文化创意旅游综合体"，有效利用矿山废弃区，打造中国白酒文化旅游的标志性项目，实现变废为宝的规划目标。

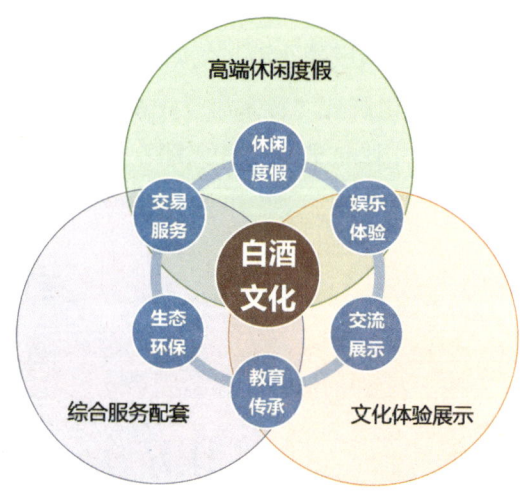

图 10-42　酒文化创意旅游综合体架构图

3. 成熟模式构筑经典

规划围绕"白酒文化"这一主题，在原废弃采石坑的基础上，通过设置以酒文化交流中心、酒文化博览中心、洞藏酒中心形成园区文化主体项目核的基础上，发展商业休闲街、自驾车营地、高端度假、醉爽体验、集散中心等多种旅游服务配套产品，整体形成齐鲁酒地文化产业园"1+N"的产业发展模式，多业态打造"酒文化创意旅游综合体"。

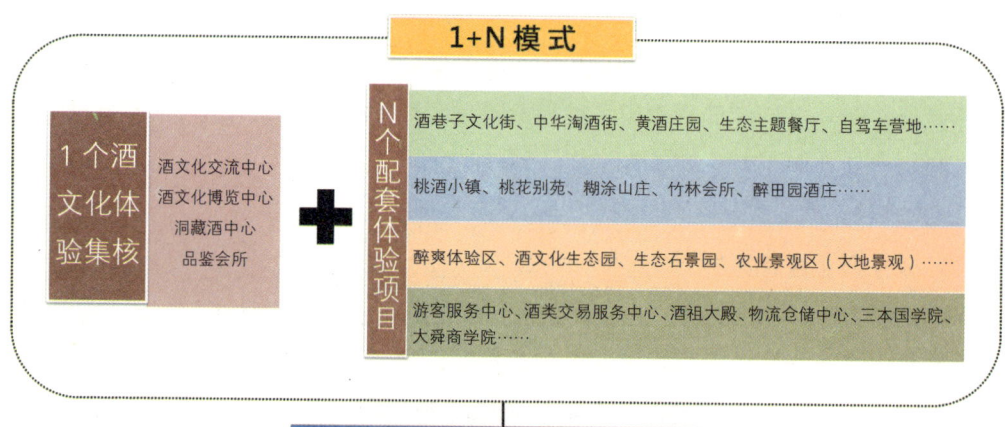

图 10-43　齐鲁酒地文化产业园"1+N"产业发展模式

"1"是指围绕青龙山周围,以酒文化交流中心、酒文化博览中心、洞藏酒中心所构成的"青龙福地文化旅游核"。规划通过这一集核,开创性地提出将现有采石坑打造成为白酒典藏的山洞酒窖,同时利用封顶的平层,建设形象展示平台和"醉天池"瀑布水景,构筑酒文化展示中心、酒文化交流中心及高端品鉴会所系列高端项目,让窖藏、文化展示与文化交流三位一体,构成项目的核心主体。以旅游求异的特性,充分演绎中华5000年传统酒文化,着重强调其独特性和唯一性,构筑园区的文化主体和核心吸引,营造具有生命力和吸引力的高格调旅游体验核心。

"N"是指多个配套项目。即规划区内围绕文化创意旅游所设置的休闲文化街、淘酒小镇、黄酒庄园、糊涂山庄、桃花别苑、配套项目、自驾车营地等一系列文化、休闲项目。这一系列配套项目强调创意体验的参与性和服务性。规划要求园区内各服务配套功能区均能够满足未来旅游发展的高标准,并按照相应级别的标准要求进行设计建设,进而能够更好地构筑"酒文化创意旅游综合体"。

四、注重综合价值挖掘

文化价值。"齐鲁酒地文化产业园"规划自启动之日起,项目团队通过与景芝酒业及安丘政府密切配合,克服时间紧、难度大的实际困难,促使项目于2012年6月破土动工。规划结合地块区域文化对酒文化全面深入地演绎,使得该项目成为安丘市2012年头号项目,并荣获"山东省十大文化产业项目"殊荣。

生态价值。"齐鲁酒地文化产业园"所处地块本是一处大量开山采石后遗留的荒地,生态环境遭到一定的破坏。项目组通过生态修复、景观打造、排污控制三大手段,将荒地变为环境优美的风水宝地,并且通过植入无污染、低能耗的旅游产业,使得该地块产业得以转型升级,实现可持续发展,生态效益凸显。

经济价值。"齐鲁酒地文化产业园"的规划建设,对完善安丘市文化产业结构,增强文化服务功能,丰富旅游业态,开发文化旅游资源,激活现有文化旅游资产,形成新的经济增长点,促进区域经济的发展壮大,起到良好的促进作用。

社会价值。"齐鲁酒地文化产业园"通过植入旅游产业,并围绕酒文化配套大量的旅游辅助设施,带动了相关产业的发展,有效地拉动了当地就业,凸显出巨大的社会效益。

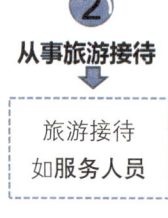

图 10-44 就业构架图

在整个规划过程中,规划组通过对现状空间的解读,同时对企业与区域文脉进行挖掘,结合国家宏观政策,提出以"生态为基,旅游为体,文化为魂"的规划原则。通过"生态治理,文化承接,产业整合"三大规划策略,构筑高端休闲度假、文化体验展示、综合服务配套三大体系。从空间利用和功能再造的角度切入,在空间和理念两方面进行大胆创新,通过创新空间利用模式,切实践行矿山开采区的生态修复与功能再造,有效利用废弃场地,减少空调能耗,践行低碳环保的规划理念。同时运用理念创新演绎中国白酒文化,使白酒文化与人居、度假、休闲、娱乐等游憩功能相结合,形成独具特色的"酒文化创意旅游综合体",为旅游新型城镇化之路做出了一定的探索。

图 10-45 核心项目鸟瞰图

案例十：开创后现代森林游憩方式，
实现人与自然和谐共存
——《三亚海棠湾片区森林文化博览园概念性规划》

《非诚勿扰》电影的火热为海棠湾带来了大量游人，景区日益火爆。但游客爆发性的增长，使景区自身的生态环境承载能力面临挑战，并且，景区自身旅游产品结构有待升级，尚且缺乏一定的休闲娱乐项目。在这一背景下，本规划力求通过景区整体性的扩容，以及增设具有体验性、文化性的创意项目，让景区进行转型升级。

本规划秉承"以人为本、生态第一"的理念，通过开发全新的森林开发模式和森林游憩方式，实现"后现代森林"导向的回归式成长与生活化、多功能、全情景森林旅游；通过构建全新的森林体验境地，打造三亚蓝绿互动格局中的森林境区。在大的功能格局上，根据森林游览、森林游憩、森林养生、森林创意四个主题进行区域划分。每个功能区域，都运用创意进行项目的设计。

规划中项目的设计，摒弃了以往游人与景观界线明晰、相互分割的观景方式，而是在不破坏水土植被的前提下，让游览设施依托于森林而建，实现人与自然的融合，让游客能够真正地置身景中。

图 10-46　空中雨林效果图 1

图 10-47　空中雨林效果图 2

图 10-48　心跳之巅效果图 1

图 10-49　心跳之巅效果图 2

图 10-50　森林之冠效果图 1

图 10-51　森林之冠效果图 2

本项目通过"大胆创意，小心求证"，在项目设计的同时，能够保证项目建设的可操作性，以使景区在众多森林旅游景区品牌中绽放光彩，给全球游客带来更新奇的视觉感受和全方位的休闲体验，再次引领国内外森林旅游开发的时尚潮流，成为海南国际旅游岛向世界展示热带森林风情的一张名片。

案例十一：蜀绣大观，创意田园
——《成都安靖镇蜀绣文化产业园规划》

图 10-52　总体鸟瞰效果图

一、项目背景

1. 文化创意之都——将成都打造为中国文化创意产业的鼎立之城，"西部第一、国内领先"的文化创意产业标杆城市

成都市"十二五"规划提出加快发展文化创意产业的目标。以传媒、文博旅游、创意设计、演艺娱乐、文学与艺术品原创、动漫游戏、出版发行七大行业为重点，以重大项目带动产业聚集发展。重点推进东部新城文化创意产业综合功能区和区（市）县文化创意产业园区基地建设，汇聚文化创意企业，完善和延伸产业链，培育功能性产业集群，建设文化创意产业标杆城市。

2. 生态文化之城——以国家文化产业倍增计划为背景，加快文化旅游等创意产业发展

成都市文化创意产业空间发展规划提出**"四片两区一带多点"**的空间发展结构，其中一带为"198"文化创意产业重点发展带，发展动漫游戏、时尚音乐、演艺娱乐、文学与艺术品原创、数字出版、创意设计、文化旅游等文化创意产业。多点为安仁文博旅游发展区、天府古镇、安靖蜀绣产业园等项目，发展文博旅游、农业观光、创意设计业。

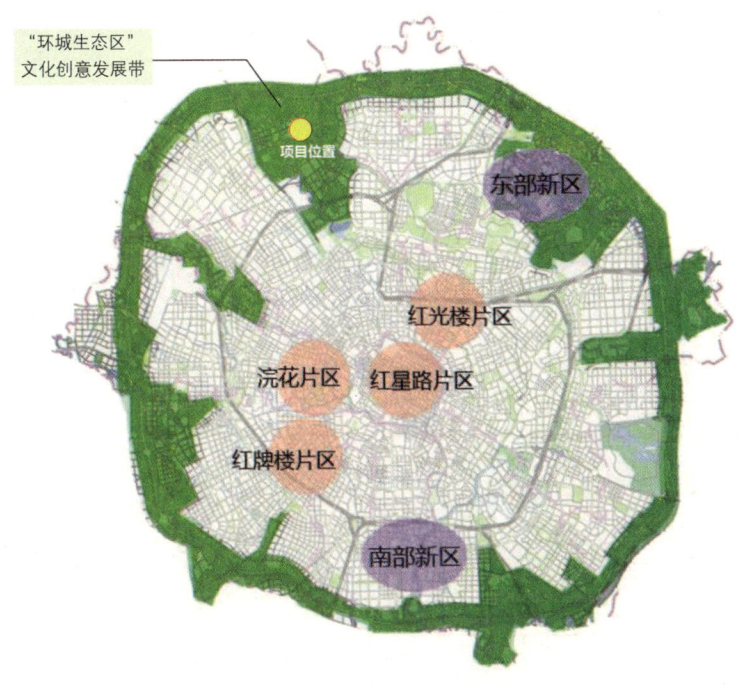

图 10-53　成都环城生态圈

3. 中国蜀绣之乡——蜀绣再创辉煌，需由非物质文化遗存向蜀绣艺术产业化转变

安靖镇是中国蜀绣之乡。蜀绣作为"四大名绣"之一，始源于周、兴于汉、盛于唐，是以郫县安靖镇为发源地，以成都为中心的刺绣产品的总称，距今已有两千多年的历史。锦被誉为"蜀中之宝"。史上，郫邑家家栽桑养蚕，户户抽丝刺绣，展一派锦绣天地，并设立官署。成都也因此被称为"锦官城"。

蜀绣再创辉煌，需由非物质文化遗存向蜀绣艺术产业化转变，契合文化产业战略，创造以蜀绣为核心的新遗产文化，实现文化价值的充分释放，建立蜀绣文化产业体系，实现"文化产业链贯通"及"蜀绣艺术品化"。

4. 城乡统筹之先——统筹城乡经济社会发展，推动城乡一体化

2007 年，国务院批准成渝经济区设立城乡统筹综合配套改革实验区。随后成都市总体规划提出将"世界生态田园城市"作为发展目标。成都"198"生态及现代服务业综合功能区规划也正是在此背景下应运而生，其目标都是为了实现城乡一体化的统筹发展。

二、核心创意

以国家文化产业倍增计划为背景,依托成都建设"西部第一、国内领先"的文化创意产业标杆城市为发展环境,着力打造"中国蜀绣——新遗产文化旅游消费目的地",构建中国蜀绣文化传承创新地、西南文化创意产业示范区、成都近郊文化休闲体验地三大发展目标。

项目的实施路径在于充分挖掘区域综合价值,使安靖镇走"大文化、大旅游、大市镇"的发展道路,引领成都文化产业格局向北聚焦,成为立足成都、面向全国的生态文化旅游综合市镇。

1. 中国蜀绣文化传承创新地

将传统文化与现代传播手段相结合,以现代发展理念实现文化的复兴,打造集观、演、学、悟、做等于一身的立体式文化体验氛围:观蜀绣工艺的精湛成果;演蜀绣历史的悠远历程;学蜀绣技艺的高超水准;悟蜀都文化的休闲内蕴。

2. 西南文化创意产业示范区

着眼文化创意高端产业价值链,提升蜀绣知名度及影响力,以蜀绣文化的内容创意及交易、传播为产业发展核心:形成艺术家会集的交流场所,引致带动功能档次提升,构筑区域名片;打造具有文化内涵、生态质量佳的产业环境;生产环节集群化、聚集化、产业化,形成强烈的市场认知;开发蜀绣中高端衍生产品,拓展蜀绣文化的表达渠道;结合现代传播手段,实现文化内涵的体验及普及。

3. 成都近郊休闲消费体验地

率先在"198"区域中树立起近郊消费的标杆,提升区域服务能力和旅游消费的承载力,形成文化消费和商业消费两大极核,满足区域发展所带来的多元化消费需求:文化消费以蜀绣创意产品为主,衍生相关旅游消费功能,是文化价值实现的有效途径;商业消费致力于区域消费结构的升级,既是对安靖镇区域服务能力的提升,也是对文化消费的有效补充。

4. 以文化为脉,串联四大主题功能板块

以"蜀绣文化"为魂;以蜀绣创意研发、交易展示、示范性生产为产业发展核心;以文化旅游消费体系构建为导向,以文化为脉,串联蜀绣大观文化休闲街区、

绣望公社文化创意街区、织锦田园文化休闲农业区、锦绣庭园文化体验居住区等四大主题功能板块。

三、规划策略

1. 产业提升策略

"以品牌机制引导消费机制，实现产业缝合"，发展文化产业链的高端环节，提升蜀绣的品牌影响力，利用品牌知名度带动市场关注，聚集多元消费，在消费价值的驱动下，促进产业链其他环节的完善，打造文化创意产业区。

创意经济发展促成旅游吸引点的形成，旅游经济发展能够为创意经济产生提供沃土，创意经济与旅游经济实现耦合及互动发展，构建产业提升的双重引擎。

2. 文化消费策略

以蜀绣文化为核心，突破文化创意的价值局限，扩展消费服务内涵。传统文化消费往往是文化的核心体现，但消费价值较低。拓展后的文化消费，偏重于文化产业链的高端环节，引入市场化运作机制，衍生出更多的产业化机会，同时推动区域的生产特征向消费特征转换，以传统文化消费体现核心文化元素，以市场化运作引导文化消费机制，实现文化繁荣。

3. 生态田园市镇策略

以生态基底为条件，以产业功能统筹城乡，构建田园市镇，契合"五个成都"的科学理念，城乡统筹的发展目标：区域形态尺度适宜、环境可持续发展、产业一三融合。深化农业结构调整，优化布局，发展特色农业，通过旅游度假产业构建释放深层价值，通过产业统筹实现城乡统筹，构建生态田园市镇，实现多元价值诉求。

4. 生态文化空间布局策略

依水而坐、水镇相融——有效利用滨水开放空间，营造滨水景观与小镇功能相互渗透的空间格局；

创意村落、田园生活——将创意村落镶嵌在田园之中，营造归田园居的怡然生活；

立体城市、空中庭院——通过绿色网络向立体化延伸，打造创意交流的空中庭院；

水田交织、阡陌纵横——水渠与彩田的交织、田埂与景观栈道的纵横，织就一幅壮丽的"蜀绣"画卷。

图 10-54　蜀绣园总平面图

严格遵守基本农田的保护原则，构建以农田和水渠网络为基地的生态框架；创造富有活力的场所，富于序列变化的空间和丰富的联系；因地制宜引入不同的尺度和变化的主题；通过不同的交通方式，提高基地的可达性，提倡低碳交通系统；通过滨水空间分段分层开发，保护与利用适度适量等规划原则，构筑"一心、二主轴、三次轴、多片区"的空间格局。以"织锦文化、田园生态"为两大主题，用地分为四大功能板块，即"蜀绣大观"文化休闲街区、"绣望公社"文化创意街区、"锦绣

图 10-55　空间结构图　　　　　　图 10-56　功能分区图

庭院"文化交流体验区、"织锦田园"文化休闲农业区。规划结构中，通过服务核心与景观廊道的整合，形成四个片区有机联系、整体发展的规划格局，重点打造特色文化亮点项目。

"蜀绣大观"文化休闲街区

以"蜀风绣韵，水意街巷"为主题，根植于地域文化，提取川西地区富有安逸与活力气息的"街巷""院落"空间，并与水岸景观相结合，形成具有滨水特色的文化休闲街区。

以三条主题街巷构成整个街区的脉络格局。蜀品巷子——集萃了成都的传统美食；蜀风巷子——云集蜀绣作品及各类创意工艺品的展示销售；蜀韵巷子——紧临东风渠畔，融合商业步道、观水平台、亲水广场等丰富的空间形态，是具有巴蜀风情的主题酒吧、茶馆、会所聚集区，演绎蜀风水岸的悠闲生活。

图 10-57　蜀绣大观效果图

"绣望公社"文化创意街区

以"明日印象，时尚织耕"为主题，兼顾时代气息与地方文化，于社区与田园之间打造怡然自得的时尚农庄生活。

明日印象广场与休闲街区：设计作品展示与交流空间，融合主题风尚的酒吧、餐饮功能；定期举办国内外时尚设计发布会与蜀绣艺术品拍卖会；演绎时尚、创意、自由的新乐活生活；

绣望设计工厂与 SOHO 设计公馆：衍生蜀绣文化，结合现代设计的创意空间和孵化空间，并配置独立设计师、创意工作人员的办公和居住配套片区。

图 10-58　绣望公社效果图

"锦绣庭院"文化交流休闲区

以"诗意典藏，乐活体验"为主题，创造多层次、多功能的立体城市空间，空中庭院是文化交流、景观体验的空间平台，使典雅精致的生活呈现于绣品意境之中。

大师典藏花园：为艺术大师定制的融工作、生活、展示为一体的创意工作室；

主题庭园：结合蜀绣中山、水、花、鸟等主题元素，形成三大主题庭园，体现空中庭院的设计理念，并提供一站式购物与配套场所。

图 10-59　锦绣庭院夜景图

图 10-60　锦绣庭院效果图

"织锦田园"文化休闲农业区

传承蜀锦技艺中经纬交织的理念，将木栈道、田埂、水渠、农田如丝线般纵横交错，形成水田交织、阡陌纵横的盎然景象。

观止锦官城：以竹为材，将一座城市的文化空间浓缩在竹林迷宫之中，串以景观小品、休憩设施，使之成为行游这座城市的索骥指南。

彩墨青田：以水为线，以田为布，不同时节，不同主题，将蜀绣名作织于大地之上，体现五彩缤纷的蜀绣特色，并以热气球为载体，让游客得到绝佳的观光体验。

三分桑田：以生产与娱乐相融合的方式回归桑蚕养殖的传统，可体验加工过程，更可细品蜀绣文化。

图 10-61　织锦田园效果图

安靖镇文化创意园的发展目标是文化旅游消费目的地，旨在打造一个包含休闲观光农业、文化体验商业、艺术交易与展示、创意与设计等功能体系的休闲社区。蜀绣园项目的重要性在于有效促进旅游业成为安靖镇的先导产业，并以此为重要契机，直接促成一三产业融合，实现以产业统筹带动和城乡统筹，进而实现区域综合价值的全面实现和提升。

案例十二：复兴传奇旱码头，打造鲁商文化旅游第一城
——《周村古城景区概念性规划投标方案》

一、文化背景

"因商而兴、因商而城"的周村古城，是中国北方经济发达地区唯一保存较好的古城镇，其建筑遗产的规模性、品质性，在山东、中国北方乃至全国都较为罕见。古城内近千家老字号承载的辉煌历史，保存完好的传统街巷肌理及风貌建筑群落，在飞速发展的现代城市建设与生活中，保留和传达了独特的、活生生的历史人文记忆。

图10-62 周村古城商街图

周村古城根植于中华传统的齐文化,体现了中国数千年以来具有代表性的商业观念、精神与智慧的传承,具有极高的文化研究和旅游审美价值。因此,在周村古城的规划中,不仅要把握鲁商文化的鲜活脉络,营造出"时空置换"的历史舞台,更是要为城市和社会奉献一道底蕴深厚、弥足珍贵的文化盛宴。

二、核心创意

1. 通过文化的创新与整合,营造一个"历久弥新"的文化码头,一个生机勃勃的文化之城

图 10-63 仿古体验示意

周村古城所阐述的是历史上的一座商业城市的生产和生活状态,在今天它仍然具备生产、生活的城市功能,可以说,它是一个"文化活本",而不是"文物标本"。因此,规划一方面立足于挖掘齐文化、鲁商文化根源,打造鲁商文化旅游第一城和国内具有代表性的传统商业文化体验旅游区;另一方面也通过对市井文化的有效诠释,对传统民俗的生动表现,力求为游客提供丰富的文化游憩产品。

2. 通过业态的创新与创意,营造充满乐趣的多元化空间,形成一片完整统一、充满活力、和谐生长的城市综合休闲商业区

首先,实现"从博物馆群到文化街区"的发展。在形成若干博物馆、文化展示馆的基础上,将整个风貌街区作为文化展示与交流互动的舞台,形成对街区整体空间的充分利用。

其次,实现"从景区到旅游区"的发展。一方面丰富观光内容,另一方面在近期以门票管理为基本模式的条件下,逐步丰富旅游消费内容,建立旅游产业化的消费结构。

再次,实现"从旅游消费区到文化产业区"的发展。以旅游消费形成区域性的文化和经济效应,通过搭建文化展示、交流、体验的平台,以及提供便利的服务条件,鼓励更多的参与者,如民间艺人、非物质文化遗产继承人、私人收藏家、文化学者、文化工作室等,在此进行持续的文化产品的研发和创新,从而形成文化产业的聚集效应。

最后,实现"从文化旅游区到休闲商业区"的发展。以旅游区、创意产业区的业态模式为主体，结合城市功能的建设需求，实现规模扩张和功能整合，逐步建设成为具有文化代表性和城市消费功能的城市综合休闲商业区。

以此，周村古城将以"商铺街+主力店+产业园"的复合业态形式，针对不同的开发和投资者，提供多样化的业态方向选择，并以复合业态为游客和居民提供不同的消费选择。

商铺街：以现有的核心保护区为主体空间，以精品小商铺的形式提供各类文化展示、体验与售卖，既营造热闹欢快的街区氛围，又保障有合理的投资前景与经营利润。

主力店：位于核心保护区内的重要节点，以及新建路北侧新开发区块的口岸节点，以集约化场所的形式，集中进行文化博览及特色餐饮休闲等服务，成为周村古城的标志性综合服务中心，面向游客和本地休闲消费者，成为自由休闲及社交型休闲场所。

产业园：以文化研究、创新、展示、交流等为主要功能，营造丰富多彩的文化互动局面，成为游客感兴趣的体验场所，同时适当承载特色休闲服务。

附 件

附件1 "一带一路"旅游合作发展评价指标体系

指标	分级赋值				
	1	3	5	7	9
区域合作基础					
区位交通条件					
国家政治因素					
经济发展水平					
旅游发展情况					

注:通过对64个国家出境旅游现状的综合评价,将其分为三个等级,即条件最好:(>7),条件较好:(5~7),条件中等:(<5)。

附件2 "一带一路" 65个国家合作发展指标基础数据

国家	区域合作基础	旅游发展情况			经济发展水平	
		中国入境旅游总人数（人次）	占比（%）	旅游签证（与中国）	GDP（亿美元）	人均国民总收入（美元/人，2012）
中国	/	12 283 758	100		92 400	6100
俄罗斯	上海合作组织；中蒙俄经济走廊	978 988	3.47	团队旅游互免签证	20 970	12 700
蒙古	中亚区域经济合作（CAREC）；中蒙俄经济走廊	361 506	57.95		125	3160
哈萨克斯坦	中亚区域经济合作（CAREC）；上海合作组织	154 226	2.50		2248	9780
乌兹别克斯坦	中亚区域经济合作（CAREC）；上海合作组织	/	/		567	1720
吉尔吉斯斯坦	中亚区域经济合作（CAREC）；上海合作组织	24 115	1.00		72（2011）	990
土库曼斯坦	中亚区域经济合作（CAREC）；上海合作组织	/	/	落地签；团队旅游互免签证	411	5410
塔吉克斯坦	中亚区域经济合作（CAREC）；上海合作组织	4105	1.68		85	880
阿富汗	中亚区域经济合作（CAREC）	/	/		207	680

续表

国家	区域合作基础	旅游发展情况			经济发展水平	
		中国入境旅游总人数（人次）	占比（%）	旅游签证（与中国）	GDP（亿美元）	人均国民总收入（美元/人，2012）
巴基斯坦	中亚区域经济合作（CAREC）；中巴经济走廊；中国-巴基斯坦自贸区	39 017	4.04		2318（2012）	1260
印度	孟中印缅经济走廊；中国-印度自贸区；全面经济伙伴关系协定；亚太贸易协定	168 952	2.57		18 770	1550
孟加拉国	孟中印缅经济走廊；亚太贸易协定	/	/	落地签	1410	840
尼泊尔		71 861	8.95	落地签	189（2012）	700
不丹		3766	8.57		21（2012）	2420
文莱	东南亚国家联盟；全面经济伙伴关系协定	27 490	13.15	落地签	155（2011）	41 127
印度尼西亚	东南亚国家联盟；全面经济伙伴关系协定	726 088	9.03	落地签（免签证费）	8697	3420
马来西亚	东南亚国家联盟；全面经济伙伴关系协定	1 557 960	6.22	落地签	3400	9820
菲律宾	东南亚国家联盟；全面经济伙伴关系协定	250 883	5.87		2720	2500

续表

国家	区域合作基础	旅游发展情况			经济发展水平	
		中国入境旅游总人数（人次）	占比（%）	旅游签证（与中国）	GDP（亿美元）	人均国民总收入（美元/人，2012）
新加坡	东南亚国家联盟；全面经济伙伴关系协定；中国－新加坡自贸区	2 198 157	15.16		2957	49 710
泰国	东南亚国家联盟；大湄公河次区域经济合作（GMS）；全面经济伙伴关系协定	2 761 213	12.35	落地签	3872	5210
柬埔寨	东南亚国家联盟；大湄公河次区域经济合作（GMS）；全面经济伙伴关系协定	333 894	9.32	落地签	432	880
老挝	东南亚国家联盟；大湄公河次区域经济合作（GMS）；全面经济伙伴关系协定；亚太贸易协定	199 857	6	落地签	63（2010）	1270
缅甸	东南亚国家联盟；大湄公河次区域经济合作（GMS）；孟中印缅经济走廊；全面经济伙伴关系协定	70 805	11.93	落地签	594	1550
越南	东南亚国家联盟；大湄公河次区域经济合作（GMS）；全面经济伙伴关系协定	1 428 693	20.86	落地签	1705	1550

续表

国家	区域合作基础	旅游发展情况			经济发展水平	
		中国入境旅游总人数（人次）	占比（%）	旅游签证（与中国）	GDP（亿美元）	人均国民总收入（美元/人，2012）
斯里兰卡	中国－斯里兰卡亚太贸易协定	25 781	2.56	落地签	671	2920
马尔代夫		229 551	23.96	落地签	29（2011）	5750
土耳其		114 582	0.3	落地签	8188	10 830
伊朗		26 160	0.68	落地签	4946	6578
伊拉克		/	/		2125（2012）	6130
以色列		19 633	0.56	落地签	2727	32 030
约旦		12 491	0.20		335	4670
科威特	中国－海合会自贸区	13 283	0.23	落地签	1766（2011）	53 544
黎巴嫩		3564	0.26		413（2011）	9190
阿曼	中国－海合会自贸区	5022（2011）	/		775（2012）	23 385
卡塔尔	中国－海合会自贸区	/	/		1729（2012）	92 801
巴林	中国－海合会自贸区	22 418（2011）	/	落地签	320	19 560
沙特阿拉伯	中国－海合会自贸区	19 436	0.14		7452	24 310
叙利亚		6080（2011）	/		599（2010）	
格鲁吉亚		9995	0.23	落地签；团队旅游互免签证	161	3290

续表

国家	区域合作基础	旅游发展情况		旅游签证（与中国）	经济发展水平	
		中国入境旅游总人数（人次）	占比（%）		GDP（亿美元）	人均国民总收入（美元/人，2012）
阿拉伯联合酋长国	中国-海合会自贸区	/	/	落地签	3825（2012）	38 620
也门		1831	0.16		367	1290
阿塞拜疆	中亚区域经济合作（CAREC）	5060	0.2	团队旅游互免签证	735	6220
亚美尼亚		9738	1.15		104	3720
波兰	中国-中东欧国家旅游协调中心	40 000	0.06		5175	12 660
捷克	中国-中东欧国家旅游协调中心	142 259	2.09		1983	18 130
斯洛伐克	中国-中东欧国家旅游协调中心	16 317	1.07		958	17 200
斯洛文尼亚	中国-中东欧国家旅游协调中心	13 860	0.87		468	22 830
塞尔维亚	中国-中东欧国家旅游协调中心	5426	0.31		244	16 310
立陶宛	中国-中东欧国家旅游协调中心	5877	0.58		459	13 820
拉脱维亚	中国-中东欧国家旅游协调中心	13 500（2011）	/		310	14 060
匈牙利	中国-中东欧国家旅游协调中心	/	/		1302	12 410
克罗地亚	中国-中东欧国家旅游协调中心	43 249	0.42		578	13 490
罗马尼亚	中国-中东欧国家旅游协调中心	19 991	0.25		1896	8560
保加利亚	中国-中东欧国家旅游协调中心	8685	0.10		530	6840
塞尔维亚	中国-中东欧国家旅游协调中心	/	/		685	5280
马其顿	中国-中东欧国家旅游协调中心	/	/		107	4620

续表

国家	区域合作基础	旅游发展情况			经济发展水平	
		中国入境旅游总人数（人次）	占比（%）	旅游签证（与中国）	GDP（亿美元）	人均国民总收入（美元/人，2012）
波黑	中国－中东欧国家旅游协调中心	3369	0.77		181	4750
阿尔巴尼亚	中国－中东欧国家旅游协调中心	3129	0.09		133	4030
白俄罗斯		314	0.26	团队旅游互免签证	717	6370
摩尔多瓦		/	/	团队旅游互免签证	79	2070
乌克兰		19 718	0.10		1778	3500
塞浦路斯		735	0.03		/	26 110
埃及		61 155	0.53	落地签	2627	2980
索马里		/	/		58（2010）	
肯尼亚		/	/	落地签	337（2011）	860

附件 285

附件3 2013年全国各省、自治区、直辖市旅游人数及收入一览表

	旅游总人数（万人次）	旅游总收入（亿元）	入境旅游总人数（万人次）	入境旅游总收入（亿美元）
北 京	25 450.10	3962.65	450.10	47.90
天 津	13 824.54	2152.30	264.54	25.91
河 北	27 133.80	2010.10	133.80	5.90
山 西	25 212.60	2305.40	212.60	8.20
内蒙古	6774.37	1403.46	161.61	9.62
辽 宁	40 930.30	4648.10	503.10	34.80
吉 林	10 369.28	1477.08	127.35	5.71
黑龙江	29 157.00	1385.90	153.00	6.00
上 海	26 748.08	3298.19	757.40	53.37
江 苏	52 288.00	7087.35	288.00	23.80
浙 江	44 266.00	5536.00	866.00	54.00
安 徽	33 985.50	3010.40	385.50	17.30
福 建	20 054.16	2286.47	512.13	45.73
江 西	25 009.83	1896.06	163.60	5.25
山 东	54 707.65	5183.90	437.27	27.30
河 南	41 100.00	3875.50	207.33	5.14
湖 北	40 889.00	3205.55	267.96	12.19
湖 南	36 230.70	2681.90	230.70	8.20
广 东	69 775.32	8304.08	10 110.60	162.78
广 西	24 655.46	2057.14	391.54	15.47
海 南	3672.51	428.56	75.64	3.31
重 庆	30 800.00	1771.02	242.26	12.68
四 川	49 209.60	3877.40	209.60	7.60
贵 州	26 761.28	2370.65	77.70	2.01
云 南	25 043.37	2111.24	1043.37	24.19
西 藏	1291.06	165.18	22.32	1.28
陕 西	28 500.00	2135.00	352.06	16.76
甘 肃	10 078.17	620.16	9.77	0.20
青 海	1780.43	158.54	4.65	0.19
宁 夏	1820.42	127.30	2.54	0.12
新 疆	5205.59	673.24	156.73	5.85
总 和	832 724.12	82 205.81	18 820.77	648.77

附件4 "一带一路"相关省份已有旅游相关活动

省份	种类	内容
新疆维吾尔自治区	节庆活动	2006年"丝绸之路"国际模特大赛:(乌鲁木齐)在2006"丝绸之路"服装服饰博览会期间精彩上演,以"推模特新秀·树女性形象"为宗旨,通过"丝绸之路国际模特大赛"展示世界各国青年女性健康向上的精神风貌和青春活力,选拔和推广模特人才,促进世界各国模特业的国际化进程。 2013年第十一届乌鲁木齐丝绸之路冰雪风情节:(乌鲁木齐)冰雪节分为4大板块:会务活动、主题活动、常规活动、媒体宣传报道活动。冰雪主题活动包括"兴旅为民"全民清雪健身活动,冰雪游乐主题活动,"飞跃城市,感受冰雪"媒体宣传报道活动,各地的冰雕展示活动;常规活动包括冰雪体育活动、职工冬季趣味运动会、沙依巴克区"雅山之冬儿童乐园"等一系列冬季冰雪游。 2014丝绸之路国际食品展览会:(乌鲁木齐)包含"丝绸之路国际食品产业联盟发起活动""2014丝绸之路食品产业投资促进论坛""中国清真美食展""2014丝绸之路国际食品采购商大会""丝绸之路美食论坛""乌鲁木齐论坛""上海吉尼斯申报及演示活动""美食经济带"主题活动、亚欧新闻媒体论坛、丝绸之路经济带交通运输峰会、中国—中亚科技创新合作论坛等。 2014年第四届中国—亚欧博览会:(乌鲁木齐)包括中国—亚欧经济发展合作论坛、"开放兵团,共建丝绸之路经济带"主题活动、亚欧新闻媒体论坛、亚欧美食街区展示互动、中国烹饪大师PK表演赛"以及美食街区展示互动等活动。
	政策制度	2013年中国银行在新疆正式推出人民币兑换坚戈(哈萨克斯坦货币单位)。
	基础设施	2011年成立喀什、霍尔果斯经济开发区;2012年霍尔果斯国际边境合作中心正式运营,该中心是建立在中哈两国的跨境经济贸易区和区域合作项目,是中国与其他国家建立的首个国际边境合作中心。 新疆克拉玛依将打造丝绸之路经济带大数据信息中心。
陕西省	节庆活动	2014年首届丝绸之路国际电影节:(西安)丝绸之路国际电影节作为"丝绸之路影视桥工程"的重点项目,今后每年一届,由陕西、福建两省轮流主办。涉及丝路沿线26个国家188部电影,经过80位大众评审从两个月的初步旅选,入围评奖41部,随后由电影节专家评审团从中评选出25部影片,最终获得本届电影节最受观众喜爱的中外影片奖。

续表

省份	种类	内容
陕西省	节庆活动	2014中国西安丝绸之路国际旅游博览会:(西安)旅博会吸引了来自32个国家和地区的代表参展,其中国际买家136个,主参展商17个;24个国内省(区)市的34家参展商参展。展会期间,共接待专业观众3000余人,公众30 000余人次,签约21个旅游产业项目,总投资105.67亿元人民币。 第二届丝绸之路商旅文化博览会:(西安)包括"丝绸之路沿线国家商旅文化旅游推介会"、"五丝"工程推介展、"丝绸之路古市展"、"丝路之光·2014西安里昂灯光节"、"中国敦煌学会吐鲁番学会丝绸之路专业委员会授牌仪式"、"吉尔吉斯坦油画展"等十余项精彩呈现的商贸、文化、旅游活动。 首届丝绸之路国际艺术节:(西安)充分体现丝路核心、中华文化、国际元素三大主题,展现世界文化多样性,展示中华文化的永恒魅力。邀请亚非、欧亚、亚洲地区丝绸之路经济带和海上丝绸之路沿线国家优秀展演项目参加文化节。同时邀请甘、新、宁、闽、桂等国内丝绸之路沿线省区优秀展演项目,组织陕西本地优秀文化代表性演展项目参加艺术节活动。
甘肃省	节庆活动	2011年首届"敦煌行·丝绸之路国际旅游节":(兰州)一共30项活动,其中9项主要活动分别是开幕式暨开幕式晚会《炫彩之旅》、甘肃旅游合作洽谈会、国内外百强旅行商洽谈会、丝绸之路·醉美甘肃、丝绸之路旅游摄影大赛、精品剧目演出月、非物质文化遗产展示展演、陇莱美食节、中国河西走廊首届有机葡萄酒美酒节、"敦煌行·丝绸之路国际旅游节"闭幕式暨"大美敦煌"文艺演出。 首届中国丝绸之路博览会暨第20届中国兰州投资贸易洽谈会:(兰州)本届展会分为两期,2014年7月6～8日为投资贸易洽谈期,7月15～19日为商品贸易展销期,同时7月26～30日举办汽车专业展。甘肃省14个市州统一组成甘肃综合展区,新开辟特色农产品和食品药品、新能源和新材料、文化旅游专业展区,专门设立丝绸之路省州长代表团国际合作展区。主要有旅游合作、项目洽谈、高端论坛、学术研讨、商品展销、陇莱美食行评、文化遗产展演等多个主题活动。 第四届"敦煌行·丝绸之路国际旅游节":(张掖),包含丝绸之路旅游产品展览会暨第四届中国玉文化展销会和特设国际户外旅游用品及装备专题展;吸引了丝绸之路沿线中亚5个国家及沿线省区重点城市知名景区、旅行社参加。主要有旅游合作、项目洽谈、体育赛事、剧目演出、陇莱食品展销、商品展销、剧目演出、陇莱美食品评、文化遗产展演等多主题活动。
	政策制度	2013年国务院批复甘肃省建设华夏文明传承创新区。

续表

附件4 "一带一路"相关省份已有旅游相关活动

省份	种类	内容
宁夏回族自治区	节庆活动	中国-阿拉伯博览会（银川）：76个国家和地区及国际机构来参加中阿经贸论坛，前三届共有18位总统级的领导人、195位部长级的官员、95位大使和5000多家企业参加会议，3万多家参展商参展。
	节庆活动	2014年第二届丝绸之路国学术研讨会（银川）研讨会主题包括入华粟特人的考古新发现，出土文书的整理与研究；丝绸之路上的历史、宗教和语言研究；出土碑志、出土文书上的历史、宗教和语言研究等。
	政策制度	2009年宁夏银行获批试点开展伊斯兰银行业务，成为国内首家开展伊斯兰金融业务的银行。
	政策制度	2012年国务院批准了在宁夏回族自治区建立内陆开放试验区，并批准建立银川综合保税区。
	基础设施	银川河东国际机场已经开放对阿联酋的第三、四、五航权，银川成为中西部地区与成都、乌鲁木齐同时拥有航权开放为数不多的城市。银川已开通除长春以外所有省会（首府）城市的54条航线，开通至迪拜、曼谷、首尔等5条国际航线。
河南省	节庆活动	2014年11月27~29日，丝绸之路经济带中欧物流枢纽建设国际交流会在郑州举行。
	基础设施	郑州国际陆港位于国家郑州经济技术开发区内，公路港、铁路港、空港、海港"四港一体"，定位为国家铁路一类口岸，多式联运服务中心，中欧班列货运中心，是郑州市打造丝绸之路经济带重要节点城市和中欧铁路物流中心的核心载体。
	基础设施	中国公布的22处丝绸之路遗产点中，河南省有4处：汉魏洛阳城遗址、隋唐洛阳城定鼎门遗址、新安汉函谷关遗址、崤函古道石壕段遗址。
	基础设施	京广、京九、焦柳、陇海等9条铁路干线经过河南，形成"米"字形铁路交通格局；河南境内高铁达865公里，居全国第一。
	基础设施	2013年7月18日，首趟郑欧国际铁路货运班列运行，开启了中国与欧洲的"新丝绸之路"，车次为"80001次"，是全国各地发往欧洲货运班列中的"第一号"。
青海省	节庆活动	环青海湖国际公路自行车赛，简称"环湖赛"，从2002年开始举办，每年的6~8月在青海省的环青海湖地区和邻近的甘肃省及宁夏回族自治区举办。它是在世界最高海拔地举办的亚顶级、最大规模的公路自行车赛事。

续表

省份	种类	内容
青海省	节庆活动	2014年5月,中国(青海)国际清真食品及用品展览会在青海西宁举办。
		2014年8月,中国(青海)藏毯国际展览会暨丝绸之路地毯展交会在青海举办。
		2014年6月10日至13日青海投资贸易洽谈会在西宁举行,首次举办丝绸之路经济带研讨活动,首次举办环青海湖电动车拉力赛。
福建省	节庆活动	海上丝绸之路国际艺术节(泉州):2014年11月26日,"海上丝绸之路国际艺术节"(东亚文化之都·2014泉州丝海海扬帆嘉年华)在泉州拉开帷幕,泉州打造"21世纪海上丝绸之路先行区"的重要组成部分之一,同时将举办包括文艺演出、经贸展会、学术研讨、文化惠民等23项活动。艺术节吸引了来自韩国、日本、马来西亚、印度、土耳其、伊朗、埃及、意大利、希腊、英国、阿拉伯等沿线和友国家的艺术家。举办了"阿拉伯非物质文化遗产大展"、"中国人眼中的阿拉伯摄影展"、中国"海上丝绸之路"九城市文化遗产精品展等文化交流、展示和研讨活动。
		海上丝绸之路音乐节(泉州):音乐会是海上丝绸之路国际艺术节系列活动的重要组成部分,共邀请了伊朗、印度、埃及、英国、希腊、荷兰、土耳其和非洲8个海上丝绸之路沿线国家和地区的艺术团参加演出,将充分展示海上丝绸之路沿线国家和地区的异国风情;同时,音乐节还邀请了韩国光州、日本横滨艺术团,日本横滨艺术团与马来西亚世界口琴艺术演队,华侨大学亚洲留学生艺术团队等参加。
		世界闽南文化节(泉州):闽南文化节是海峡两岸闽南人共同的节日。首届海峡两岸闽南文化节于2010年2月27日在泉州隆重开幕,由泉州市政府、台盟中央、中国闽台缘博物馆、台湾成功大学、中华闽南文化研究会共同主办。2012年世界闽南文化节在台南与金门举办,2013年在泉州举办,2014年在澳门举办。
		首届中国(泉州)海上丝绸之路国际品牌博览会:主题为"新丝路,新合作,新融合",首届海峡两岸闽南文化节于2010年2月27日在泉州隆重开幕,设有国际精品馆、国内品牌精品馆、海上丝绸之路沿线国家商品展区、中国品牌价值评估成果展区,"东亚文化之都"中泉州、日本横滨、韩国光州三个城市展区等展览区域。
		东亚文化节(泉州):东亚电影展、东亚宗教交流、东亚贸易论坛、东亚文化艺术展、东亚海底考古博览。
		丝路帆远——中国海上丝绸之路文物展(福建牵头):2014年底将赴联合国办展,并与2015年开始赴东盟巡展。

续表

省份	种类	内容
福建省	节庆活动	《丝海箫音》大型舞剧巡演（福建省）：演出以闽南风格浓郁的舞蹈语言、精美的舞蹈音画形式，再现了800年前泉州港商船竞发的壮观场面和中外商品贸易的繁华景象，反映"海上丝绸之路"的起点——中国泉州在宋元时期云集海内外使者与商贾，成为当时世界第一大港的历史。将走东盟演出。 海峡两岸经贸交易会（福州）（每年5月18日）：2014年海交会积极抓住国家建设21世纪"海上丝绸之路"重大战略机遇，不断提升、丰富"5·18"内涵，在展会安排上突出"海丝"主题，在内容设置上突出合作共赢，在办展模式上突出市场化运作。 21世纪海上丝绸之路市长论坛（福州）：论坛以"共建21世纪海上丝绸之路"为主题，邀请海上丝绸之路沿线国家、地区和境内外相关城市的市长及代表团、知名专家、经济学家参与，共建21世纪海上丝绸之路的合作机制进行磋商。 南洋文化节（厦门）：2014年3月28日，第四届"南洋文化节"在厦门开幕，此次南洋文化节首次实现印度尼西亚、马来西亚、新加坡、泰国等东盟十国全员参与，将举办南洋特色商品展、南洋美食节、南洋研讨会等活动。 海洋文化旅游节（厦门）：10月国庆期间举办，每两年办一次，与凤凰花旅游节交替进行。节日期间会展出十多个系列四十多个节目，以水上项目和沙滩项目为主，如"海鲜美食""温馨鹭岛""激情漂流""定向越野""皮划艇比赛"等。 厦门国际马拉松（厦门）：厦门国际马拉松赛创办于2003年，由中国田径协会和厦门市政府联合主办，由中央电视台和厦门电视台联合直播，国内外40余家电视台转播。经过几年的发展，厦门国际马拉松赛以其较高的竞赛水平、广泛的群众参与和丰富的配套活动，成为中国最具影响力和国际知名度的马拉松赛事之一，2007年12月被国际田联评为"国际田联路跑金牌赛事"，并连续六年获此殊荣。 国际海洋周（厦门）：2014厦门国际海洋论坛暨第四届厦门国际海洋可持续发展部长论坛于2014年11月7日在厦门隆重开幕。国际海洋论坛将举办亚洲国家海洋综合管理与蓝色经济发展论坛、海岸带综合管理学术研讨会、第七届中国（厦门）国际游艇帆船展览会、第七届中国（厦门）国际休闲渔业博览会、第七届全国大学生海洋知识竞赛电视总决赛、2014厦门沙滩文化体育节、海岛游体验中国一系列论坛、展览洽谈和海洋文化活动。

续表

省份	种类	内容
福建省	政策制度	福州打造"一带一路"建设战略枢纽城市，福州市政府日前和国开行福建分行、中非发展基金携手合作，推动设立总预计规模100亿元人民币的基金，通过市场化运作，为"21世纪海上丝绸之路"建设国家、支持福州市作为中国古代"海上丝绸之路"的重要发祥地，打造国家"一带一路"战略枢纽城市。福州正中申请中国-东盟海洋合作中心。
		厦门打造21世纪海上丝绸之路重要枢纽，厦门自贸区建设工作实施方案》近日出台。象屿保税区已获开展跨境电商业务资格，将推进跨境电商与物流信息平台、自贸区试行"四证联办"。厦门试行自贸区政策沿线区域信息互联互通，货物通关和人员往来便利化。厦门大学在马完善口岸通关，进一步促进海上丝绸之路沿线区域信息互联互通，货物通关和人员往来便利化。厦门联合进行人才培养。来西亚设立分校，并举办嘉庚论坛、与东盟联合进行人才培养。
		漳州推动实施漳州港和厦门港同港同策。
		现聚居于东南亚的2000多万华侨华人中，祖籍福建在外华侨华人达1200万人，其中85%分布在东盟各国。
	基础设施	福州市结合重点产业发展规划，在互联互通、产业合作等方面，挖掘、生成了50个"一带一路"建设的重大项目，比如罗源湾大宗散货储运中转基地、合（肥）福（州）铁路福州段、福州长乐机场二期、中国-东盟海洋合作中心等，其中20个项目列入福建省融入"一带一路"建设重大项目。
		福州市积极与一些国家探索共同建立产业同建立产业园区、65平方公里的海洋经济产业园、175万平方公里的临空产业园、万亩海产品深加工产业园等都在规划之中。
		厦门港位于世界集装箱港口第17位、全国沿海港口第8位、集装箱吞吐量增幅位居全国沿海港口第2名。
		厦门翔安机场正在建设当中，2020年将建设两条跑道、一座54万平方米的航站楼，吞吐能力4500万人次。远期将拥有4条跑道、吞吐能力7500万人次。高崎和翔安机场新建、扩建之后将增东南亚、南亚等国际航线，为"一带一路"构筑便捷高效的航空网络。
		漳州正在推进招银港区集装箱码头群，古雷港区30万吨级码头群建设。
广西壮族自治区	节庆活动	中国-东盟博览会（南宁为永久举办地）：中国-东盟博览会是中国政府倡议，由中国和东盟十国经贸主管部门及东盟秘书处共同主办，广西人民政府承办的国家级、国际性经贸交流盛会。

续表

省份	种类	内容
广西壮族自治区	节庆活动	泛北部湾经济合作论坛（首届在广西南宁举行）：2006年7月20日，中国国务院西部地区开发办、财政部、人民银行、国务院发展研究中心、人民日报社、广西壮族自治区人民政府、亚洲开发银行等在广西南宁联合主办了首届"环北部湾经济合作论坛"，来自中国、越南、马来西亚、新加坡、印尼、菲律宾、韩国7个国家的160多位政府官员、专家学者和著名企业代表参加了论坛。2014年5月15日，第八届泛北部湾经济合作论坛在广西南宁举行，主题为"携手共建21世纪海上丝绸之路"。 中国－东盟商务与投资峰会（主要在南宁举办）：2003年10月8日，中国国务院总理温家宝在第七次中国与东盟（10+1）领导人会议上倡议，从2004年起每年在中国南宁举办中国－东盟博览会，同期举办中国－东盟商务与投资峰会。这一倡议得到东盟10国领导人的普遍赞同。2004年11月，第一届中国－东盟商务与投资峰会和第一届中国－东盟博览会在中国广西南宁市举行。峰会是中国与东盟商务和投资最高级别的会议，已成功建设中国与东盟自由贸易区，发展中国与东盟经贸关系和互利合作最重要的双边活动，合作机制、交流和沟通渠道。对推动中国与东盟经贸关系发展与互利合作营造了良好的环境，并发挥了积极的促进作用。
	政策制度	中国人民银行总行等11个部委先后批准广西创建沿边金融综合改革试验区，就是要以跨境金融业务创新为主线，探索资本项目人民币可兑换的多种途径，鼓励东盟金融机构将境外人民币以贷款方式投资到试验区。同时，广西支持有资质的机构到东盟国家发行人民币债券，探索推进中国与东盟国家间、清算一体化建设，设立中国－东盟股权交易中心，从而建立与"海上丝绸之路"相适应的现代金融开放型的合作平台。 广西自2005年正式参与大湄公河次区域合作以来，始终把加快融入次区域合作作为扩大对外开放的重点之一。末，广西将充分利用中国－东盟博览会等合作平台，务实推进与GMS国家在交通基础设施建设、交通运输服务、旅游、农业、贸易投资便利化及能源资源等领域的合作。 自2006年广西率先提出泛北部湾经济合作以来，泛北合作也在东南亚处也在得到了中国与东盟各国领导人的支持，泛北合作中方专家组和联合专家组会议相继成立，泛北合作中方可行性研究报告也在东南亚揭牌成立。2011年中国－东盟经贸部长会议审核通过，并写入第14次中国－东盟领导人峰会《主席声明》。目前，港口物流、陆上交通、农业、贸易便利化、投资便利化、经济合作、私营部门参与7个专项子规划和合作路线图基本完成，一批重点项目正在酝酿出台，一些领域的具体项目合作也取得了积极进展，泛北合作开启了务实合作新篇章。

附件 293

续表

省份	种类	内容
广西壮族自治区	政策制度	国务院批准实施的《广西北部湾经济区发展规划》明确提出"推动南宁—新加坡通道经济带建设"。2011年6月，广西凭祥综合保税区管委会正式挂牌成立。同年10月，《中越联合声明》将建设中越跨境经济合作区作为重要合作内容写入联合声明。2013年10月，李克强总理出访越南期间，我国商务部与越南工贸部签署了《关于建设跨境经济合作区的谅解备忘录》，明确提出"双方通过交流磋商，选择具备条件的地区建设跨境经济合作区"。 2011年4月以来，中国—马来西亚钦州产业园区和马来西亚—中国关丹产业园区应运而生。"两国双园"建设与互动发展是我国在世界国际区域合作模式上的实践创新，未来潜力巨大。
	基础设施	目前，北部湾港开辟了至新加坡、曼谷、海防、胡志明、巴生等港口的多条国际直达航线，并建立以钦州为基地，覆盖东盟国家47个港口城市的中国—东盟港口城市合作网络。北部湾港拥有泊位240个，沿岸能力1700万吨，港口吞吐能力达2亿吨，北部湾畔形成了以石化、电子、新材料、造纸、有色金属等重大产业支撑的临港产业带，口岸开放不断扩大，口岸通关功能大幅提高。 目前，南宁至新加坡公路道路已全线贯通，交通运输通道基本成型，构建"南新走廊"的经济条件基本具备，未来将逐步推进。
	节庆活动	海南国际椰子节（海口）：3月下旬或4月上旬举办，是融旅游、文化、民俗、体育、经贸为一体的大型旅游文化节庆活动。 海南欢乐节：由海南省政府和国家旅游局主办的全省性旅游节庆，每年11月举行。在全省旅游市县举行，各地不同特色的活动，让游客可以有多样化的选择。欢乐节强调欢乐性和参与性。 博鳌亚洲论坛：由25个亚洲国家和澳大利亚发起，于2001年2月下旬在海南省琼海市万泉河入海口的博鳌镇召开大会，正式宣告成立。论坛以非官方、非营利性、定期、定址的国际组织；为政府、企业及专家学者等提供一个共商经济、社会、环境及其他相关问题的高层对话平台；海南博鳌为论坛总部的永久所在地。
海南省	政策制度	海南国际旅游岛旅游业进一步开放，实施更加便利的出入境管理措施，增加芬兰、丹麦、挪威、乌克兰、哈萨克斯坦五国为入境免签证国家，至此海南免签证国家达二十六国。俄罗斯、韩国、德国等三国的旅游团组团人数放宽至二人以上（含二人），入境停留时间延长至二十一天。支持海南引进国内外大型旅游企业，培育旅游骨干企业和知名品牌。

附件 4 "一带一路"相关省份已有旅游相关活动

续表

省份	种类	内容
海南省	政策制度	同意海南在不突破国家下达的耕地保有量、基本农田保护面积和建设用地总规模的前提下，试行对土地利用总体规划实施定期评估和调整机制。开展城乡建设用地增减挂钩试点、农村集体经济组织和村民利用集体建设用地自主开发旅游项目试点。
		实行离岛免税政策：对乘飞机离岛（不包括离境）旅客实行限次、限值、限量和限品种免进口税购物，乘飞机离岛（不包含离境）旅客在实施离岛免税政策的免税商店内付款，在机场隔离岛提货的税收优惠政策。
		建有海南海口综合保税区：综合保税区和保税港区一样，是我国开放层次最高、优惠政策最多、功能最齐全、手续最简化的特殊开放区域。它与保税区一词之差，却功能更为齐全。它不开放原来的保税区、保税物流园区、出口加工区等多种外向型功能区后，成为更为开放的一种外保税区形态，也更符合国际惯例。
		2013 年，公安部、国家旅游局联合下文，同意海南开展邮轮始边境旅游异地办证工作。
	基础设施	2011 年，首个国际游艇出入境专用码头在三亚市正式设立并通过口岸验收。
		截至 2013 年 11 月，三亚凤凰岛国际邮轮码头邮轮进出港已超过 600 个航次，进出港旅客近 60 万人次，海南与天津、上海成为国内三大邮轮母港。
		海口拟通过填海造地形成南海明珠人工岛，以开发建设 25 万吨级邮轮母港及配套设施、国际游艇会及配套设施、免税商业区、海洋主题公园等高端产业。规划已获国家旅游局批复原则同意，规划期限 5 年（2014—2018 年），规划用海 265.4317 公顷，其中填海造地面积 193.8927 公顷。
	节庆活动	中国旅游日（5 月 19 日）：2011 年开始，国务院宣布将每年的 5 月 19 日设立为 "中国旅游日"，宁海是 "中国旅游日" 的发祥起源地。
		中国海洋文化节（舟山）：中国海洋文化节由中国海洋学会、中国海洋报社、浙江海洋学院共同主办，岱山县人民政府承办，整个海洋文化节历时近一个月，活动从岱山岛的实际出发，按照学术研究和文化娱乐两大主线，面向长三角的游客和专家、学者、大学生，挖掘海洋文化，打造海洋品牌。
浙江省	政策制度	2011 年，国务院先后批复了《浙江海洋经济发展示范区规划》，设立了浙江舟山群岛新区，舟山群岛新区成功继上海浦东、天津滨海、重庆两江新区之后的第四个国家级新区，也是我国唯一以海洋经济为主题的群岛型新区。

续表

省份	种类	内容
浙江省	政策制度	建有舟山港综合保税区。综合保税区是我国开放层次最高、优惠政策最多、功能最齐全、手续最简化的特殊开放区域。综合保税区与保税区一词之差，却功能更为齐全，它整合原来保税区、保税物流园区、出口加工区等多种外向型功能区后，成为更为开放的一种外向型保税区形态，也更符合国际惯例。
	基础设施	宁波港与世界上200多个国家和地区的600多个港口开通了235条航线，去年完成货物吞吐量4.96亿吨，集装箱吞吐量1677万标箱，均居国内港口第3位，分别居世界港口第4位和第6位。宁波港是东盟国家输往日韩、北美等地国际贸易货源的重要中转站，也是联结东南亚和日韩黄海西亚的巴生港缔结为友好港，与东盟各国缔结为"海上丝绸之路"。2014年9月起宁波航交所开始定期发布反映集装箱运价的"海上丝绸之路指数"。
	节庆活动	21世纪海上丝绸之路国际博览会（东莞）：第一届21世纪海上丝绸之路国际博览会于2014年10月31日至11月2日在东莞举办，该省旨在推动21世纪海上丝绸之路建设，以东南亚、欧洲及非洲地区为"海上丝绸之路"线路枢纽，进一步加强我国与海上丝绸之路沿线国家多边投资贸易合作。第一届21世纪海上丝绸之路国际博览会吸引了众多21世纪海上丝绸之路沿线国家参展，已有26个沿线国家和8个非沿线国家的协会和企业报名参展，30多个境外商协会、12个国家的15个友好组织、3个城市代表团报名参会。
广东省		广东国际旅游文化节：已成为广东省旅游文化发展的新品牌，自举办以来，每届旅游文化节都吸引中外众多宾客，精彩纷呈。节庆连台，逐步树立并巩固了"活力广东"旅游形象和地位，逐年擦亮了广东国际旅游文化节这一精品品牌。旅游文化节已成为泛珠三角共同推介旅游资源、缔造共通同的旅游品牌的优良媒介。
		2014年4月，成立广东省海上丝绸之路研究院，该院以中山大学环中国南海研究实力研究院、国家软实力研究院、亚太研究院和海洋学院为基础，联合广西民族大学、海南省海洋与通业厅、云南大学等高校科研机构，以及经济、科技、外交、国防等相关部门，为积极响应国家推进海上丝绸之路的战略设想，根据广东建设21世纪海上丝绸之路相关规划要求而组建，旨在通过跨学科、跨部门、跨地域的协同创新研究，成为21世纪海上丝绸之路领域国内权威、国际一流的学术研究和决策咨询机构。
	政策制度	建有广州白云机场综合保税区。综合保税区和保税区一样，是我国开放层次最高、功能最齐全、手续最简化的特殊开放区域。综合保税区与保税区一词之差，却功能更为齐全，它整合原来保税区、保税物流园区、出口加工区等多种外向型功能区后，成为更为开放的一种外向型保税区形态，也更符合国际惯例。

续表

省份	种类	内容
广东省	政策制度	广东省贸促会与"海上丝路"沿线国家驻穗总领馆、驻粤商协会保持了密切联系。2014年以来，借助合作平台及联系渠道，该会已与外方合作举办了广东-新加坡"把握亚洲机遇，放眼全球市场"研讨会，"2014中国·广东-马来西亚双边企业家联谊会议暨中马建交40周年论坛"，"非洲商业洲机会研讨会"，"广东-斯里兰卡投资推介暨企业经贸对接会"等8场活动，通过牵线搭桥，众多的企业从中受益，进一步促进了广东与沿线国家的民间经贸交流。
广东省	基础设施	广东拥有5个亿吨大港（广州、深圳、湛江、珠海、汕头），是联结广东与丝绸之路沿线国家的海上门户。深圳盐田港2013年集装箱吞吐量1180万标箱，列全球第四，内地第一；广州南沙港的吞吐量居全球第七；湛江是国家重点规划建设的综合性大型港区，2013年港口吞吐量达1.8亿吨，珠海高栏港、东莞虎门港也步入亿吨大港行列。
广东省	基础设施	广东西部沿海铁路湛茂段已经建成，江茂段开工在即。
广东省	基础设施	广州已规划好在南沙建邮轮港口，预计总投资170亿，2015年底动工第一期项目，将来南沙港功能会与黄埔、番禺港口的功能互为补充，成为新广州水上国际客运门户，成为发展邮轮旅游产业的引擎。
广东省	节庆活动	中国（连云港）丝绸之路国际物流博览会：2014年10月24日举办的首届连博会以"抢抓丝绸之路新机遇，搭建物流合作大平台"为主题，是连云港打造"一带一路"东西双向开放门户的重要载体，也是带动沿线乃至中东亚和欧洲实现更多贸易交流的重要平台。
广东省	节庆活动	2013西游记文化节暨丝绸之路经济带（东中西区域）合作论坛：2013年10月25日在连云港举办，此次活动共推出了77个项目，总投资1773亿元，涉及港口物流、城市建设、文化旅游等多个领域，论坛最大亮点在于除了共同探讨东中西区域合作之外，特别突出共建"丝绸之路经济带"这一议题。
江苏省	政策制度	2013年9月，在中哈两国元首的共同见证下，连云港与哈萨克斯坦方签署了共建过境货物转分拨基地的合作协议，提出将连云港打造为哈萨克斯坦的战略出海口，连云港在建"丝绸之路经济带"中的独特作用进一步凸显。
江苏省	政策制度	连云港是国家东中西区域合作示范区，是全国唯一以区域合作为主题的国家级综合改革示范区。明确了示范区要立足连云港，依托大陆桥，服务中西部，面向东北亚，加强区域合作与交流，推动东中西地区良性互动，全方位拓展开放合作的广度和深度，以徐圩新区为先导区，建成服务中西部地区对外开放的重要门户，东中西产业合作示范基地、区域合作体制机制创新试验区。

续表

省份	种类	内容
江苏省	基础设施	连云港是一个正在建设中的现代化港口工业城市,是国家主枢纽港、江苏唯一大型海港和中西部地区最便捷的出海口,连云港开通了日韩、东南亚、欧美等60条近远洋航线,通达世界160多个国家和地区的1000多个港口,每年承担中亚50%以上的过境箱业务,货物吞吐量的60%来自中西部地区。"丝绸之路经济带"的口岸支撑作用日益明显。截至2015年,连云港将建成30万吨级航道,货物吞吐量跨越2.5亿吨,集装箱冲上800万标箱,初步建成辐射带动"丝绸之路经济带"的综合枢纽大港。
		连云港背靠陇海兰新产业带,具有沿桥、沿海的特殊经济地理区位,位于沿海铁路网络与陇海铁路网络的交会处,是国际国内海陆物流链上的重要节点,具有强烈的对内吸引和向外输出的双重有利条件,承担了新亚欧大陆桥90%以上的国际过境运输量。连云港还在内陆设立了10个"无水港",口岸区域通关已扩大至陆桥沿线15个省区。开行至郑州、西安、阿拉山口等地的"五定班列",新辟经霍尔果斯出境的陆桥第二通道,形成每天两列的运输格局,累计运量达到4万箱。
		郑徐铁路客运专线江苏段已全面开工,郑徐铁路客运专线东接京沪高铁、西连郑西高铁,在上海、南京、徐州、郑州、西安间建起高速通道,建成后南京去西安坐高铁将只需4个半小时。这意味着江苏将全面融入"丝绸之路经济带"建设。
	节庆活动	21世纪海上丝绸之路论坛(日照):此次论坛共邀请了12位嘉宾,围绕郑和航海与和平外交、海上丝绸之路的历史反思与未来展望,海上丝绸之路中的非你中关系,携手推进合作,共建海上丝绸之路,打造"桥头堡"、构筑"新走廊"等议题,众多嘉宾发表了精彩演讲。
		2014中国·青岛海洋国际高峰论坛(青岛):2014中国·青岛海洋国际高峰论坛15日在山东青岛举办,来自13个国家和国际组织的海洋专家、涉海部门负责人围绕"海洋科技自主创新与21世纪海上丝路"进行了深入交流与探讨。
山东省		青岛国际啤酒节(青岛):青岛国际啤酒节始创于1991年,每年在青岛的黄金旅游季于8月的第二个周末开幕,为期16天。青岛国际啤酒节已一年一度的青岛国际啤酒节的举办地。
	政策制度	青岛保税港区由主体功能区、保税功能拓展区、辐射带动示范区三部分组成。其中,主体功能区规划面积9.72平方公里,享有"保税、免税、免证"等一系列特殊功能政策,是世界第七大、中国北方最大的集装箱进出口口岸,也是中国大陆开放层次最高、政策最优惠、运作最灵活、通关最便捷的特殊开放区域。暂时拥有西岸、邹城等8个功能区。

298

续表

省份	种类	内容
山东省	政策制度	青岛市提出打造"一带一路"综合枢纽城市,并建设四大功能载体:打造"一带一路"双向开放桥头堡、建设东亚海洋合作平台、构建"一带一路"经贸合作枢纽、打造"一带一路"综合保障服务基地。
	基础设施	青岛国际邮轮母港地处青岛老城区,占地35公顷,总建筑面积约50万平方米,投资约50亿元。青岛国际邮轮母港启动区共有三个邮轮专用泊位,包含原有六号码头两个泊位,总长度达1000米。其中,将新建"海洋绿洲号"可全天候青岛自由停靠,投资8亿元,码头长度约490米,吃水达13.5米,世界最大的22.5万吨级邮轮"海洋绿洲号"可全天候青岛自由停靠。建成后,青岛将成为比肩横滨、釜山、东京港的北纬35°线上的"第四大金港",最终实现将青岛建设成为中国最具国际影响力的"中国北方邮轮中心"和"东北亚区域性邮轮母港"的发展目标。

策　　　划：赖春梅
责任编辑：张　娟

图书在版编目（CIP）数据

"一带一路"旅游创新发展／北京巅峰智业旅游文化创意股份有限公司课题组著. --北京：旅游教育出版社，2016.2

（书香巅峰）

ISBN 978-7-5637-3310-1

Ⅰ.①一… Ⅱ.①北… Ⅲ.①丝绸之路—经济带—旅游经济—经济发展—中国 Ⅳ.①F592.3

中国版本图书馆CIP数据核字（2016）第001409号

图片使用声明：

本书所用图片作者已尽力联系了版权人，未能联系到的图片权利人，见到书后请与代晓松联系。联系方式为：010-57310000。于此向图片权利人诚挚致谢。

书香巅峰
"一带一路"旅游创新发展
北京巅峰智业旅游文化创意股份有限公司课题组◎著
课题负责人◎刘　锋　李明伟　杜　学

出版单位	旅游教育出版社
地　　址	北京市朝阳区定福庄南里1号
邮　　编	100024
发行电话	（010）65778403　65728372　65767462（传真）
本社网址	www.tepcb.com
E-mail	tepfx@163.com
印刷单位	北京艺堂印刷有限公司
经销单位	新华书店
开　　本	787毫米×1092毫米　1/16
印　　张	19.5
字　　数	292千字
版　　次	2016年2月第1版
印　　次	2016年2月第1次印刷
定　　价	68.00元

（图书如有装订差错请与发行部联系）